明日の授業に活かす

「意味順」
英語指導

理論的背景と授業実践

田地野 彰

編

ひつじ書房

はじめに

　書籍として「意味順」が世に出てすでに25年が経ちました。構想・開発までさかのぼると、私が英国に留学していた40余年前になります。この間、「意味順」をとりまく状況は大きく変わりました。書籍としては小さな1冊の新書判から始まった「意味順」ですが、今や数えきれないほどの本が出版されています。小・中・高・大学生を対象とした参考書や副教材、「意味順ノート」から社会人を対象とした英会話教本まで刊行されてきています。

　さらに、国内のみならず海外からも「意味順」を扱った学術専門書や研究論文、博士の学位論文も発表されてきています。また、日本学術振興会（科学研究費助成事業）の補助を受けた英語指導法の開発とその教育効果の検証をはじめ、国立研究開発法人科学技術振興機構（マッチングプランナープログラム）と京都大学産官学連携本部（京大GAPファンド）の支援を得て「意味順アプリ」も開発され、現在、さまざまな学校にて同アプリの効果検証を行っているところです。

　このように「意味順」は多くの方々のご支援・ご協力を得て活用されており、もはや私の手を離れ、英語の学習法・指導法の1つとして認知されつつあります。こうした状況を受けて、私自身、「英語教師の、英語教師による、英語教師のための「意味順」の専門書」を出版したいと思っていました。英語の学習者のみならず、先生方の指導にも「意味順」を役立て

ていただきたい──その想いを今回カタチにすることができました。

　他にも「だれが、どうする……」など、「意味順」に類似した方法を使っ
ている先生方も全国にはいらっしゃると思います。そうした先生方にもよ
り理解を深めていただける内容をめざしました。本書(第2部)では、「意
味順」を理解し、多様な目的・教育環境に応じて「意味順」を活用してく
ださっている先生方に執筆をお願いしました。

　まず第1部では、「意味順」の意義と活用、およびその理論的背景につい
て理論言語学と英語史、語彙研究の観点から検証し、つぎに第2部では、
中学校と高等学校、大学での授業実践例を紹介し、最後に第3部では、学
習者の自律という視点、および英詩研究者の視点から、「意味順」英語指
導の今後の方向性を示唆しています。また、「意味順」に関する主要な文
献や教材・テキストなどをまとめましたので、ご参照ください。

　本書が、先生方の明日の授業にいささかでも参考になるようであれば幸
いです。

　　　　　　　　　　　　　　　　令和3年4月　桜舞う京都にて
　　　　　　　　　　　　　　　　「意味順」考案者　田地野彰

目次

はじめに   iii

I   「意味順」—理論的背景—   001

第1章   「意味順」の意義と活用   003
    —英文法の整理と英語指導の体系化—
    田地野彰・金丸敏幸

1.   はじめに—いま、なぜ「意味順」か?   003
2.   「意味順」とその理論的背景   005
3.   「意味順」を基軸とした英文法の整理   015
4.   ヨコ軸(「意味順」)の指導例—文構造の可視化   018
5.   タテ軸の指導—英語指導の体系化   028
6.   おわりに   032

| 第 2 章 | **統辞論からみた「意味順」** | 039 |
| | 川原功司 | |

	1.	理論言語学からみた意味順	039
	2.	文法と意味順	040
	3.	意味順と統辞論	047
	4.	結論	056

| 第 3 章 | **5文型と「意味順」** | 063 |
| | 川原功司 | |

	1.	はじめに	063
	2.	基本5文型	063
	3.	新しい文法指導	076
	4.	結び	082

| 第 4 章 | **英語史からみた「意味順」** | 087 |
| | 高橋佑宜 | |

	1.	英語史と意味順	087
	2.	語順変化と倒置	089
	3.	結語	109

| 第 5 章 | **「意味順」と語彙学習** | 115 |
| | 笹尾洋介 | |

	1.	はじめに	115
	2.	語彙知識とは	116
	3.	意味順を利用した語彙学習	118
	4.	おわりに	128

第 6 章　　　中学校における「意味順」指導と名詞句指導の実際　135
　　　　　　　奥住桂

　　1.　　「意味順」導入の背景　　　　　　　　　　　　135
　　2.　　目的　　　　　　　　　　　　　　　　　　　138
　　3.　　指導の方法　　　　　　　　　　　　　　　　139
　　4.　　結果　　　　　　　　　　　　　　　　　　　156
　　5.　　今後の展望　　　　　　　　　　　　　　　　159

第 7 章　　　「意味順」で英語ぎらいをなくしたい　　　161
　　　　　　　藤木克哉

　　1.　　「意味順」導入の背景―英語ぎらいの中高生　　161
　　2.　　「意味順」指導の目的と可能性　　　　　　　163
　　3.　　「意味順」指導の実際　　　　　　　　　　　167
　　4.　　生徒たちからの声　　　　　　　　　　　　　181
　　5.　　まとめにかえて　　　　　　　　　　　　　　185

第 8 章　　　「意味順」を活かした高校英語教育
　　　　　　　―表現活動からカリキュラム開発まで―　191
　　　　　　　山田浩

　　1.　　「意味順」導入の背景　　　　　　　　　　　191
　　2.　　会話文における和文英訳　　　　　　　　　　193
　　3.　　プレゼンテーション原稿の作成　　　　　　　198
　　4.　　カリキュラム開発への応用　　　　　　　　　202
　　5.　　まとめ　　　　　　　　　　　　　　　　　　205

第 9 章　　和文英訳における「意味順」導入の有効性　　　215
　　　　　　佐々木啓成

　　1.　意味順導入の背景　　　215
　　2.　意味順導入の目的　　　217
　　3.　調査の方法　　　218
　　4.　調査の結果　　　221
　　5.　まとめ　　　239

第 10 章　　「意味順」を用いた読解指導　　　241
　　　　　　村上裕美

　　1.　意味順指導に至った背景―英文読解を阻む3つの要因　　　242
　　2.　意味順導入の目的―斬新な意味順指導　　　247
　　3.　段階を踏んだ意味順指導　　　248
　　4.　意味順指導の結果　　　259
　　5.　まとめ　　　260

第 11 章　　英語に苦手意識を抱く大学生を対象とした　　　263
　　　　　　「意味順」指導
　　　　　　―学習・指導を支える拠り所―
　　　　　　加藤由崇

　　1.　意味順導入の背景　　　263
　　2.　目的　　　265
　　3.　指導の方法　　　265
　　4.　結果と考察　　　273
　　5.　おわりに　　　284

III　　　　「意味順」 ―今後の展開に向けて―　　287

第 12 章　　「意味順」を活用した英語学習指導　　289
　　　　　　―学習者の自立・自信・自律の育成に向けて―
　　　　　　渡寛法

　　1.　　はじめに　　289
　　2.　　学習者の自立―丸暗記からの脱却　　290
　　3.　　学習者の自信―英語アレルギーからの脱却　　293
　　4.　　学習者の自律―やみくも学習からの脱却　　295
　　5.　　おわりに　　297

第 13 章　　5 文型から「意味順」へ―英詩研究者の視点―　　299
　　　　　　桂山康司

　　1.　　5 文型の効用　　299
　　2.　　5 文型から意味順へ　　300
　　3.　　日本の英語教育に決定的に欠けていたもの　　301
　　4.　　英語と日本語のリズムの相違　　301
　　5.　　英語と日本語が出会う場面を想像する　　302
　　6.　　英語のリズム感を体得させる道しるべとしての意味順　　303
　　7.　　科学という近視眼的方法論の問題点　　304
　　8.　　科学的分析から人文学的統合へ　　305

　　　　　　「意味順」関連主要文献　　307
　　　　　　執筆者紹介　　313

I 「意 味 順」 －理 論 的 背 景－

第1章

「意味順」の意義と活用
—英文法の整理と英語指導の体系化—

田地野彰・金丸敏幸

1. はじめに―いま、なぜ「意味順」か？

　外国語の習得において、文法能力はコミュニケーション能力の主要素として挙げられています(例 Canale & Swain 1980)。外国語でのコミュニケーション能力の育成には文法の指導が欠かせません。しかしながら、どのように学習者に文法を指導すべきなのかという問題は、これまでの多くの外国語教育研究が示しているように、未だに答えは出ていません。さらに、根本的な問題として、そもそも外国語の「文法」とは一体何であり、外国語の文法において何を指導すべきなのかといったことは、あまり問われてきませんでした。

　日本の英語教育では、1982年4月施行の高等学校における学習指導要領の改訂以降、明示的に文法を指導する立場は取っていません。しかし、それから40年近く経過したにもかかわらず、英語の学習において文法は学習者を悩ませています。民間教育研究機関の調査(高校1年生971名を対象)では、英語学習のつまずきの原因の第1位が「文法が難しい」(80.4%)、そして第2位が「英語の文を書くのが難しい」(77.2%)であったと報告されています(ベネッセ教育総合研究所 2020)。英語学習でつまずく理由が「文法が難しい」ことにあるというのは、英語学習の成否に影響しうる「動機づけ」の問題にもかかわるものであり看過できません(田地野 1999a)。

それでは、多くの学習者を悩ませてきた「文法」とは、一体どのように
とらえれば良いのでしょうか。ここでの議論は外国語の学習や教育に限定
したものですので、言語学者が研究の対象とするようなものではありませ
ん（たとえば、生成文法や認知言語学で扱われている「文法」を学校で教
えることは想定されていません）。そうではなく、ここで扱う文法は、教
育文法（学習文法・学校文法などを含む）のことを意味します。しかし、こ
の教育文法は、「つかみどころのない概念（slippery concept）」（Little 1994:
99）と言われるように、研究者や教育実践者によって定義もさまざまです。
今後の議論のために、本章では教育文法を幅広くとらえ、「文を正しく理
解し、正しく使用するためのルール」とします。ただし、文法は、けっし
て規則だけで成り立つものではなく、また、規則も矛盾なく整理されたも
のばかりでもありません（Crystal 2004）。
　このような文法観のもと、英語という外国語の指導に携わる私たち教師
は何をすべきでしょうか。私たちにできることは、学習者にとって学びや
すく、また教師にとって教えやすくなるように文法を整理することではな
いでしょうか（Tajino 2018: 1）。現在の英文法の参考書を見ると、日本で
出版されたもの、海外で出版されたものを問わず、最初に文法の全体像を
提示するものは極めて稀です。多くの参考書は、単にリストとして文法事
項を並べ、順番に紹介しているのが一般的です。その順番も、何か意図さ
れたものではありません（Ellis 2006参照）。したがって、学習者は文法事
項間の関係性に気がつかず、文法事項の位置づけも理解できず、それぞれ
の文法事項を個別の単元として学ぶことになります。これはあたかも日本
列島縦断の旅に出発しようとする旅行者に対して、市区町村ごとの細かい
地図を任意の順で手渡しているようなものです。これでは旅行者もさまよ
ってしまいます。学習者が英語学習の旅でさまようことのないように、日
本地図のような英文法の全体図を作成し、提示することが必要です。
　そこで本書では、英文法の全体図として「意味順」という考え方を紹介
します。ここで紹介する「意味順」とは、広義には英語の文の構造を意味
の観点から見ていくという文法観に立ち、「意味のまとまりの順序」という

考え方によって、これまでの英文法を新たに整理する枠組みのことを指します。「意味順」は、英語の文構造の学習・指導を目的として開発されたもので、従来の教育文法や英文法参考書などで扱われている「5文型」(綿貫・ピーターセン 2006 ほか)や「7文型」(例 Quirk et al. 1985)に対応しうるものです[1]。

本章では、まず「意味順」とその理論的背景を概説します。つぎに「意味順」を基軸とした英文法の整理を行って、文法の俯瞰図を提示します。最後に「意味順」を活用した体系的な英語の指導例を紹介します。

2. 「意味順」とその理論的背景

▶ 2.1 「意味順」とは?

英文の構成要素を考えるとき、一般には「主語」や「動詞」、「目的語」、「補語」といった文法用語を用います。それに対して、「意味順」では、英文を「だれが／する(です)／だれ・なに／どこ／いつ」という「意味のまとまり」でとらえます。意味順とは、英語の文における「意味のまとまりの順序」のことです(田地野 1995, 1999b, 2011a, b)。意味順で扱う「意味のまとまり」は、情報や意思の伝達に必要な 5W1H (who, what, where, when, why, how) の情報要素に相当するものと考えることができます。また、英語の基本的な意味役割(動作主・動作・受け手・対象物など)(Pinker 1994 ほか)とその文の中での順序に対応しうるものです(田地野 2008)。

意味順は、文の構造を「ゆるやかなシステム」としてとらえたものであり、学習段階に応じてしなやかに対応させることができます[2]。意味順では、意味のまとまりを、意味順を構成する要素として箱(ボックス)やスロットのようにたとえることがあります。意味順による説明では、便宜上、各要素を表すのにボックスを用いて区切っていますが、意味順はあくまで順序を指すものであり、語句を厳密に各ボックスに振り分けることが目的ではないということに注意が必要です。

意味のまとまりを使って意味順を示すと、以下の表のようになります。表1aは日本語で、表1bは英語でそれぞれ意味順を示しています。これ以降、「意味順」と呼ぶときには、この表（意味のまとまりとその順番）のことを指します。

表1a：意味順（田地野2014ほか）

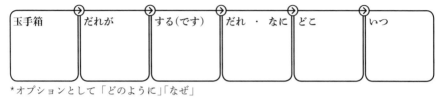

*オプションとして「どのように」「なぜ」

表1b：意味順（英語版）(Tajino 2018)

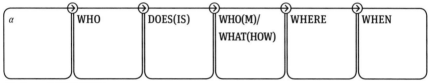

*Options: HOW & WHY

　以下では、「意味順」について少し説明を加えます。まず、意味順の先頭にある「玉手箱」ですが、接続詞（that, ifなど）や疑問詞（how, whyなど）、疑問文で用いられる助動詞（do, canなど）などを扱うために設けています。接続詞を用いた重文や複文の場合、玉手箱に接続詞を入れて、2段（以上）の意味順を用いて対応します。また、意味順の各要素はいわゆる「入れ子」構造にすることができます。入れ子になると、各要素の中にもう1つ別の意味順が含まれることになります。たとえば、複文では意味順を入れ子にして、主節と従位（属）節の関係性、つまり、英文の「階層性」を視覚的に表すことができます。

　次に「だれが」ですが、英語に助詞はないものの、「だれが」には明示的に格助詞（「が」）をつけています。日本語では「主語脱落」が生じるため、日本語を母語とする英語学習者に見受けられる誤りは依然として根深いも

のがあります(田中ほか 2006 参照)。このことに気づきを与えるため、意味順では玉手箱の次を「だれが」としています。この「だれが」と「だれ・なに」の「だれ」については、多くの場合、人や生き物が該当しますが、モノやコト(無生物)にも比喩的に対応可能です。

　最後に「だれ・なに」の中点(「・」)ですが、これは英語の「and/or」の意味で、「だれand/orなに」となります。つまり、この「and/or」はandとorのどちらの場合も表しうることを示しています。たとえば、「だれorなに」の時はI am *Akira.* や I am *a teacher.* などが該当し、「だれ」か「なに」のどちらか1つが入ります。一方、Professor Leech taught *her English.* やWe call *him Geoff.* の時は「だれandなに」を意味します。ここでは、それぞれ her English =「だれに・なにを」、him Geoff =「だれを・なんと;だれが・なんだ」を意味し、「だれ」と「なに」の2つが入ります。なお、日本語では「だれ・なに」の「なに」を「なんだ;どんなだ」ととらえることができますので、英語では表 1bで示しているように、「なに」に対して「WHAT(HOW)」をあてています。

　英文法の基軸として位置づけられる意味順は、「使用」することを最も重要な目的として掲げ、文構造の学習や指導のために開発されたものです。文の構造を「ゆるやかなシステム」としてとらえることで、文法用語を過度に使用することなく、直接意味から英語へ(あるいは、英語から意味へ)とつなぐ「使い勝手の良さ」が特徴となっています。この「使い勝手の良さ」は、学習者や教師にとってはきわめて重要です。英語教育研究者の柳瀬陽介氏は、学習文法の価値はその使用にあり、(言語学で扱われる)科学文法の厳密さが多少犠牲となっても「使いやすさ」が優先されるべきであると主張しています(柳瀬 2011)。

　英語教育研究者だけはなく、理論言語学者である中村捷氏も次のように述べています。

　　学習文法は英語を外国語として学ぶときの手段である。学習文法は文法自体を教えることに意義があるのではなく、英語の理解と運用に役

立つことを第一義に考えられなければならない。規範的に過ぎても、理論的に過ぎてもいけない。(中村 2018: 119)

また、同じく言語学者の大津由紀雄氏の次の言葉も傾聴に値します。

英文法嫌いを作り出す原因の1つは、ルールや文型などの深追いのしすぎだからです。ルールや文型は、学習に役立つ範囲で活用し、決して深追いしてはいけないのです。(大津 2004: 47)

これまで意味順関連の書籍の読者や教員の方々から「atやonなどの前置詞はどのスロットに入れるのか」、「倒置にはどう対応すればよいか」などの質問をいただいてきました。これまでの文法観から、ルールを理解して厳密に当てはめることを重視してしまう気持ちは理解できます。しかし、上述のとおり、意味順はあくまでゆるやかなルールによって、重要な英語の語句の「順序」を理解することを目指すものであり、(後ほど紹介しますが)さまざまな英文に柔軟に対応していく姿勢が重要となります。

∴**2.2 意味を重視した文構造の指導の広がり**

意味順(田地野 1995, 1999bほか)をはじめ、意味を重視した指導法は他にも見受けられ、それぞれ教育効果をあげているようです。国内では田尻(1997)、中嶋(1999)、小松(2012)などは意味を重視した指導法として分類することができるでしょう(山岡 2000; Yamaoka 2001 参照)。たとえば小松(2012: 40)は、意味(メッセージ)を伝える際には、「誰が+した+何を+どこで/いつ」を用いて話を進めることが重要であると述べています。経験豊かな同時通訳者である小松達也氏のこの言葉は私たちにとっても参考になります。また、高校の英文法参考書としては組田・宮腰(2003)などが、文部科学省検定済中学校英語教科書では、『NEW HORIZON English Course 2』(2007年発行)[3]が意味重視の指導・学習法を取り入れています。

外国においても、Firsten (2002)やLin (2016, 2019)などをはじめ、意味を重視した指導が行われています。たとえば、著名なCLIL（内容言語統合型学習）の研究者であるカナダ・サイモンフレーザー大学教授のAngel M.Y. Lin氏は、5W1Hを用いて英文作成用の表（sentence-making tables）を開発しています（表2）。

表2：Language Support: Sentence-making table (Lin 2019)

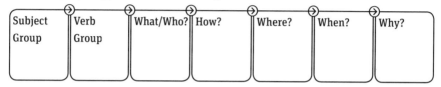

このように意味順に類似した、意味重視の英語指導は国内外で幅広く実践されています。

⁘ 2.3 「意味順」の理論的背景

意味重視の英語指導の有用性が認められつつある中、ではなぜ他の指導法ではなく、「意味順」に注目すべきなのでしょうか。ここでは4つの観点から意味順の理論的背景を概観し、意味順の優れた点を見ていきます（理論言語学や英語史研究での議論は第2章ほかを参照のこと）。

1) 学習者の文法的「誤り」には「質」に違いがある

一般に、外国語の学習者は文法的な誤りを避けることはできません（Corder 1981参照）。学習者は試行錯誤を繰り返すなかで外国語を身につけていきます。しかしながら、学習者の誤りは同じものばかりではありません。このことを前提とすると、どのような誤りなら許され、あるいは許されないか―こうした誤りの区別が必要となります。

応用言語学研究においては、学習者の誤りを、文意や意思伝達に大きな支障を与える「全体的誤り（グローバルエラー）」と、さほど大きな支障を与えない「局所的誤り（ローカルエラー）」とに大別しています（Burt 1975;

Burt & Kiparsky 1974 参照)。全体的誤りには語順の誤りなどが、局所的誤りには、冠詞や3単現のsの誤りなどが含まれます。

　固定語順言語(Pinker 1994)と呼ばれる英語には「語句の順序が変わると意味も変わる」という言語的な特徴があります。コミュニケーションの観点からは、全体的誤りである文構造の誤りをまず避けなければなりません。

2) 文(節)を5W1Hに対応した「意味のまとまり」でとらえる

　コミュニケーションの基本は5W1Hについての情報のやり取りとみなすことができます(Hasan 1988参照)。たとえば龍城(2006)は、コミュニケーションについて次のように述べています。

> 人間がコミュニケーションをする場合、話し手と聞き手の約束事といえば、その話の内容を明確にすること、それには「誰が、何を／誰に対して、どのような状況で行ったか」を的確に伝えることではないでしょうか。(龍城 2006: 39)

コミュニケーションの観点から文や節をとらえると、5W1Hは意味のまとまり(meaning units)によって示されているということを理解することが重要です(Halliday 1994; de Oliveira & Schleppegrell 2015参照)。文構造へのアプローチとしては、1)主語や目的語、2)名詞句や前置詞句、3)参与要素や過程中核部、4)動作主や対象物、などさまざまな要素に注目する方法があります(Halliday & Matthiessen 2004; Imai et al. 1995; 龍城 2006参照)。意味順は4)の意味役割を参考にしながら、日常言語を用いて各要素を表したものであると言えます。

3) 英語を母語とする幼児の発話からの示唆

　母語と外国語や第二言語とでは、その習得過程(獲得過程)は必ずしも同じであるとは限りません。後者の過程では母語の転移や干渉などの影響を受けることがすでに多くの研究で明らかにされています(小池 1994参照)。

しかしながら、母語獲得の研究からも「外国語としての英語」の文法指導に参考になる示唆が得られます（Pinker 1994 参照）。

　表3はPinker（1994）が紹介したある英語母語話者の幼児の発話を意味役割の観点から区切ったものです。この例のように、たった3語〜4語のごく短い文でも、「動作主（だれが）／動作（する）／受け手（だれ）／対象物（なに）／場所（どこ）」という英語の基本的な語順（つまり「意味順」）に合致していることが分かります。注目すべきは、文法的には不完全な発話ではあるものの、どれも英語の語順に沿っているため、周囲の大人たちはこうした発話を理解できるという点です。

表3：意味役割の順序と幼児の発話（Pinker 1994: 269 参照）

動作主 （だれが）	動作 （する）	受け手 （だれに）	対象物 （なにを）	場所 （どこ）
Mother	gave	John	lunch	in the kitchen.
Tractor	go			floor.
I	ride		horsie.	
Adam	put		it	box.
	Give	doggie	paper.	

別の例も見てみましょう。これは英語を母語とする2人の幼児が話した言葉です。

　　a. Jay *said* me no.（ロス、2歳8ヶ月）
　　　（ジェイが私にNoと言った。）
　　b. I *said* her no.（クリスティ、3歳1ヶ月）
　　　（私は彼女にNoと言った。）

（Pinker 1989: 21-22 参照）

　これらの文（a. と b.）には誤りがあります。meやherを間接目的語として

言うには、said（say）ではなく、told（tell）を用いるべきでしょう。しか
し、これらは全体的誤りというよりは局所的誤りの問題です。ここでも周
囲の大人がこの発話の意味を理解できることに注目すべきです。これは語
法上の誤りが多少あっても、意味順に沿えば意味は通じるという事例です。
このように英語の母語話者は、基本的な語順を発達の早い段階で身につけ
ていることが分かります。

4)「意味順」と5文型・7文型の互換性

　文構造の指導では、日本では一般的に文型という観点から、5文型の枠
組みが用いられてきました。しかしながら、従来の5文型には「記述的不
備」（中村 2018: 132）が指摘されています。これに対して、外国では
Quirkほか（1985）の7文型（7 clause types）モデルが5文型の不備を補うも
のとして提唱されています。意味順は5文型・7文型のどちらにも対応し
得るものとなっています。その対応関係を示すと表4のようになります。

表4：7文型(5文型)の各文型の文と「意味順」の対応

文型	だれが	する(です)	だれ ・ なに	どこ	いつ
1	She	laughed.			
2	She	is	a teacher.		
3	She	plays	the piano		(every day).
4	She	taught	me　English		(20 years ago).
5	She	calls	him　Billy.		
6	She	lives		in London.	
7	She	put	the box	on the table.	

注：（　）はオプション。5文型は1〜5の文型、7文型は1〜7の文型に対応。

表4が示すように、5文型では、文型を決定する主要素に「どこ」や「い
つ」に該当するものは含まれていません。7文型は、「どこ」が主要素に含
まれるものの、「いつ」は5文型同様に文型を決定する要素とは見なされて

いません。

　教育的には文の主要素として意味順で扱う「どこ」「いつ」を押さえておくことは重要でしょう。なぜなら、「どこ」が「いつ」よりも前に来るという「どこ＞いつ」の順序は、英語では一般的な順序（normal order）（Leech & Svartvik 1994: 230）とされているからです。さらに、日本語では「いつ」が「どこ」よりも前に来る「いつ＞どこ」の方が基本的な順序であり、英語とは異なることにも注意が必要です。また、「いつ」の存在は、（後ほど紹介しますが）時制や相（進行形・完了形）の指導にも活用できます。

⁚⁚2.4 「意味順」の周辺─意味を重視した指導と生徒の声

　意味順は、国内外の研究者や授業実践者により、小学生から社会人まで幅広い学習者層を対象として効果の検証が行われています。これまで小学校や中学・高等学校、大学といった教育機関、さらに社会人を対象とした授業にも導入されてきています。たとえば、城島・大藪（2011）、渡ほか（2012）、奥住（2016）、大岩（2019）、Yamada（2019）、Smithers and Gray（2020）、Gray and Smithers（2019）、橋尾（2020）、Gray（2020）などがあり、これらの実践を通して、教育効果が検証されています。

　城島・大藪（2011）は、佐賀県内の公立中学校1年生の授業に意味順を導入した結果、平叙文と疑問文、否定文のいずれの英作文課題でも正答率が上昇したと報告しています。高校生を対象とした取り組みには、渡ほか（2012）があり、京都府内の公立高校で和文英訳の課題に意味順を導入しています。この時の課題に取り組んだ生徒からは、次のような感想が述べられています（詳細は、渡ほか 2012 を参照のこと）。

　　最初の練習問題での英作文では、主語も順番も全てかんで答えていましたが、意味順を習ったあとは、少しだけ、確信を持って問題を答えていくことができました。たった6つほどの項目で、英作文をつくっていくと、意味が通じるというのは、とてもすごいことだと思いました。

英語はとても苦手意識が強くて、実際、苦手だった。最初の練習問題は全然わからなくて、イライラした。でも意味順を習ったあとだと、スラスラ解けたし、英語は得意になったわけではないけど、苦手意識はだいぶ無くなった。知ることができてよかった。

分かりやすかった。いつもは長い時間考えないと単語も出てこないのに、何でか分からないけど、今日はスラスラと書くこともできた。中学の時からずっと分からなくて苦手意識あったけど、意外と書けてびっくりした。しょっちゅう外人さんに道を聞かれたりするので、キレイな文で返事ができると思う。

今までは単語が分かっているのに語順が分からなくて困っていました。でも今日の授業でほぼ完ペキに分かりました。あとは、つづり・単語を完ペキにして点数を上げたいと思います。

(意味順の)授業を受ける前と受けた後では日本語の見方がだいぶ変わっていて、英文がとてもつくりやすかった。でも細かいところの作り方がよく分からないのでそこは勉強しないとダメだと思いました。これからは意味順を考えて頑張りたいです。

　　　　　　(原文ママ。(　)内の挿入と下線は筆者たちによる。)

これらの感想から読み取れることは、意味順を導入することで、学習者である生徒達の英語に対する苦手意識を軽減させることができるということと、英文を作りやすいと感じさせることができるということです。意味順という英語の見取り図を手にすることで不安から解放され、意味順をガイドとして活用することで、英語によるコミュニケーションに一歩踏み出すことができたのです。同様に奥住(2016)は、埼玉県内の公立中学校で意味順指導を行った結果、英作文課題における「生徒の無回答が大幅に減少」したと報告しています[4]。

3. 「意味順」を基軸とした英文法の整理

　英国の大学で英文法指導に携わっている Sinclair 氏は、英文法に関する著書の中で次のように述べています。

> I have seen so many students who have problems with grammar and use of language. ...the students who come to see me often tell me that *they don't know where to start...* . There are too many technical terms to learn and rules that seem to be broken all the time. (Sinclair 2010: 2)
> （イタリック体は筆者たちによる。）

この言葉は、教育環境が異なる私たちにとっても共感できるものではないでしょうか。とりわけ「英文法はどこから学べばよいのか」という問いは学習者のみならず、私たち英語教師への問いでもあります。田中・田中（2014: iii）も次のように述べています。

> 英語の文法指導で悩んでいる教師は少なくありません。例えば、文法指導を行うとき、何をどのような順序で教えればよいのか、……など実に様々な悩みがあります。

この「英文法の指導はどこから始めればよいのか」、「英文法の何をどのような順序で教えればよいのか?」という問いの背景には文法の全体図が提示されていないことがあるように思われます。
　中学校や高等学校における英語の文法指導では、これまで文法参考書などが教材として用いられてきました。個々の文法事項の説明という点においては優れた内容の文法参考書が数多く出版されています。しかし、文法事項の提示方法という点においては、まだまだ改善の余地が多いと言わざるを得ません。なぜなら従来の多くの参考書において、文法事項はリストとして並列化されていますが、なぜその順序なのか、また各事項間の関係

性がどうなっているかについて明示的にされたものはほとんど見当たらないからです。

　このような状況では、英語学習に悩む学習者が少なくないのも不思議ではありません。先に紹介したように「文法はどこから学べば良いかわからない」と悩む学習者も少なくない、とSinclair氏が述べているのにも納得できます。文法事項の提示順は過去の参考書などが提示した順番をそのまま継承し続けているからだという主張もあります(Burton 2020; Ellis 2006参照)。

　いまこそコミュニケーションの観点から文法事項の重みづけを行い、それに沿って英文法の整理を行う必要があるのではないでしょうか。次節では、文法整理の基軸として意味順の各要素をヨコ軸に、文法事項を意味順の各要素のタテ軸にそれぞれ配置することで、英文法を2次元に展開して整理を試みます。

▶ 3.1　2次元での文法整理—英文法のヨコ軸とタテ軸

　意味順は、文法事項の全体像だけでなく、文法事項間の関係性を学習者に示すことができます。Culler (1976)は、Ferdinand de Saussureを参照しながら、言語システムをフードシステム、つまり洋食のコース料理にたとえています。斎藤(2007)もRoman Jakobsonが用いた結合軸と選択軸という対立軸を参照しつつ、文法をヨコ軸とタテ軸とでとらえることの重要性を示唆して、「言語を正しく運用するには、語句の『選び方』だけではなく、その『並び方』が大切なのである」(斎藤 2007: 18)と述べています。コース料理のたとえで考えると、「前菜→メイン→デザート」の順序(結合軸)は固定されているが、各料理では好みのメニュー(選択軸)を選ぶことができます。たとえば、前菜ではサラダかスープか、メインでは肉料理か魚料理か、デザートにはアイスクリームかプリンか、といった選択が求められます(図1)。

　この固定されたヨコ軸と選択肢の中から選ぶタテ軸という考えを文法指導に取り入れると、固定されたヨコ軸は文構造(つまり「意味順」)が該当

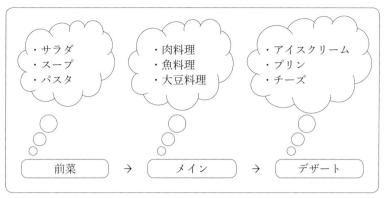

図1：コース料理でのヨコ軸とタテ軸

し、複数の項目が並ぶタテ軸は文法事項が該当します。これによって、文法を2次元で整理することが可能になります。

⁘ 3.2　意味順マップ

　田地野(2011a, 2011b)は、ヨコ軸とタテ軸の2次元に意味順を導入することで英文法を整理し、文法全体を俯瞰する試みとして「意味順マップ」を提案しています(図2参照)。意味順マップでは、意味順(文構造)をヨコ

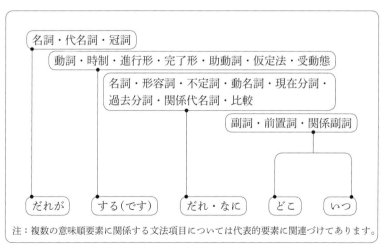

注：複数の意味順要素に関係する文法項目については代表的要素に関連づけてあります。

図2：意味順マップ(田地野 2011a 参照)

軸としてとらえ、各文法事項を意味順要素のタテ軸に関連づけています。たとえば助動詞や時制などの文法事項は「する（です）」に関連づけられ、名詞や形容詞は「だれ・なに」に、前置詞や場所や時を表す副詞は「どこ」と「いつ」に関連づけられています。さらに、意味順マップには、これまで並列化されリストとして扱われてきた文法事項間の関連性を示す「文法学習の見取り図（ロードマップ）」としての役割も期待できます[5]。

　意味順マップを参考にすることで、学習者は文法全体の中での各文法事項の位置づけや文法事項間の関連性を視覚的に理解することができるでしょう。また、英語の誤りに対して、何が間違っていて、何を学べば良いかを知ることができます。たとえば "I go to Sapporo last week." という「時制の誤り」がある文を見たとき、この誤りはヨコ軸（意味順）の問題でなく、時制の問題としてタテ軸（「する（です）」）で扱うものであることが分かります。

4. ヨコ軸（「意味順」）の指導例—文構造の可視化

　先に述べたように、コミュニケーションの観点からは全体的な誤り（グローバルエラー）を避けることが必要です。そのためには、まずは意味順（ヨコ軸）を指導することが重要です（田地野 2012 ほか）。ここでは意味順を使って、単文や重文、複文、疑問文、命令文などさまざまな英文の仕組みを、視覚的に表していきます。

　さらに、これまで英語担当の先生方から問い合わせの多かった句動詞や前置詞、There 構文などの扱いについても、「よくある質問（FAQ）」コーナーを設けて指導例を紹介します。

1）単文

表5：平叙文：Dr. Leech taught me English grammar at Lancaster 35 years ago.

玉手箱	だれが	する（です）	だれ ・ なに	どこ	いつ
	Dr. Leech	taught	me English grammar	at Lancaster	35 years ago.

表6a：疑問文（1）：*Is* he reading a book in his room now?

玉手箱	だれが	する（です）	だれ ・ なに	どこ	いつ
Is	he	reading	a book	in his room	now?

表6b：答え方（1）

玉手箱	だれが	する（です）	だれ ・ なに	どこ	いつ
Yes,	he	is.			
No,	he	isn't.			

表7a：疑問文（2）：*Do* they play soccer in the park every Saturday?

玉手箱	だれが	する（です）	だれ ・ なに	どこ	いつ
Do	they	play	soccer	in the park	every Saturday?

表7b：答え方（2）

玉手箱	だれが	する（です）	だれ ・ なに	どこ	いつ
Yes,	they	do.			
No,	they	don't.			

表8：疑問詞疑問文：*Where* did you study Spanish 20 years ago?

玉手箱	だれが	する（です）	だれ ・ なに	どこ	いつ
Where did	you	study	Spanish	(← where)	20 years ago?

注：（←where）は疑問詞where が「玉手箱」に移動していることを表します。

表9：命令文：*Open* the window at once.

玉手箱	だれが	する(です)	だれ・なに	どこ	いつ
		Open	the window		at once.

表10：感嘆文：*How slowly* he finished that!

玉手箱	だれが	する(です)	だれ・なに	どこ	いつ
How slowly	he	finished	that!		

2）重文

表11：接続詞 and：I watched TV *and* she read a magazine.

玉手箱	だれが	する(です)	だれ・なに	どこ	いつ
	I	watched	TV		
and	she	read	a magazine.		

表12：接続詞 but：She likes tennis *but* I don't like it.

玉手箱	だれが	する(です)	だれ・なに	どこ	いつ
	She	likes	tennis		
but	I	don't like	it.		

3）複文

表13：接続詞 that：I think *that she needs a new wallet.*

玉手箱	だれが	する(です)	だれ・なに	どこ	いつ
	I	think	(that _)		
that	she	needs	a new wallet.		

注：that _ 以下は2段目を用いて表しますが、このthatを1段目の「だれ・なに」に入れても構いません（「入れ子構造」）。

表14：接続詞 when：*When I came home*, she was cooking in the kitchen.

玉手箱	だれが	する（です）	だれ ・ なに	どこ	いつ
When	I	came		home,	
	she	was cooking		in the kitchen.	

注：主節と従位節の段を入れ替えることもできます。

表15：接続詞 if：*If I had more time*, I would travel to Europe.

玉手箱	だれが	する（です）	だれ ・ なに	どこ	いつ
If	I	had	more time,		
	I	would travel		to Europe.	

注：主節と従位節の段を入れ替えることもできます。

表16：関係代名詞 who：I know the boy *who is standing at the bus stop*.

玉手箱	だれが	する（です）	だれ ・ なに	どこ	いつ
	I	know	the boy _		
who		is standing		at the bus stop.	

表17：関係副詞 where：She works at the restaurant *where I had lunch yesterday*.

玉手箱	だれが	する（です）	だれ ・ なに	どこ	いつ
	She	works		at the restaurant _	
				where	
	I	had	lunch		yesterday.

注：where を3段目の「玉手箱」に入れ、2段にすることもできます。

表18：関係代名詞that: This is the dog *that* worried the cat *that* killed the rat *that* ate the malt *that* lay in the house *that* Jack built. (*The House That Jack Built* Routledge 1878参照)

玉手箱	だれが	する（です）	だれ ・ なに	どこ	いつ
	This	is	the dog _		
	that	worried	the cat _		
	that	killed	the rat _		
	that	ate	the malt _		
	that	lay		in the house _	
			that		
	Jack	built.			

注：下から2段目のthatは最下段の「玉手箱」に入れることもできます。

4）よくある質問（FAQ）

　David Crystal 氏の言葉にもあるように、文法には例外も多く、数学の公式のように、どんな時にも同じルールが使えるものではありません。むしろ、認知言語学で扱われるプロトタイプのような考え方の方が近いかもしれません。たとえば自動車のプロトタイプはセダンのような家庭用乗用車だと考えられますが、自動車にはレーシングカーのような一人乗りのものもあれば、大勢が乗るバスもあります。さらに大型ダンプカーやトラック、二人乗りのオープンカー、救急車や消防車のような特殊な車両もあります。プロトタイプから用途や形状が離れたものになるにしたがって特殊なものと見なされますが、自動車という枠組みのなかではどこかで繋がっています。

　これと同じように文法、とりわけ緩やかなシステムとして文法をとらえる意味順は、教育環境や学習段階などに応じて柔軟な対応をすることが重要です。大事なのは、どのような時も矛盾がないような完璧な説明ができるシステムを作ることではなく、学習者が納得し、実際に使うことのできるシステムにしていくことです。この考え方に基づいて、以下では、これまで問い合わせの多かった質問とその回答例をご紹介します。

（1）頻度を表す副詞（always, usuallyなど）

→「する（です）」で扱うことも可能です。

表19：I *usually* get up at 6:00 am.

玉手箱	だれが	する（です）	だれ ・ なに	どこ	いつ
	I	*usually* get up			at 6:00 am.

（2）倒置：「いつ」が文頭にくる場合

→「いつ」ではじめ、複数段の意味順を使います。

表20：*Only after 30 years* did the girl realize that the woman had been her mother.

玉手箱	だれが	する（です）	だれ ・ なに	どこ	いつ
					Only after 30 years
did	the girl	realize			
that	the woman	had been	her mother.		

（3）強調構文

→It is [was] を1段目、that以下を3段目に置き、強調する語句を2段目にあげて1段目と3段目ではさみます。

表21a：It was *Ken* that [who] broke the window.

玉手箱	だれが	する（です）	だれ ・ なに	どこ	いつ
	It	was			
	Ken				
that [who]	(↑Ken)	broke	the window.		

表21b：It was *the window* that Ken broke.

玉手箱	だれが	する(です)	だれ ・ なに	どこ	いつ
	It	was			
			the window		
that	Ken	broke.	(↑the window)		

（4）句動詞と動詞＋前置詞(句)

　→句動詞は「する(です)」で扱うことができますが、基本的に動詞＋前置詞(句)の前置詞(句)は「どこ」で扱うことになります(久野・高見 2005: 94参照)。

表22a：I *called up* my uncle. vs. I *called on* my uncle.

玉手箱	だれが	する(です)	だれ ・ なに	どこ	いつ
	I	*called up*	my uncle.		
	I	*called*		*on* my uncle.	

call up (句動詞)は熟語として「する(です)」に当てはめることが可能です。ただし、目的語が代名詞の場合はcallとupが分離され、間に代名詞が入ります。その場合、upは「どこ」に入れて場所を表す副詞として扱うことになります。他方、call onは動詞と前置詞(句)のため *I called him on. とはできない、と学習者に指導することができます。

表22b：I *called* him *up*. vs. *I *called* him *on*.

玉手箱	だれが	する(です)	だれ ・ なに	どこ	いつ
	I	*called*	him	*up*.	
	*I	*called*	him	*on*.	

注：＊非文(文法的ではない文)を表す。

（5）There構文

→存在を表すthereは文法上の主語として「だれが」に対応させ、意味上の主語は「だれ・なに」を使うことができます（Quirk et al. 1985参照）。

表23a：*There is* a cat under the table.

玉手箱	だれが	する（です）	だれ ・ なに	どこ	いつ
	There	*is*	a cat	under the table.	

表23b：*There was* a student who didn't pass the test.

玉手箱	だれが	する（です）	だれ ・ なに	どこ	いつ
	There	*was*	a student _		
	who	didn't pass	the test.		

（6）形式主語のIt

表24a：*It* is important *for us to study English.*

玉手箱	だれが	する（です）	だれ ・ なに	どこ	いつ
	It	is	important		
	↑*for us to study English.*				

表24b：学習段階に応じて、次のように指導することも可能です。

玉手箱	だれが	する（です）	だれ ・ なに	どこ	いつ
	It	is	important		
	for us	*to study*	*English.*		

（7）to 不定詞（名詞的用法）

表25a：I want *to do my homework.*

玉手箱	だれが	する（です）	だれ ・ なに	どこ	いつ
	I	want	*to do* *my homework.*		

表25b："want to do" を 1 つにまとめて「する（です）」で扱うことも可能です。

玉手箱	だれが	する（です）	だれ ・ なに	どこ	いつ
	I	*want to do*	my homework.		

注：*would like to do* や *be going to do* なども同様に「する（です）」に当てはめることが可能です。

（8）付帯状況の扱い

→「玉手箱」を使って対応することができます。

表26：分詞構文での付帯状況：I was lying in bed, *listening to music.*

玉手箱	だれが	する（です）	だれ ・ なに	どこ	いつ
	I	was lying		in bed,	
listening to music.					

表26b：with を用いた付帯状況：I can tell the difference *with my eyes closed.*

玉手箱	だれが	する（です）	だれ ・ なに	どこ	いつ
	I	can tell	the difference		
with my eyes closed.					

同様に、with her や with me についても、「玉手箱」で扱うことも可能です。

また、2段(以上)を使わずに「吹き出し」を使って目立たせる方法もあります(比較や分詞構文など、その他の文法事項の扱いについては、田地野2014を参照のこと)。

(9) 句内語順について

　節については、これまで紹介してきたように、名詞節や形容詞節、副詞節のいずれも意味順を複数段用いることで視覚的に指導することができます。一方、句については、名詞句や副詞句の例をとおして紹介したとおり、おおむねそのままで説明が可能ですが、一部に工夫が必要なものもあります。意味順に沿って説明が可能な例としては、「する(です)」要素を含む名詞句(不定詞や動名詞)(例 to watch/watching soccer games：サッカーの試合を見ること)や形容詞句(分詞)(例 [the boy] standing at the bus stop：バス停に立っている［少年］)、副詞句(不定詞や分詞構文)(例 to see my aunt：叔母に会うために；having finished lunch：昼食をすませてから)などが挙げられます。

　それに対し、「する(です)」要素を必要としない比較的短い句については、どの要素に入るかといった説明だけでなく、その語順についても指導した方が良いと考えられます。たとえば on the wall (壁にかかっている：形容詞句)や from Kyoto (京都から：副詞句)などは、英語と日本語でその語順が対称となっています。この場合には、英語と日本語の語順の違いを鏡像関係(ミラーイメージ)(大津2004)を用いて指導することができます。

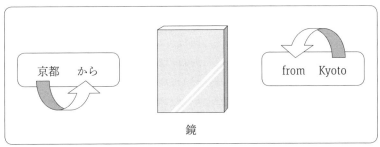

図3：ミラーイメージを用いた日本語と英語の句内語順関係

以上、英語の産出という観点から、「意味順」の活用法について紹介しました。他方、英語の受容技能(読むこと、聞くこと)の指導については、述語動詞の項構造という考え方が参考になります。たとえば「私たちは会った」という情報を知ると、「だれに」「どこで」「いつ」といった情報が必要だと分かります。動詞の項構造(動詞が必要とする要素)によって動詞の表す事態を理解するのに必要な情報が決まります。

　リーディングやリスニングの指導においては、意味順を使った「ツッコミ」タスクの練習が考えられます。「私は教えた」と読めば、意味順にしたがって、必要な情報のうち「だれ(に)・なに(を)」の情報が続くことが推測できます。「彼女は置いた」と耳にしたら、「なに(を)」、「どこ(に)」の情報が続くであろうと予想できます。動詞の項構造を活用し、動詞の後にどんな情報が来るかの「ツッコミ」を入れることにより、英文や英語の発話を前から順に理解していくことができます。

表27：We met(私たちは 会った)と相手が言えば
→「だれに?」「どこで?」「いつ?」の情報が続くことが予想できます。

玉手箱	だれが	する(です)	だれ ・ なに	どこ	いつ
	We	met	だれに?	どこで?	いつ?

表28：I taught(私は 教えた)なら
→「だれに・なにを」「どこで」「いつ」の情報が続くことが予想できます。

玉手箱	だれが	する(です)	だれ ・ なに	どこ	いつ
	I	taught	だれに・なにを?	どこで?	いつ?

5. タテ軸の指導—英語指導の体系化

　前節では、ヨコ軸を用いた文構造の指導例を紹介しましたが、意味順を

用いることで、ヨコ軸とタテ軸を連動させた体系的な英文法指導も可能となります。タテ軸は、これまで説明したとおり、選択軸として用います。英文の作成においては、まずはヨコ軸（意味順）で文を形づくり、つぎにタテ軸でその文を整える流れになります。

　本節では、1)名詞、2)助動詞、3)「3単現のs」と「名詞の複数形のs」を区別した指導例、4)時制と相（進行形と完了形）の指導例を紹介します。

1) 名詞（句）の指導例

　名詞（句）の指導には「だれが」または「だれ・なに」を使うことができます（「意味順マップ」を参照のこと）。

表29：名詞（句）の指導例（伊東2019: 42参照）

玉手箱	だれが	する（です）	だれ ・ なに	どこ	いつ
	I	played	soccer	there	yesterday.
			tennis		
			baseball		
			basketball		
			the piano		
			the violin		
			the guitar		

2) 助動詞の指導例

　助動詞は、動詞の味つけ役とみなして「する（です）」のタテ軸で扱うことができます。例文(1)から(5)を使って助動詞の指導例を紹介します。

(1) 私はその試験を受ける<u>ぞ</u>。
　　I *will* take the exam.
(2) 私はその試験を受ける<u>ことができる</u>。（準備はできている）

I *can* take the exam.

(3) あなたはその試験を受け<u>てもいいですよ</u>。

You *may* take the exam.

(4) あなたはその試験を受ける<u>べきだ</u>。（その目的には必要だ）

You *should* take the exam.

(5) あなたはその試験を受け<u>なければならない</u>。（これが最後のチャンスだ）

You *must* take the exam.

これらは表30のように「する（です）」のタテ軸として表すことができます。

表30：意味順とタテ軸（助動詞の指導例）

玉手箱	だれが	する（です）	だれ ・ なに	どこ	いつ
	I	*will* take	the exam.		
		can take			
	You	*may* take			
		should take			
		must take			

3)「3単現のs」と「複数形のs」との区別

　学習の初期段階では、現在時制での主語が3人称単数の場合のs（いわゆる3単現のs）と、名詞の複数形のsとの使用が混同してしまい、両者の違いに悩む生徒もいるようです。これらは意味順では明確に区別されます。たとえば、前者は「する（です）」のタテ軸の問題、後者は「だれ・なに」のタテ軸の問題として説明することができます。つまり、表31のように提示すれば、両者がそれぞれ別の意味順要素のタテ軸であるということが視覚的に理解できます。

表31：「3単現のs」vs.「名詞の複数形のs」(田地野 2018)

玉手箱	だれが	する(です)	だれ ・ なに	どこ	いつ
	I	have	a brother.		
			↓複数形		
	I	have	*three* brothers.		
	↓3人称単数	↓			現在時制
	She	*has*	*three* brothers.		

若林(2016)は、この「3単現のs」と「名詞の複数形のs」が省略された英文“She have three brother.”に対して、教師は10点満点で8点をつけるぐらいの気持ちのゆとりをもつことの意義を(40年以上も前に)主張しています。

4) 時制と相(進行形と完了形)の指導例

　時制と相は、「する(です)」のタテ軸を使って指導できます。その際、

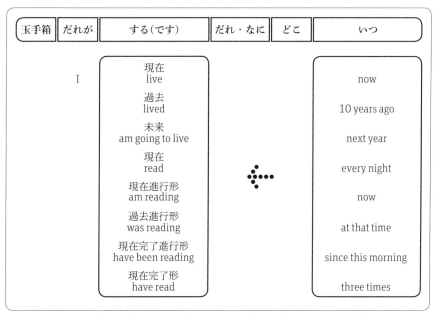

図4：「する(です)」と「いつ」の関連づけ(田地野 2019: 61)

「いつ」の要素と関連づけて説明すると学習者は理解しやすいでしょう。

　以上、本節では、ヨコ軸とタテ軸を用いた体系的な英語の指導例を紹介しました。意味順マップを用いることで、学習者に各文法事項の位置づけを示すことができ、その働きや役割を説明することができます。助動詞の指導例のように、「する（です）」といった1つの要素だけに焦点をあてた指導はもちろん、時制の指導例のように「いつ」と「する（です）」の2つの要素を関連づけた指導も可能になります。学習者の習熟度や学習段階に合わせて、ヨコ軸（意味順）の指導からタテ軸の指導へと文法を有機的に関連づける見通しを持つことが重要でしょう。

6. おわりに

　本章では、これまで教育文法や英文法指導が抱えてきた問題の解決や改善にむけて、意味を重視した英語の指導法として「意味順」を提案しました。さらに、「学習者は文法的誤りをする」という応用言語学や第二言語習得研究の知見を出発点として、誤りの「質」の違いに着目し、これまで等価値であるかのように並列化されてきた各文法事項に対して、コミュニケーションの観点から重みづけを行うことの重要性を主張しました。具体的には、文や節を「意味のまとまりの順序」（「意味順」）でとらえ直し、意味順を基軸とした2次元での文法整理を通して、文法の俯瞰図（「意味順マップ」）を提示しました。最後に、これらの考えに基づいた新しい英語指導の体系化を目指し、具体的な指導例をいくつか紹介しました。たとえ従来の文構造の指導法（5文型）が堅持され、授業への全面導入が難しい教育環境であっても、部分導入という形で意味順を取り入れることで学習者に英文法の全体像を見せたり、文法事項間の関係を示したりすることは可能だと考えています。

　意味順を活用することにより、学習者にとって難解であると思われる文法用語（目的語や補語）を過度に使用することなく文構造の説明ができます。

これによって、意味から直接英文をつくることができます。ゆるやかなシステムとしての特性を有する「意味順」は、工夫次第で多様な環境に柔軟に対応できるものです。本章では日本の英語学習者にとって苦手意識の強い産出技能（「話すこと」と「書くこと」）を中心に意味順の意義と活用について論じてきましたが、最後に少し紹介したように、今後は受容技能（「読むこと」と「聞くこと」）、そして統合型技能の育成にむけた意味順の活用に関する研究が行われていくことでしょう。明日の授業にむけて益々の創意工夫が期待されます。

⊕ **注**

1　文型指導については、伊東（2019）を参照のこと。

2　松井（2016）は、「意味順」を、コンピューターのオペレーションをつかさどるOS（オペレーティングシステム）にたとえて、「しなやかなOS」と呼んでいます。

3　たとえば、Unit 2 (p. 13)で取り上げられています。

4　埼玉県内の中学校教諭（当時）である奥住桂氏は、意味順指導の実証研究によって、2017年6月に第14回大野政巳英語教育賞の最優秀賞を受賞しています。詳細は、論文「「意味順」英語指導法～コミュニケーションにつながる学習英文法指導～」（平成28年度埼玉県英語教育研究会紀要）を参照のこと。

5　Tajino (2018)は、意味順を基軸として2次元で整理した教育文法をMAP Grammar (A Meaning-order Approach to Pedagogical Grammar)と呼び、さらに3次元に拡張したアプローチも提案しています。

⊕ **参照文献**

ベネッセ教育総合研究所（2020）『高1生の英語学習に関する調査〈2015–2019継続調査〉』
　　https://berd.benesse.jp/global/research/detail1.php?id=5467

Burt, Marina K. (1975) Error analysis in the adult EFL classroom. *TESOL Quarterly, 9* (1), 53–63.

Burt, Marina K. and Carol Kiparsky. (1974) Global and local mistakes. In John H. Schumann and Nancy Stenson (eds.), *New Frontiers in Second Language Learning*, pp.

71–80. Rowly, MA: Newbury House,.

Burton, Graham. (2020) Grammar. *ELT Journal, 74*(2), 198–201.

Canale, Michael and Merrill Swain. (1980) Theoretical bases of communicative approaches to second language teaching and testing. *Applied Linguistics, 1*(1), 3–47.

Corder, S. Pit. (1981) *Error Analysis and Interlanguage*, Oxford: Oxford University Press.

Crystal, David. (2004) *Rediscover Grammar* (3rd ed.). Harlow, Essex: Pearson Education.

Culler, Jonathan. (1976) *Saussure*. London: Fontana Press.

de Oliveira, Luciana C. and Mary J. Schleppegrell. (2015) *Focus on Grammar and Meaning.* Oxford: Oxford University Press.

Ellis, Rod. (2006) Current issues in the teaching of grammar: An SLA perspective. *TESOL Quarterly, 40*(1), 83–107.

Firsten, Richard. (2002) *The ELT Grammar Book: A Teacher-Friendly Reference Guide.* San Francisco: Alta Book Center Publishers.

Gray, James W. (2020) *Task-Based English Grammar Instruction: A Focus on Meaning.* Unpublished Ph.D dissertation. Kyoto: Kyoto University

Gray, James W. and Ryan W. Smithers. (2019) Explaining grammatical form as a sequenced process: A semantic-based pedagogical grammar. *The Journal of Asia TEFL, 16*(1), 420–428.

Halliday, M. A. K. (1994) *An Introduction to Functional Grammar* (2nd ed.). London: Edward Arnold.

Halliday, M. A. K. and Christian. M. I. M. Matthiessen. (2004) *An Introduction to Functional Grammar* (3rd ed.). London: Arnold

Hasan, Ruqaiya. (1988) The analysis of one poem: Theoretical issues in practice. In D. Birch and M. O'Tool (eds.), *Functions and Styles*, pp. 45–73. London: Edward Arnold.

橋尾晋平(2020)「日本人初級英語学習者の主題卓越型構造の転移に関する研究―主語・述語の産出プロセスの解明に向けて」博士論文. 京都：同志社大学.

Imai, Kunihiko, Heizo Nakajima, Shigeo Tonoike and Christopher D. Tancredi. (1995) *Essentials of Modern English Grammar*. Tokyo: Kenkyusha.

伊東治己(2019)『入門期からの英語文型指導―チャンク文型論のすすめ』東京：研究社.

城島友子・大薮日左恵(2011)「意味順ノートを使って語順の定着を図る―江北中学校の試み」English Education for Tomorrow in Saga (EETS) 研究会発表資料.

小池生夫(監)(1994)『第二言語習得研究に基づく最新の英語教育』東京：大修館書店.

小松達也(2012)『英語で話すヒント―通訳者が教える上達法』東京：岩波書店.

組田幸一郎・宮腰愛実ほか(2003)『高校これでわかる基礎英語―ゼロから始める高校英文法』京都：文英堂.

久野暲・高見健一(2005)『謎解きの英文法―文の意味』東京：くろしお出版.

Leech, Geoffrey and Jan Svartvik. (1994) *A Communicative Grammar of English.* London: Longman.

Lin, Angel, M. Y. (2016) *Language across the Curriculum & CLIL in English as an Additional Language Contexts (EAL): Theory and Practice.* Singapore: Springer.

Lin, Angel, M. Y. (2019) Concept + language mapping' (CLM) as an innovative approach to CLIL. *CLIL Symposium* (配布資料)上智大学(2019年7月).

Little, David. (1994) Words and their properties: Arguments for a lexical approach to pedagogical grammar. In Terence Odlin (ed.), *Perspectives on Pedagogical Grammar*, pp. 99–122, Cambridge: Cambridge University Press.

松井孝志(2016)「書くことによる英語の運動性能の養成―「語」や「句」のかたまりと、「文」と「文」のつながり、そして談話としての「まとまり」の観点から」授業研究発表, 第66回全国英語教育研究大会(全英連山口大会)山口(2016年11月12日).

中村捷(2018)「5文型は学習上役に立たない」池内正幸・窪園晴夫・小菅和也(編著)『英語学を英語授業に活かす―市河賞の精神を受け継いで』119–136. 東京：開拓社.

中嶋洋一(1999)「自己表現力育成のためのライティング指導」松本茂(編)『生徒を変えるコミュニケーション活動』115–158. 東京：教育出版.

奥住桂(2016)「意味順」英語指導法―コミュニケーションにつながる学習英文法指導」『平成29年度　埼玉県英語教育研究会紀要』101–110.

大岩秀紀(2019)「小学校英語教育における語順と文構造の指導―意味順英語学習法を援用して」藤岡克則・北林利治・長谷部陽一郎(編著)『ことばとの対話―理論・記述・言語教育』259–268. 東京：英宝社.

大津由紀雄(2004)『英文法の疑問―恥ずかしくてずっと聞けなかったこと』東京：日本放送出版協会(生活人新書119).

Pinker, Steven. (1989) *Learnability and Cognition: The Acquisition of Argument Structure.* Cambridge, MA: MIT Press.

Pinker, Steven. (1994) *The Language Instinct.* New York: William Morrow & Company.

Quirk, Randolph, Sidney Greenbaum, Geoffrey Leech and Jan Startvik. (1985) *A Comprehensive Grammar of the English Language.* Harlow, Essex: Longman.

斎藤兆史(2007)『英文法の論理』東京：日本放送出版協会(NHKブックス1088).

Sinclair, Christine. (2010) *Grammar: A Friendly Approach* (2nd ed.). Berkshire: McGraw-Hill Education.

Smithers, Ryan W. and James W Gray. (2020) Enhancing the quality of life in lifelong learners: The influence of a meaning-order approach to pedagogical grammar on motivation and self-efficacy. *Applied Linguistics Review 11* (1), 129–149.

田地野彰(1995)『英会話への最短距離』東京：講談社.

田地野彰(1999a)「外国語学習における「難しさ」再考―教育的観点から」山田雄一郎(編著)『新英語教育講義―広島修道大学人文学部「英語教師のための夏期講座」展観』48-63. 広島：広島修道大学.

田地野彰(1999b)『「創る英語」を楽しむ―「暗記英語」からの発想転換』東京：丸善(丸善ライブラリー288).

田地野彰(2008)「新しい学校文法の構築に向けて―英文作成における『意味順』指導の効果検証」小山俊輔・西堀わか子・田地野彰(編)『平成20年度英語の授業実践研究』8-21. 奈良：奈良女子大学国際交流センター.

田地野彰(2011a)『〈意味順〉英作文のすすめ』東京：岩波書店.

田地野彰(2011b)『「意味順」英語学習法』東京：ディスカヴァー・トゥエンティーワン.

田地野彰(2012)「学習者にとって「よりよい文法」とは何か？―『意味順』の提案」大津由紀雄(編)『学習英文法を見直したい』157-175. 東京：研究社.

田地野彰(2014)『「意味順」ですっきりわかる高校基礎英語』京都：文英堂.

田地野彰(2018)「『意味順』が変えるこれからの語順指導」『英語教育5月号』12-13. 東京：大修館書店.

田地野彰(2019)「英文法指導を再考する―二次元での文法整理を通して」藤岡克則・北林利治・長谷部陽一郎(編著)『ことばとの対話―理論・記述・言語教育』53-65. 東京：英宝社.

Tajino, Akira. (ed.) (2018) *A New Approach to English Pedagogical Grammar: The Order of Meanings.* Oxford: Routledge.

田尻悟郎(1997)『英語科自学のシステムマニュアル』東京：明治図書.

田中茂範・佐藤芳明・阿部一(2006)『英語感覚が身につく実践的指導法：コアとチャンクの活用法』東京：大修館書店.

田中武夫・田中知聡(2014)『英語教師のための文法指導デザイン』東京：大修館書店.

龍城正明(2006)『ことばは生きている―選択体系機能言語学序説』東京：くろしお出版.

若林俊輔(2016)『英語は「教わったように教えるな」』東京：研究社.

綿貫陽・ピーターセン, マーク(2006)『表現のためのロイヤル英文法』東京：旺文社.

渡寛法・細越響子・加藤由崇・金丸敏幸・髙橋幸・田地野彰(2012)「母語を活用した英語指導—高校の英作文授業における『意味順』の効果検証」*Studies in English Teaching and Learning in East Asia, 4*, 33-49.

Yamada, Hiroshi. (2019) Applications of a meaning-order approach to pedagogical grammar to English education in Japan: Toward the collaboration of English and Japanese education. *JAAL-in-JACET Proceedings 1*, 1-7.

山岡大基(2000)「英語産出における語順指導について—句順と句内語順—」『中国地区英語教育学会研究紀要』30号, 125-132.

Yamaoka, Taiki. (2001) *A Proposal for Instruction of English Phrases: Focusing on the Endocentricity* (Unpublished Master's thesis). Hiroshima: Hiroshima University.

柳瀬陽介(2011)書評:「田地野彰(2011)『〈意味順〉英作文のすすめ』(岩波ジュニア新書)」『英語教育の哲学的探求2』http://yanaseyosuke.blogspot.com/2011/04/2011.html

第2章 統辞論からみた「意味順」*

川原功司

1. 理論言語学からみた意味順

　古英語の時代、英語は文法関係を活用や曲用によって示していたため、語順は比較的自由であったと考えられています(第4章2節参照)。しかしながら現代英語は、古英語の頃に比べると活用や曲用が貧弱になり、主要な文法関係を語順で表すようになった分析的言語(analytical language)と呼ばれる言語に変わりました。意味順は分析的言語である現代英語の特徴をうまくとらえた、教育文法の一種と言うことができるでしょう。

　意味順は英語の文(つまり節)が「だれが」「する(です)」「だれ・なに」「どこ」「いつ」という順序にしたがうのが基本と述べている、節構造に関する教育文法です(田地野 2014)。つまり、意味順を習得することは、英語の基本的な主語・述語構造を習得することにつながります。この意味順という規則が有用であることは、既に(本書の他の論文の指摘も合わせて)実証済みであると言えますが、この規則は言語学、特に統辞論[1]という観点から見ていけば、どのような評価を下すことができるでしょうか。

　本章の目的は、文法理論の中において、意味順がどういう地位を占める文法なのかを議論し、また統辞論で「発見」されてきた研究成果を通してみれば、その基本コンセプトが妥当なものであるということを示すことにあります。本章の構成は以下の通りです。まず、第2節でさまざまなレベ

ルの文法を紹介し、意味順が教育文法と呼ばれる種類のものに分類される
ことを指摘します。また、教育文法が理論言語学で提案されてきた文法と
直接の関係は持たないものの、理論言語学で発見されてきた提案を通して
その妥当性を問うことが可能であり、また意味順の持つ性質が理論言語学
における文法の内実を問う可能性があるということを指摘します。第3節
では、理論言語学の中でも、生成文法理論で主張されてきた句構造に関す
る議論が、意味順の理論的基盤を提供するものになりうること、また主辞
パラメータという概念によってとらえられる英語と日本語の違いを意味順
に生かし、また意味順に生かされる可能性としてはどのようなものがある
のかを議論します。最後に、第4節は結論となります。

2. 文法と意味順

　文法は目的に従ってさまざまな種類のものがあり、それらを分類するこ
とは意味順という提案を評価する際に必要不可欠なものとなります。この
節では、規範文法、記述文法、脳内文法、教育文法について概観し、その
中でも教育文法に分類される意味順がどのようなステータスを持つべきも
のなのかについて考えます。

2.1 規範文法と意味順

　規範文法とは、主に学校で教授している文法のことです[2]。この意味で
の文法は、社会階層を示すという目的のある、使用法の規則群であるとも
言えます。規範文法が意図しているのは「標準英語[3]」というものですが、
標準英語も数ある英語の変異の中の1つでしかありません。しかしながら、
規範文法に従えば、「正しい」言語が存在するということになります。英語
の規範文法が声高に叫ばれるようになったのは、主に16世紀以降の英国
ですが、その代表的なものをいくつか紹介していきましょう。
　「前置詞で文を終えてはいけない」という規則を聞いたことはないでし

ょうか。実際には John had no one to play with などという英文は存在する
のですが、その根拠は何だったのでしょうか。理由の 1 つとして考えられ
ているのが、英語はラテン語に基づいた「正しい」英文法を保持すべきで
あるという規範文法の歴史にあります。ラテン語に存在している文法は
「正しい」ものなので、その規則は英語でも守られるべきだと主張する規
範文法家たちがいたわけです。この規則を破ったことで、公務員に叱責さ
れた第二次世界大戦時の英国首相ウィンストン・チャーチルが「This is
something up with which I will not put.」と発言したことは有名です。前置
詞で文を終えないようにすると、かえっておかしなことになるのを上手に
皮肉っています。

　また、規範文法に関して有名なエッセイに、William Safire's Rules for
Writers というものがあります。ウィリアム・セイファイアは New York
Times の有名なコラムニストだったのですが、政治エッセイと On Lan-
guage という言語に関するコラムも好評でした。その代表的な規則を抜粋
すると、以下のようなものがあります。

（1）a. A preposition is something never to end a sentence with.（前置詞で文
　　　を終えてはいけない）

　　b. Remember to never split an infinitive.（不定詞を分離してはいけない
　　　（to と動詞の原形の間に副詞を入れたりする現象のこと））

　　c. The passive voice should never be used.（受動態は使用されてはい
　　　けない）

　　d. Don't use no double negatives.（二重否定を使用してはいけない）

　　e. Don't overuse exclamation marks!!!（感嘆符を使用しすぎてはいけな
　　　い!!!）

　読んでいて気づいたのではないかと思いますが、これらは全て自己言及
型の文で自己矛盾をはらんだものになっています。要するに笑いを取るた
めのエッセイです。

そういうわけで、規範文法とは、原則として守るのが望ましいと社会的には思われていますが、実際には破られることも多い規則であると言えます。規範文法をメタ的に研究している言語学者はいますが、規範主義に基づいて言語研究を進めている言語学者はいないと断言してもよいのではないかと思います。意味順が規範文法の範疇に入っていることもないでしょう。追いかけているのは、理想の英語の姿ではなく、現実に存在している英語の現象だからです。

∷ 2.2 記述文法と意味順

　記述文法とは、実際に使用されている言語現象を記述した規則体系、規則群のことを言います。「現代英語では、制限用法の関係詞に関係代名詞のwho、whichが使用されるか、接続詞のthatが使用されるか、そのどちらも必要としないことがある[4]」というのも例の1つです。

　記述文法は現実に使用されている、定着した用例を記述する必要があります。ですから、アメリカ英語などでbecauseが副詞節だけではなく、名詞節を導くことができるようになってきていたり、現在完了形が少なくなって、単純過去形で済ませるようになってきていたり、helpが原型不定詞を目的語に取るようになってきているという事実は、記述していく必要があると言えます。言語学が経験科学であるとすれば、自然現象として存在している言語事象を記述するのが言語学者の仕事であると考えられるからです。そういう理由で、言語学者の基本的な仕事は言語事実を記述し、そこにある特徴などを分析していくことにあるわけです。

　意味順は実際に存在している英語という言語の特徴を記述する際に使用している文法の1つですから、記述的であることが期待されます。しかしながら、言語学で求められている厳密な記述と多様な現象の記述は本義ではありません。学習者が外国語として学ぶ場合に、たとえば定評のあるQuirk et al. (1985)やHuddleston and Pullum (2002)に記載されている文法事項を全て覚えることを期待するのは、はっきり言って無意味であり、不可能だからです。たとえば、Quirk et al. (1985)は全部で1,779ページ、

Huddleston and Pullum（2002）は1,842ページありますから、全てを覚えるだけで数年の歳月が必要になってしまいます。

　また、文法事項を知っているということと、文法事項を使いこなすということとの間には隔たりがあるということも事実です。たとえば、三単現の-sの規則を「知る、覚える」ということのハードルはそれほど高いことではありません。文法問題として解かせると、初学者でも正答率は高いですが、この規則を使いこなすことが学習者にとって難しいということは、中高生を相手にしている教員にとっては、ほぼ「常識」的な知識になっているのではないでしょうか。相当な上級者であっても、実際の使用の場面では不要なところに-sをつけてしまったり、必要なところで抜かしてしまったりすることがよくあります。

　そういうわけで、記述文法と教育文法との間には緊張関係が生まれることになります。つまり、現実に忠実であろうとすればするほど、記述文法に記載する事項は増加していくわけですが、意味順のように学習者が使いこなせるようになってほしいという目的を持つ教育文法は、複雑にはしたくないという思惑があるからです。記述文法を豊かにし過ぎると、記述内容を制限しなければならない教育文法にとっては、不都合なことになってしまいます[5]。この問題については、2.4節と2.5節で再び議論することにしましょう。

∷ 2.3　脳内文法と意味順

　言語学に取り組むに当たって、その問題設定から根源的に考える言語学者も登場するようになりました。ノーム・チョムスキーは生成文法の創設期からリーダー的存在であり続けていますが、言語の本質をめぐって「言語とは何か」、「言語はどのようにして獲得されるのか」、そして、「なぜ言語は今あるようになっているのか」という問題を問うています（Chomsky 1986）。そして、言語はどうやら人間という種に固有の能力であること、その獲得された言語知識には経験したこと以上のものが含まれていること、言語を獲得する能力がどうやって進化してきたのかということが、主な問

題であると主張しています。こう考えれば、人には言語能力というものがあり、他の身体器官と同様に研究する仮説演繹法に基づく自然科学のアプローチが採用できるということになります。この、人が持っていると考えられる言語能力のことを脳内文法と呼び、生まれつきの言語能力、ないしは生まれつきの言語能力に関する理論のことを生成文法では普遍文法(Universal Grammar, UG)と呼んでいます。

　脳内文法の研究対象は、人間が種として共有している言語能力になります。この場合、英語を対象に研究することもありますが、その目的はあくまで具現化された1つの個別言語の分析を通して、脳内文法の内実を明らかにすることにあります。そういう理由で、脳内文法の内実に迫る言語現象ではないと想定されるものは研究の主要な関心からは外れますし、記述文法という観点からは重要なデータであっても無視するということが起こりえます。つまり、英語という個別言語の特性という観点からは優れた記述文法と、それを言語機能の解明を目的とする脳内文法という観点から評価するという、2つのレベルの文法間で緊張関係が生じることになります。要するに、記述文法でとらえられた豊かで詳細な規則群を、普遍文法によって制限された脳内文法という観点から再評価し、吟味するということが必要になるわけです。

　脳内文法を分析するという目的は、人間の言語能力を解明することにありますから、その試みを総じて生物言語学と呼ぶこともできます。つまり、さまざまな言語の比較分析に始まって、さらには人間という種を越えて、人間以外の霊長類やその他脊椎動物、そしてそれ以外の動物の言語に相当する能力を比較分析するということも射程に含むことになります。相似と相同という観点も交えて、比較生物学的な視点から言語を分析することになりますから、いきおい、そこで検討される言語の特性は抽象的なものになります。動物の言語に対応する能力はまだ有限状態文法の水準にあり、人間言語が満たすべき(弱い)文脈依存文法の水準に達しているのかどうかという問いは、比較生物学的な視点からは重要な課題になりますが(Fitch 2010; 川原 2020)、英語教育にとって必要な知識であるとは言えないで

しょう[6]。そういうわけで、一応のところは脳内文法と意味順が関連しているということはあまりなさそうです[7]。

∷2.4 教育文法と意味順

　意味順が教育文法に分類されるということに関しては、異論はなさそうです。教育文法というと、曖昧模糊とした感じがあり、実際さまざまな定義がありえるのですが、ここでは Tajino (2018) に従い、ESL/EFL 環境において、英語の教授や学習のためにデザインされた文法という視点でとらえたいと思います。

　意味順の規則に反した英文は全体的誤り (global error) になりえます。英語の学習者が全体的誤りを起こしてしまうと、コミュニケーションに支障を来し、意図がうまく伝えられないことになってしまいます。つまり、英語という外国語を使用してコミュニケーションをとろうと思えば、全体的誤りはぜひとも避けたい誤りということになります。

　Tajino (2018) によれば、意味順は英語学習におけるロードマップであり、英語というシステムを鳥瞰的に見渡すための骨組みを与えるものという見解が与えられています。英文法という知識の編み物があるとすれば、意味順は横糸であり、骨組みができたところで、細かな文法知識という縦糸を紡ぐことによって、学習者の知識が確固たるものとなるという見解です。

　また、Yanase (2018) によれば、教育文法とは使用者の視点から評価されるべきものであり、使用者の目的は対象言語において全体的誤りを犯すことなく使用することであり、その目的に沿った文法こそが理想的であると指摘しています。一方、記述文法と脳内文法という視点は、使用者よりの文法というよりは、その言語を分析する研究者よりの文法であると言い換えることもできます。そのため、その目的に幾分かのズレがあることは否定できません。同様に Watari (2018) も、教育文法は効率性を追求すべきであり、その経済性、容易さ、有効性という観点を重視すべきであると問うています。文法記述だけで、2,000ページ近くにも及ぶような記述文法や、その理論の主張を理解するだけで数年を要する脳内文法に、その資

格を満たすことはできないと言ってもよいでしょう。つまり、教育文法である意味順と、理論言語学において採用されている記述文法・脳内文法との間には緊張関係が存在すると考えられるのです。教育文法の構築にあたっては、全体的誤りを避けることができ、使用者が使いやすく、経済的で、容易で、有効な文法を追究する教育的妥当性が求められていると言ってもいいのかもしれません。

❖2.5 議論

　以上、概観したように意味順は教育文法の中に含められるべきものであり、規範文法、記述文法、脳内文法とは異なる視点と目的を持った試みであると言えます。教育文法と経験科学における文法の大きな違いは、「使い勝手の良さ」にあると言ってよいのかもしれません。使い勝手の良さは教育文法に求められますが、一方、経験科学では厳密に事象を記述することが求められます[8]。

　たとえば、意味順では、「最初（主語）に「だれが」を表す名詞がくる」という考え方が採用されています。実際には英文の大半の主語は名詞ですから、学習者の視点からすれば、これはよい一般化であると言えます。しかしながら、現実には Under the bed is comfortable（ベッドの下が気持ちいい）のような、前置詞句が主語になるような現象も存在します[9]。前置詞句主語は用例が少ないのにも関わらず、英語の母語話者であれば誰でも使いこなせるという事実は、刺激貧困の問題[10]という観点から言っても、理論言語学における分析の対象とすべき重要な「データ」ということになります。こういった例外規定を増やし、それらの一般化を図り、それらがなぜ可能なのかを問うのは、科学の重要な仕事です。しかし、限られた用例は教育文法という文脈では、あえて捨てるという勇気も求められることがあります。ちょうどここに、理論言語学における文法と教育文法との間の緊張関係があると言うことができるでしょう。もちろん、教育文法もできるだけ言語事実に沿った形になることが求められるわけですが、それで使い勝手が悪くなってしまっては元も子もなくなってしまうわけです。

できるだけ多くの経験的事実をカバーできるのであれば、教育文法もそれに依拠するべきですが、その境界線を引くのはそれほど簡単なことではありません。たとえば、佐藤(2019)が「倒置構文は、…4技能との関連で言えばマイナーな学習項目です」「倒置構文のような(ほとんど)文法問題にしか出ない学習項目」と主張していますが、これは難しい問題です。倒置[11]は疑問文や場所格倒置、情報構造による要請など、ごくごく簡単な英文や話し言葉でも頻出する用例であり、倒置の誤解は全体的誤りにつながります。したがって、この現象は力を入れて指導すべきであるように思われます。意味順にとっても倒置はやっかいな問題ですが、それでも「だれが」の前にα、ないしは玉手箱という位置を保証した上で、倒置に対処できる方法を想定しています[12]。

しかしながら、理論言語学においては、記述文法や脳内文法の解明という目標に従って、実にさまざまな言語現象を「発見」してきたという成果があります。すなわち、意味順は記述文法や脳内文法の候補にはなりえないかもしれませんが、その主張が意図しているところは、実は英語という個別言語の特徴を的確にとらえ、また言語そのものの性質を解明しようとしている脳内文法の研究成果と矛盾するものではない可能性があります。次節の目的は、意味順が、実は統辞論が発見してきたデータおよび仮説と矛盾するものではない、つまり理論的な裏付けを得ることができる性質のものであるということを示すことにあります。

3. 意味順と統辞論

この節では、意味順を統辞論で議論されてきた成果に照らし合わせて議論することによって、理論的な裏付けを得ることができるということを指摘します。まずは、意味順と句構造に関する議論を通して、意味順が節だけではなく、派生名詞句の分析にも適用できるということを示します。次に、主辞パラメータという概念を用いて、意味順には裏付けがあること、

また逆に意味順の成果を通して、理論言語学における句構造の議論を再考する可能性について指摘します。

◦ 3.1 意味順と句構造に関する議論

　意味順は、第一に節構造を的確にとらえることができるようになることを目指しています。統辞論の成果を用いることによって、意味順の内実を評価することはできるでしょうか。この小節では、意味順が理論言語学により妥当性が担保され、さらには節というレベルだけではなく、名詞句の分析にも適用できる性質のものであるということを、句構造に関する議論を用いて説明することにしたいと思います。以下の例を見てください。文とそれに対応する派生名詞ですが、非常に似通っていることがわかるでしょうか。

(2) a. John proved the theory.（ジョンが理論を証明した）

　　b. John's proof of the theory.（ジョンの理論の証明）

　これらの構造を分析していくことにしましょう。まず、prove/proofという語彙についてです。prove/proofを使用する際に、語彙に関する知識として「誰が（行為者）」「何を（主題）」「証明する」という一連の行為が含まれているということはわかるでしょうか。この行為において「誰が」と「何を」は文中で必要な要素のため、項（argument）と呼ばれます。そして、関連する構造を統辞論でおなじみの樹形図で書けば、以下のようになります。

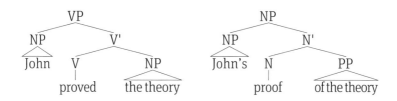

　樹形図を見ながら、細かい要素についても考えていきましょう。proved

は動詞(V)erbです。そして、John proved the theoryという句(phrase)において中心的な働きをしているため、動詞句の中で主辞(head)として機能すると言います[13]。主辞は句の性質を決める働きがあり、他の要素(ここでは項)を選択する働きがあります。まずは第一の項として、the theoryという名詞句を選択します。他動詞の右側に現れる1つ目の項は補部(complement)とも呼ばれます。provedという主辞単独の要素より、proved the theoryというかたまりの方が大きいため、V (erb)の右上にプライム記号を打つことによってV'/V-barという投射として区別していることにも注意してください。この投射は中間投射とも呼ばれます。そして、2つ目の項としてJohnという名詞句を選択します。この項(の位置)は指定部とも呼ばれます。provedが選択する要素は2つの名詞句であったため、これで主辞が必要とする要素が揃い、ひとまとまりのかたまりとなりました。このVP (hrase)は最大投射範疇と呼ばれ、その核となる性質を決めているのが主辞であるVのprovedであることも確認してください。こういう主辞を中心とする構造を内心構造と呼ぶこともあります。

　対応する名詞句の方についても考えていきましょう[14]。基本的な考え方は同じです。まず、名詞N (oun)のproofは「何を」に該当する項を必要とします。動詞句の場合は選択する項が名詞句でしたが、proofは前置詞句を選択しますので、of the theoryが補部として選択されます。補部を選択した時点で中間投射のN'/N-barになるのも同じです。そして、2つ目の項として属格名詞句のJohn'sを選択したところで、最大投射範疇のNPになります。全体の性質を決めているのが、主辞のNであるproofであることも確認しておきましょう。

　この種の、動詞句でも、名詞句でも、範疇にかかわらず任意の語彙Xについて、共通した句構造が形成されるという主張はXバー理論という名称で知られています。つまり、語彙範疇に当たる語彙は全てこういったフォーマットに従った構造を形成するということが、統辞論では主張されていました(Chomsky 1970; Jackendoff 1977)[15]。

　VPの場合でもNPの場合でも、1つ目の項が「何を」に、2つ目の項が

「誰が」に対応することは変わりません。つまり、意味順規則の「だれが」「する（です）」「だれ・なに」というフォーマットに、ちょうど当てはまることになります。意味順は、統辞論における句構造の理論に沿っているということがよくわかります。また、動詞句と名詞句の構造と意味に平行性があるならば、意味順は定形節や非定型節だけではなく、派生名詞句の解釈にもそのまま当てはめることができるということにもなります。

　次に基本的なフォーマットだけではなく、修飾語句がついたケースについても考えていきましょう。(2)の例文に時の表現を加えると、以下のようになります。

(3) a.　John proved the theory yesterday.

　　 b. *John proved yesterday the theory.

　　 c.　John's proof of the theory yesterday

　　 d. *John's proof yesterday of the theory

*（アステリスク）は言語学の慣習で、非文法的な用例に対して使用されます。(3b)と(3d)は、それぞれ(of) the theory、yesterdayの語順が異なるために非文法的な用例となっています。現象から見た一般化としては、補部は修飾語句よりも主辞に近い位置に生起するということになりますが、この一般化は句構造の理論を使うと、どのようにとらえることができるのでしょうか。

　修飾語は構造的には付加部と呼ばれます。文字通り、付加される要素であり、構造の性質に影響を与えることがありません。これだけで話がすめば楽なのですが、少し説明してみることにしましょう。文法的な例の構造は以下の樹形図の通りになります。

　まずは、左の動詞句の方から見ていきましょう。主辞のprovedは補部として名詞句のthe theoryを要求します。そして、the theoryと併合されることで、V' という中間投射になります。ここまでは先ほどの例と同じです。そして、修飾語句・付加部のyesterdayが中間投射にくっつき、そのまま中

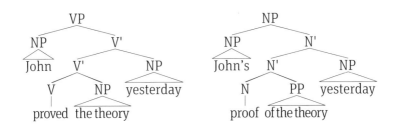

間投射であり続けます。主辞に補部がつくことでVからV'になったのと比べてみてください。V'からV'のままですから、構造の性質には何も変化が加えられていないことがわかります。また、付加部は文字通り付加される要素で、選択されるわけではありませんから、理論的にはいくらでもくっつくことが可能です。たとえば、場所を表す前置詞句のin his labをV'のレベルで追加でくっつけても、この文が非文法的になるわけではありません。

　proved the theory yesterday というV'は、まだ「誰が」に当たる名詞句を必要としますから、さらにJohnと併合され、ここでV'はVPという最大投射範疇になることができます。はれて構造として認められる大きさになったわけです。右側の名詞句に関しても事情は同じです。N'という中間投射にyesterdayという付加部がくっついていますが、構造自体はN'という中間投射のまま留まっているということを確認してみてください。

　これに対して、非文法的な用例ではどういう構造になっているのでしょうか。非文法的な用例のため、構造的にはありえないものになってしまうのですが、とりあえず無理矢理書いてみようとすると以下のような感じになってしまうでしょうか。

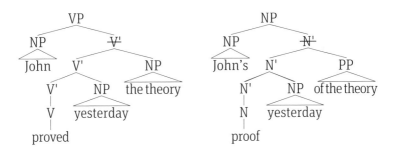

左側から考えていきましょう。provedは主辞で語彙範疇なので、とりあえず中間投射のV'にすることはできるかもしれません(Vが補部を取ることによってV'になるのが他動詞用法の基本ですが、自動詞用法の場合にはこういうこともありえます)。V'は中間投射ですから、付加部のyesterdayをくっつけることはできます。しかしながら、仮にprovedが自動詞で補部を取らなかったとすれば、名詞句のthe theoryが中に浮いた形になってしまいます。補部は語彙範疇のVに選択されなければならないからです。中間投射のV'に補部を結びつけることはできません。同様の事情が、名詞句の場合にもみてとれます。proofがN'という中間投射になってしまったのであれば、of the theoryという補部と併合することができなくなってしまうのです。念のために言っておきますと、語彙範疇がいったん中間投射になり、それをさらに語彙範疇に戻すV→V'→Vのような拡張的ではない操作を仮定することはできないと考えられています。主辞に要素をくっつけて大きなかたまりにすることはできますが、要素をくっつけているのに、小さなかたまりにすることはできないわけです。こう考えていけば、主辞、補部、付加部の関係は以下のように一般化できます。

(4)補部は付加部に比べて、主辞に構造上、近い位置に生起する。

　補部は主辞に直接選択されるものですから、構造上近い位置に出てくることになります。一方で、付加部は修飾要素ですから、補部と比べるとそれほど近い位置に出てくる必要がないというわけです。

　補部と付加部のコントラストは、Xバー理論という句構造でとらえられる原理的な一般化であると言えそうですが、これも意味順と深い関係があります。意味順は「だれが」「する(です)」「だれ・なに」「どこ」「いつ」というフォーマットに従って文中の要素を並べる規定です。「どこ」「いつ」という付加部要素が「だれ・なに」という補部要素よりも動詞の「する(です)」に遠い位置に配置されていますが、この意味順規則は補部と付加部の構造上の関係を直感的にとらえているものであると言うことができるで

しょう。

　ただ、Xバー理論では、付加部要素の間に順序規則は設けていないので、「どこ」「いつ」という順序に関しては何も言えません。修飾語の位置関係に関しては、一般的には「どこ」「いつ」の順序が多いので、これは意味順の教育的配慮と考えることができるでしょう[16]。実際には、「どこ」に当たる要素が「いつ」に当たる要素よりも長い句で形成されていたり、情報構造上、「どこ」を文末に回さないといけないような事情がある場合、「どこ」「いつ」の順序は変わる可能性があるので、理論言語学においては、ここに統辞上の順序規則を規定する必要がないわけです。実際、BNC コーパスを調べてみても、「いつ」「どこ」という順序の用例はいくらでも見つけることができます。

(5) a. Max Grundig, 81, died yesterday in Baden-Baden. ([Guardian, elect. Edn. of 19891208].)

　　b. The two men met yesterday at Tory command in another nearby marginal, Lewisham West ([Daily Telegraph, elect, edn. of 19920409].)

　一方、「だれ・なに」に当たる要素が「する（です）」に近い位置に生起するという規則は、「どこ」「いつ」の間にある順序規則と比べると、強い規定になります。なぜなら、現代英語においては他動詞と目的語の間に修飾要素を介在させることができないからです。補部と付加部の順序関係で既出事項ですが、一応、他の例も列挙しておきましょう。

(6) a. *John hit yesterday Mary.

　　b.　John hit Mary yesterday.

　　c. *Mary kissed there John.

　　d.　Mary kissed John there.

　意味順は規則として覚えやすく、活用しやすいという性質を教育文法と

して保持する必要があります。たとえば、このフォーマットをいじって、『条件Xの場合には、「いつ」「どこ」になるが、それ以外の条件の場合には「どこ」「いつ」の順序になる』という規定にしてしまえば、規則を覚えるという作業自体が難関になっていきます。条件付けと場合分けは、科学の基本的なアプローチですが、このような厳密性が必要になるのは、あくまで言語を分析する理論言語学という土俵における話です。それが外国語教育にどのように活用されるのかという学習者の視点を取り入れる場合には、大胆に捨てるという勇気も必要になってくるのではないでしょうか。もちろん、「どこ」「いつ」の順序が変わりえるという事実は、ある程度の段階を踏んだ学習者には伝えるべきことでしょう。それは、縦軸の糸を紡いでいくどこかのタイミングで教えるという埋め合わせを行うことで、対処が可能なのかもしれません。もしくは、前もって伝えておいた方が学習効率が上がるというのであれば、その場合には意味順の規則を少し修正する必要があるでしょう。意味順もあくまで仮説ですから、よりよい代案が提供できるのであれば修正すればよいのです。こういう、教育文法と理論言語学の文法との間の緊張関係を考慮することによって、教育文法も洗練していくことができるわけです。目標こそ違いますが、理論言語学で考察されている文法も教育文法に貢献することで、「役に立つ」ことも十分ありえると言うことができるでしょう。

▶ 3.2 パラメータと意味順

　Xバー理論については樹形図を用いて簡単に説明しましたが、実は句構造の規定は数学の集合の概念を用いて表されています。たとえば、Xという主辞にあたる語彙範疇がYPという補部に当たる最大投射範疇を選択して併合した場合、{X, YP}という形で書かれます。このように集合の概念を用いて書かれるのは、語順に関する情報を取捨するためでもあります。

　Xバー理論は人間言語に普遍的な特徴を記述するために想定された仮説ですから、英語だけではなく他の自然言語の特徴も過不足なく記述する必要があります。3.1節では英語の句構造についての分析を行いましたが、

同じ仮説を採用することによって、日本語の分析もできなければなりません。英語の場合、他動詞句は「他動詞　目的語」の順序に並べられますが、日本語ではその順序が逆になり「目的語　他動詞」という順序になります。Greenberg (1963) が色々な語族の言語30語を調べたところ、13の言語がSVO、11の言語がSOV、6の言語がVSOの基本語順であったということがわかっています。また、Dryer がWALS (https://wals.info/chapter/81) で報告している基本語順は、565語がSOV語順、488語がSVO語順、95語がVSO語順、25語がVOS語順、11語がOVS語順、4語がOSV語順、189語が基本語順なしとなっています。日本語の語順は世界的に見れば一番多数派であるとも言えますから、この特徴をとらえられなければ普遍文法の理論を名乗ることはできません。

　そこでチョムスキーが採用した考えは、パラメータという言語の可変部分を想定するというものです。つまり、人間言語にはどの言語でも不変の核となる原理がある一方、インプットを通して言語毎に異なる特徴になることを許す可変部分があると提案しました。この原理とパラメータの発想に従えば、言語の句構造の不変部分として、主辞が補部を選択するという特徴は全ての言語に共通の原理ということになります。しかし、主辞が補部に先行するのか(つまり、英語のVO型)、主辞が補部に後続するのか(つまり、日本語のOV型)という順序関係は、パラメータという可変部分に当たると考えたわけです。人間言語が主辞先頭型か(つまり英語)、主辞末尾型か(つまり日本語)という考え方は、主辞パラメータ仮説と呼ばれ、かなり影響力を持つ仮説になりました。なお、主辞先頭型の言語では接置詞も名詞の前に置かれ(つまり、前置詞)、主辞末尾型の言語では名詞の後に置かれる(つまり、助詞などの後置詞)という事実が同時に説明できるということも、この説のサポートの後押しとなりました[17]。

　主辞パラメータに従えば、英語と日本語は主辞と補部の順序がちょうど逆になる鏡像関係に当たる言語ということで、この2つの言語の比較分析は注目を集めました(Fukui 1986)。

　田地野(2014)においても、英語は鏡に映った日本語だという主張が行

われていますが、これは非常に興味深いものでもあります。英語は「他動詞　目的語」、日本語は「目的語　他動詞」という順序であるという意味順の主張は、主辞パラメータをそのまま反映したものであると言うことができます。しかし、意味順はもっと踏み込んで、日本語では「いつ」「どこ」「だれ・なに」「する（です）」の順序であり、英語では「する（です）」「だれ・なに」「どこ」「いつ」という順序になっているのも鏡像関係の1つであると示唆しています。3.1節でも別の観点から述べましたが、生成文法の句構造において、「どこ」「いつ」の修飾語の語順関係の構造分析は基本的に行われていません。しかしながら、英語は「どこ」「いつ」という順序が基本で、日本語では「いつ」「どこ」であるという順序が基本であるという観察が妥当なものであるとすれば、主辞パラメータが修飾語の順序規則にも関わる可能性が示唆されることになります。これは意味順という教育文法の分析を通して、理論言語学における文法理論の発展に繋がる可能性を含意しています。

　教育文法と記述・脳内文法との間には緊張関係があり、記述・脳内文法の分析から得られた知見が新たに教育文法にフィードバックを与え、その理論の進展に貢献しうると主張してきましたが、実は教育文法という応用言語学の視点からの分析を通して、理論言語学における文法の洗練につながるような貢献も期待できるのかもしれません。そのためには、両者の観点から得られた知見にお互いに注意を向け合い続けることが、よい関係構築のために必要不可欠なことなのでしょう。

4. 結論

　本章では、理論言語学という視点から意味順を分析し、意味順が教育文法に分類できるということを示しました。また、教育文法は使用者が容易に効率的に使用できるように簡潔であることが求められ、一方、記述文法など理論言語学における分野では、現象を精密にかつ広範囲に記述するこ

とが求められるため、両者の間で緊張関係が生じるということを指摘してきました。この緊張関係を通して、理論言語学の成果は教育文法の洗練に貢献することができる一方、教育文法で示唆されている見解を通して、理論言語学の内実の再考が求められる可能性についても指摘しました。理論言語学と応用言語学の両方の知見に注目することで、実り豊かな相乗効果が期待できるのかもしれません。

☊ 注

* 本章及び第3章の研究の一部は、JSPS科研費18K12385、20H05018の助成を受けたものです。

1 「統辞論」というsyntaxに対する訳語を積極的に取り入れているのは福井直樹氏やその関係者、および川原(2020)で、「統語論」という訳語の方が一般的なように思われます。統語論は語を統べる論ということで、語構造を基本単位にした構造規則を研究する学問という含意がありますが、統辞論は語をさらに分解した接辞レベルのものも含む、つまり語構造内部の分析も内包するニュアンスがあるように筆者には思われます。そもそも、syntaxはギリシア語のsun "together", tassein "arrange"を組み合わせた語であり、「語を統べる」だけに限る理由はありません(福井直樹氏の指摘による)。また、「統語論」だと認知科学の一分野としての言語学ではなく、語法研究としての構造というニュアンスもつきまとうことがあるようです。こういった事情を考慮した上で、本章では「統辞論」という訳語を採用することにします。

2 規範文法がどういう経緯で出現してきたものなのかについては、長い歴史があるので本節では触れません。詳しく知りたい人は、Crystal (2017, 2018)や川原(2019)を参照してください。

3 標準英語の定義も一筋縄ではいかないものがあります。社会言語学の文脈で議論されているものにTrudgill (2001)、一般的な言語学の観点から紹介しているものにCrystal (2018)や川原(2019)があるので参考にしてください。

4 Huddleston and Pullum (2002)は12章の3.5.6節において、伝統文法では関係代名詞に分類されることもあるthatは接続詞として扱うべきであると述べています。

根拠としては、先行詞に対する制限がwh-語とは異なる、属格がない、前置詞の目的語になることがない、必ず定型節で使用される、非制限節で使えない、省略される条件がwh-語と異なるという根拠を挙げています。他にも時崎(2010)が簡易に現象をまとめています。なお、方言によっては、関係詞節にwh-語とthatが共に出てくることもあり、またwh-語はCPの指定部、thatはCPの主辞に生起すると想定している生成文法研究者は多いです。

　なお、Huddleston and Pullum (2002)は、非制限という用語ではなく、補助的(supplement)という用語を使用すべきと主張しています。詳しくは、同書の第15章を参照してください。このように、記述文法は現実の言語現象に依存してその内実を変えていきますから、新しい提案が出てきやすいのです。

5　生成文法における、記述的妥当性と説明的妥当性との間に存在する緊張関係にも似ています。2.3節の議論も参考にしてください。また、詳しい議論について知りたい方は、Chomsky (1986)を参照してください。

6　この種の研究に関して、ジュウシマツの歌に有限状態文法が観察されるという指摘が岡ノ谷(2010; 2016)にあり、気軽に読めます。また、文脈自由文法が人間以外の動物に獲得できるかという問題はFitch & Hauser (2004)とそれに続くPinker & Jackendoff (2005)、Ojima & Okanoya (2014)などを参照してください。チョムスキー階層の問題に関しては、Chomsky (1957, 1963)や川原(2020)を参照してください。なお、チョムスキー自体は、最も強力な句構造文法であっても人間言語は扱えないという立場を取っていることには注意したいところです。つまり、終端連鎖の生成である弱生成力の階層だけを見ていても根本的な問題を見ていることにはならず、課題は強生成力にあるからです。これに関して、脳科学の知見も交えて議論している重要な研究にTanaka et al. (2019)がありますので、興味があれば参考にしてください。

7　ただし、脳内文法の候補になる規則は幼児でも経験を通して獲得が可能で簡潔なものである可能性が高く、かつ言語の本質的な核になっている可能性があります。そういう発見が出てきた場合、意味順にも大きな関わりが生じてくることにもなるでしょう。

8　簡潔性と美しさも求められますが、その問題については脇に置いておくことにします。

9　教育文法において主語をどうとらえさせるかという問題については、次章の「5 文型と「意味順」」も参照してください。

10　プラトンの問題とも呼ばれます。つまり、ある言語の母語話者は経験以上の言語

知識を身につけていますが、その理由を問うことです。詳しくは、Chomsky (1986)を参照してください。

11 教育文法では、倒置という言葉を前置・左方移動などを含む移動操作一般の意味で使用することが多いので、本章でもその意味で使用しています。

12 田地野 (2014) では、「文と文をつなぐ方法」という形で独立した章を設けて、この α という位置について学習項目を設けています。田地野 (2014) が扱っているのは、接続詞・仮定法・分詞構文・強調構文ですが、当然のことながら談話上の効果を狙って要素が移動される主題・焦点といったケースも想定しているようです（私信）。なお、この位置は統辞論では補文標識 (Complementizer) という形で保証されています。

13 本来は、この動詞句を基本にして、さらに過去時制 -ed を主辞とする T と併合し、TP（つまり文です）という句を作ることになりますが、本題とは関係ない話のため、この部分の話は省略することにします。また、名詞句の方も 's を主要部とする D と併合して、本来ならば DP という句になるはずですが、この話も省略しています。

14 なお、動詞句から名詞句、もしくは逆の名詞句から動詞句へ変換操作を経て、両者が関連付けられるわけではないということに注意してください。これは生成文法の初期に語彙仮説 (lexicalist hypothesis) という文脈で議論されてきました。詳細な議論については、Chomsky (1970)、Newmeyer (1986) を参照してください。

15 実際のところ、X バー理論を採用して句構造について論じる研究は、現在では最小句構造 (bare phrase structure, Chomsky 1995) に代わっています。最小句構造を採用して句構造の議論を進めなかったのは、補部と付加部の区別を表す際に、派生モデルを採用していることからこの区別を併合操作の区分に求めるか（つまり、集合併合 (set-merge) か、対併合 (pair-merge) の区別を導入するか）、素性を用いた複雑な規則か、分散形態論 (distributed morphology) の理論を使用した表示が必要になるため、採用しませんでした。教科書レベルで素性に基づいた最小句構造について学べるものには、Adger (2003) があるので参照してください。

16 ただし、「どこ」要素は文の要素として機能することがあり、その場合には確実に「いつ」よりも先に来ないといけないという事情があります。「どこ」「いつ」という順序には、そういう意味での配慮もあります。詳しい議論に関しては次章の「5 文型と「意味順」」を参照してください。

17 実際のところ、全ての VO 型言語が前置詞、全ての OV 型の言語が後置詞を取るわけではありません。圧倒的にそういう傾向にあるのは事実ですが、必ずしもそうで

はないということに関しては理由が必要になりそうです。なお、この種の他動詞の先行と接置詞の先行関係に関連性が見られるのは普遍文法から導き出される原理ではなく、言語処理の効率上から導かれる機能的な理由に還元できるとする主張のまとめがNewmeyer (2005)でみられるので、興味の向きは参照してください。一方で、この種の語順を統辞的、ないしは統辞とPFのインターフェースの問題であると分析しているものにSheehan et al. (2017)があるので、参照してください。

⊕　**参照文献**

Adger, David. (2003) *Core Syntax.* Oxford: Oxford University Press.

Chomsky, Noam. (1957) *Syntactic Structures.* The Hague: Mouton.（ノーム・チョムスキー　福井直樹・辻子美保子訳(2014)『統辞構造論　付「言語理論の論理構造」序論』東京：岩波文庫.）

Chomsky, Noam. (1963) Formal properties of grammars. In R. D. Luce. (ed.), *Handbook of Mathematical Psychology* (vol. 2), pp. 323–418, New York: Wiley.

Chomsky, Noam. (1970) Remarks on nominalization. In J. Roderick. and P. Rosenbaum. (eds.), *Readings in English Transformational Grammar*, pp. 184–221, Waltham: Ginn.

Chomsky, Noam. (1986) *Knowledge of Language.* New York: Praeger Publishers.

Chomsky, Noam. (1995) Bare phrase structure. In G. Webelhuth. (ed.), *Government Binding Theory and the Minimalist Program*, pp. 383–439, Oxford: Oxford University Press.

Crystal, David. (2017) *Making Sense: The Glamorous Story of English Grammar.* London: Profile Books LTD.（デイヴィッド・クリスタル　伊藤盡・藤井香子訳(2020)『英文法には「意味」がある』東京：大修館書店.）

Crystal, David. (2018) *The Cambridge Encyclopedia of the English Language.* Cambridge: Cambridge University Press.

Fitch, Tecumseh W. (2010) *The Evolution of Language.* Cambridge: Cambridge University Press.

Fitch, Tecumseh W. and Marc D. Hauser. (2004) Computational constraints on syntactic processing in nonhuman primate. *Science, 303*, 377–380.

Fukui, Naoki. (1986) *A Theory of Category Projection and its Application.* Doctoral dissertation. MIT.

Greenberg, Joseph. (1963) Some universals of grammar with particular reference to the order of meaningful elements. In J. Greenberg. (ed.), *Universals of Language*, pp. 73–113, Cambridge: MIT Press.

Jackendoff, Ray. (1977) *X-Bar Syntax: A Study of Phrase Structure*. Cambridge: MIT Press.

Huddleston, Rodney & Pullum, Geoffrey. (2002) *The Cambridge Grammar of the English Language*. Cambridge: Cambridge University Press. (ロドニー・ハドルストン　ジェフリー・パルム　畠山雄二・藤田耕司・長谷川信子・竹沢幸一他(2017 ～)『英文法大事典』シリーズ　東京：開拓社.)

川原功司(2019)『英語の諸相―音声・歴史・現状』愛知：名古屋外国語大学出版会.

川原功司(2020)『言語の構造―人間の言葉と動物のコトバ』愛知：名古屋外国語大学出版会.

Newmeyer, Fredrick. (1986) *Linguistic Theory in America*. New York: Academic Press.

Newmeyer, Fredrick. (2005) *Possible and Probable Languages: A Generative Perspective on Linguistic Typology*. Oxford: Oxford University Press.

Ojima, Shiro & Kazuo Okanoya. (2014) The non-hierarchical nature of the Chomsky hierarchy-driven artificial-grammar learning. *Biolinguistics 8*, pp. 163–180.

岡ノ谷一夫(2010)『言葉はなぜ生まれたのか』東京：文藝春秋.

岡ノ谷一夫(2016)『さえずり言語起源論―新版　小鳥の歌からヒトの言葉へ』東京：岩波科学ライブラリー.

Pinker, Steven and Ray Jackendoff. (2005) The faculty of language: What's special about it? *Cognition 95*, pp. 201–236.

Quirk, Randolph, Sidney Greenbaum, Geoffrey Leech and Jan Svartvik. (1985) *A Comprehensive Grammar of the English Language*. London: Longman.

佐藤誠司(2019)「入試英文法と受容・発信のための英文法のギャップを埋める指導」『英語教育 2019年2月号』26–27, 大修館書店.

Sheehan, Michelle, Theresa Biberauser, Ian Roberts and Anders Holmberg. (2017) *The Final-Over-Final Condition*. Cambridge: MIT Press.

田地野彰(2014)『意味順ですっきりわかる高校基礎英語』東京：文英堂.

Tajino, Akira. (2018) MAP grammar: A systemic approach to ELT. In A. Tajino. (ed.), *A New Approach to English Pedagogical Grammar*, pp. 9–25. New York: Routledge.

Tanaka, Kyohei, Isso Nakamura, Shinri Ohta, Naoki Fukui, Mihoko Zushi, Hiroki Narita, and Kuniyoshi L. Sakai (2019) Merge-Generability as the Key Concept of Human Language: Evidence From Neuroscience, *Frontiers in Psychology*, 10, pp. 2673–2673.

時崎久夫(2010)「関係詞のthatは接続詞である」*Language and Culture, 72*, 31-41.

Trudgill, Peter. (2001) *Sociolinguistics: An Introduction to Language and Society.* London: Penguin. (ピーター・トラッドギル(1975)土田滋訳『言語と社会』岩波新書.)

Watari, Yoichi. (2018) Pedagogical grammar: A theoretical background from the perspective of applied linguistics. In A. Tajino. (ed.), *A New Approach to English Pedagogical Grammar*, pp. 39-50. New York: Routledge.

Yanase, Yosuke. (2018) Pedagogical grammar: How should it be designed? In A. Tajino. (ed.), *A New Approach to English Pedagogical Grammar*, pp. 26-38. New York: Routledge.

第**3**章　５文型と「意味順」

川原功司

1. はじめに

　第2章では、統辞論という理論言語学の視点からみた意味順について、それがどのように見える「文法」なのかということについて議論しました。意味順は句・節構造に関して直感的にとらえやすい教育文法ですが、日本で一番使用者が多いと思われる句・節構造に関する文法といえば基本5文型があります[1]。この章では、基本5文型を概観し、その後で意味順と比較検討することによって、意味順を採用することでどのような利点があり、どのような不利があるのかということについて考えていきたいと思います。この章の構造は以下の通りです。まずは、第2節で基本5文型の特徴と問題点について考えます。特に、5文型が持つ矛盾点と関連する現象を挙げていきます。次に、第3節で意味順がその種の問題をどのように解決していくのかについて考えていきます。最後に、第4節が結びです。

2. 基本５文型

　句・節構造に関する文法としては、基本5文型が広く日本では受け容れられています。歴史的にはOnions (1904)の英文法が、そのまま日本で定

着したものと考えられているようです（池上 1991; 江川 1991）。また、Onions（1904）を受け継いだ細江（1917）にも同種の第一形式から第五形式までの記述があり、これが大きな影響となったようです（池上 1991）。最近では、宮脇（2012）が5文型の源流はもう少し古く、Cooper and Sonnenschein（1889）まで遡ることができると指摘しています。

　基本5文型は、英文の要素をまとまり毎に区切ることができ、かつ、その語彙範疇毎の文中での役割を大まかに示すことができる優れた文法体系であると言うことができます。特に、SVOC文型を見分けることができるようになれば、目的格補語における主述関係を理解することにもつながり、複雑な英文を理解するための鍵になる有用な教育文法です。現代英語では、特に動詞と形容詞の使用法が違えば意味が異なってくるということもあり、基本5文型は広く日本の英語教育で受け容れられてきました。しかしながら、この体系にはいくつか大きな欠点も存在します。この節では、基本5文型が前提としている決まり事が抱える矛盾点を指摘し、この問題は例外扱いとして排除すべきではないと主張していきます。

⁞▶ 2.1　文の要素と修飾語

　節の基本構造を5つの型に分ける際に、基礎的な前提となる文の要素と修飾語という概念について考えていきましょう。日本の代表的な英語の総合英語・文法書から説明をいくつか抜き出してみると、以下のような記述が見つかります。

(1) a.「このように文は〈主語(S) ＋(述語)動詞(V)〉と目的語(O)、補語(C)の4つ部分でできている。これらを「文の主要素」または「文の要素」と言う。名詞や動詞などにより具体的な情報をつけ加えることを「修飾する」と言い、修飾する語句を「修飾語(Modifier)［略号M］と言う。（萩野他 2004: 28）」
　　b.「上の各文中の太字で示された語は、文の主語、動詞、および補語や目的語で、これらの語だけでも文の大体の意味はつかめる。これ

らの語はいわば文の骨格にあたり、文の主要素と呼ばれる。主要素以外の語句は、矢印で示したように、他の要素を修飾（説明）する語句で、修飾語（句）とよばれる。（高橋他 2013: 18）」

c.「文型は、主語（S: subject）、動詞（V: verb。「述語動詞」と呼ばれることもある）、補語（C: complement）、目的語（O: object）の組み合わせ方によって分類される。これら以外に、文には修飾語（M: modifier）という要素が含まれることもあるが、修飾語は、文型の決定に直接は影響しない。（金谷他 2014: 109）」

d.「主語と動詞は文をつくるのに不可欠な要素で文の主要素と呼ばれ、それぞれ主語をS（= Subject）、動詞をV（= Verb）という記号で表す。…文の骨組みとなる文の主要素には、主語と動詞のほかに「―を～する」の「―」にあたる目的語と「…です」の「…」にあたる補語と呼ばれるものがある。…主語・動詞・目的語・補語以外の語はすべて修飾語（M: Modifier）と呼ばれる。これらの語句は、それ自体なくても文は成り立つので文の主要素にはならないが、例えば「いつ」「どこに」「どのように」など、それをつけ加えることで文がより具体的な意味を持つようになる。（小寺 2016: 44-45）」

e.「主語・動詞・目的語・補語は英文が成り立つために必要なもので、文の「要素」と呼ぶ。修飾語は英文を組み立てるのに必須ではないが、具体的な内容を伝えるために使う。言い換えれば、主語・動詞・目的語・補語によって文の骨組みができ、修飾語はその骨組みに肉づけをする役割を果たす。（中邑他 2017: 17）」

f.「英語の文が意味をもつものとして成り立つために必要なものを、文の要素と呼ぶ。文の要素には、主語、述語動詞、目的語、補語があり、さらに、これらの要素に意味を加える修飾語がある。（奥他 2017: 13）」

g.「英語の文を構成するのは、主語（S）・動詞（V）・目的語（O）・補語（C）の4つで、これらを特に文の主要素と呼ぶ。特に主語（S）と動詞（V）の2つは、命令文などを除くすべての文に欠かせない最も重要な要

素である。修飾語(M)は主要素をより詳しく説明するために付け加えられる要素で、文の主要素ではない。(野村他 2017: 38)」

(1)で紹介した文の要素というとらえ方で困難を来す例としては、修飾語のはずなのに文中で必要、文の要素になる部品なのに文中から取り除くことができるという2例があります。その事象について考えていきましょう。

2.1.1 文中で必要な修飾語

基本5文型では、文中で必要なものを文の要素と呼び、それ以外を修飾語という形に分類していきます。しかしながら、この区分の仕方に合わない形で、つまり修飾要素として扱われるべき部品であると言いながら、実際には文中から取り除くと支障が出るような事例が数多くあります。まずは、以下の例について考えていくことにしましょう。

(2) a. John reached the station. (ジョンは駅に着いた)

    b. John went **to the station**. (同上)

    c. John arrived **at the station**. (同上)

(3) a. John gave Mary some food. (ジョンはメアリーに食べ物を与えた)

    b. John gave some food **to Mary**. (同上)

    c. John provided Mary **with some food**. (同上)

(2)と(3)の例文は、それぞれ同意であると考えられます。しかしながら、(2a)はSVO文型と分析され、目的地の the station が文の要素としてとらえられる一方、(2b, c)はどちらも SV 文型と分析され、to the station と at the station は修飾語句なので文中から取り除いてもよいという説明が成り立つことになってしまいます。しかしながら、「どこに」着いたのかその場所が文脈から明らかになっていなければ、これら前置詞句は文中から取り除くことが原則不可能であり、その意味で文の要素の目的語とされる名詞句を含む(2a)の事例となんら変わらないということになります。(3)の事

例でも同じことで、(3a)はSVOO文型と分析されますから、Maryは間接目的語、some foodが直接目的語でどちらも文の要素として分析されるのにも関わらず、(3b, c)はどちらもSVO文型と分析され、to Maryとwith some foodは修飾語句で文中から取り除いてもよいと予測されることになってしまいます。しかしながら、これら前置詞句も文中では必要な要素であり、取り除いてしまうと非文法的な文になってしまいます。こういった現象を無視して、「文の意味は文型で決まる」と主張しているものに大西・マクベイ(2017)があります。他動詞が「対象への直接の働きかけ」(p. 32)が感じられるもので、自動詞がそうではないと説明されています。しかし、この説明に従えば、(2a)は(2b, c)とはかなり異なる意味になると予測されますが、事実ではありません。(3a)と(3b, c)に関しても同様です。実際、この種の問題に関して、大西・マクベイ(2017)はI arrived in Houston.（ヒューストンに到着した）では、arriveが「ある場所に「足を踏み入れる」という単なる動作、どこでその動作が行われたのか、in Houstonが必要です」(p. 30)という説明を行っており、他動詞のI reached Houston.（ヒューストンに到着した）のreachは「（何かに）手が届く」対象に働きかける行為なので、他動型となる」(ibid.)と説明していますが、in Houstonが必要な理由と、「対象に働きかける行為」の意味がやはりわかりにくくなっています。

　この種の前置詞句と動詞との関係は、結びつきの強さ(Chomsky 1965)の問題として知られています。たとえば、以下ではlaughの後にat句が続いていますが、(4a)のat句とlaughとの結びつきの強さがより強く、したがってat the clownは文中で必要な要素なので取り除けないのに対し、(4b)のat ten o'clockは修飾語句で文中から取り除いてもよいという扱いを受けることになります。

(4) a. John laughed **at the clown**.（ジョンはピエロを（見て）笑った）

　　b. John laughed **at ten o'clock**.（ジョンは10時に笑った）

動詞と前置詞句の結びつきの強さによって、意味が変わることもありま

す。たとえば、以下では「彼がボートを選んだ」という意味ですと前置詞句と動詞の結びつきは強くなりますが、「彼がボート上で何かについて決めた」という意味では結びつきは弱くなります。つまり、on the boatが文の要素になったり、ならなかったりするわけです。

(5) He decided **on the boat**.

　「彼がボートを選んだ」という意味では、(5)の前置詞句が目的語のような扱いを受けます。つまり、(5)を受動態にした場合、「選んだ」という意味だけが生じることになります(Radford 1988)。

(6) The boat was decided on after lengthy deliberation. (長く考えた後で、そのボートが選ばれた)

　これらの現象は、前置詞句であっても動詞との結びつきが他動詞と目的語の関係と同じように強い場合があり、その意味で文の要素として扱われることがあるということを示しています。つまり、前置詞句は修飾部なので文中から取り除いてよいという説明には、いろいろと問題がありそうだということになります。
　次に問題になるのが、副詞です。(2)と(3)は、前置詞句が副詞として扱われる例でしたが、今度は語としての副詞です。基本5文型に従った文法書では、副詞には以下のような定義が与えられています。

(7) a.「形容詞と副詞のことを修飾語と呼びます。形容詞が修飾するのは名詞です。それ以外の修飾語をまとめて副詞と呼びます。つまり、副詞は基本的に名詞以外を修飾する語です。このため、バラエティー豊かな語が副詞に属し、形容詞と比較すると、使い方も形も文中での位置もさまざまです。(萩野他 2004: 596)」
　　 b.「副詞とは、主に動詞・形容詞・副詞を修飾する語のことである。副

詞には、ほかに疑問副詞や関係副詞があるが、この章では一般に「副詞」とよばれる単純副詞を扱う。副詞は主に、動詞・形容詞および他の副詞を修飾する。（高橋他 2013: 458）」

c.「副詞は形容詞と同様に修飾語として使われるが、形容詞が名詞を修飾するのに対し、副詞は動詞や形容詞をはじめとするさまざまな品詞、句や節、あるいは文全体など、多様な要素を修飾する。また、副詞には形容詞の「叙述用法」のような用法はない。副詞は文中のさまざまな位置で使われるが、常に修飾要素として働く。（金谷他 2014: 534）」

d.「形容詞が名詞を修飾するのに対し、副詞はおもに動詞・形容詞・他の副詞を修飾します。（小寺 2016: 540）」

e.「副詞とは、主に動詞、形容詞、他の副詞を修飾する語である。語だけでなく句・節や文を修飾することもある。（中邑他 2018: 444）」

f.「英語の品詞の中で、もっともあいまいなのが副詞である。実は「副詞」とは、「ほかの品詞に分類できない修飾要素」につけた名前である。副詞のもつ意味がさまざまであり、文中での位置もバラバラなのは、もともと不統一なものを1つの名前でまとめて呼んでいる以上、当たり前なのだ。それでも、副詞の位置と働きについての原則を把握しておけば、英文の理解に役立つことは間違いない。（墺他 2019: 576）」

　上記の参考書の記述を頭に入れた上で、以下の英文について考えていきましょう。

(8) a. John is **here**. （ジョンはここにいます）
　　 b. This book sells **well**. （この本はよく売れます）
　　 c. They lived **happily**. （彼らは幸せに暮らしました）
　　 d. John put the key **there**. （ジョンは鍵をそこに置きました）
　　 e. John treated Mary **badly**. （ジョンはメアリーをひどく扱った）

それぞれの文には、here、well、happily、there、badlyという副詞が使用されていますが、これらは文中から取り除くことができません。つまり、「副詞＝修飾語＝文中から取り除ける」という説明が全てうまくいっていない「例外事項」として扱われるべきということになります。また、これらの例文をそれぞれ、SV、SV、SV、SVO、SVOと基本5文型の型に分析したところで、特に理解が深まるわけではありません。これらは、動詞と副詞が使用されるパターンと共に、それぞれの事象毎に個別に覚えて処理していくしかない事柄ということになります。

　もちろん、こういった基本5文型の限界に気づいた上で、それを処理していく方法もいくつか考慮されています。一番代表的なものとしては、Quirk et al. (1985)で扱われている副詞句（Adverbial Phrase）の存在があります。つまり、前置詞句であれ副詞単独であれ、文中で必要な要素であった場合には、独自の識別法を与えることによってこれらに特別な印（mark）を与えるという方法です。日本語で出版されている文法書でも、江川(1991)、綿貫他(2000)、安藤(2005)が文中で必要とされる前置詞句や副詞について扱っています。平賀・鈴木(2016)でも、副詞句にAという記号をあてがい、前置詞句の章でもわかりやすい説明が書かれており、好感が持てます。ただし、同書の25ページによる文型のまとめが「5つのパターン」という紹介で、SVA、SVOAに関する説明がないため、唐突な印象を受けてしまいます。一方、金谷他(2014)では、「SVの後ろに修飾語句が必要な場合」(p. 110)として用例を挙げていますが、「修飾」という言葉を文の要素と対比させて使っているのにも関わらず、「修飾語句が必要」と言っており、やや一貫性に欠けるように思われます。また、中邑他(2017)では、「belongのように、〈SV〉で使われる自動詞の中には、場所・時・様態などを表す修飾語句(M)を必要とするものがある」(p. 54)と述べていますが、一方、導入部で修飾語は情報を付け足すものだと言い、「修飾語はなくても英文としては成立するが、修飾語を使うことで伝える内容が具体的になる」(p. 17)と混乱を招きかねない説明がなされています。他にも、小寺(2016)ではSV文型を「S＋Vだけでも意味が成り立つ文を第1文型と

いう。ただし、実際にはＳ＋Ｖだけの文は少なく、たいていは22のように修飾語(M)がつく」(p. 47)という説明を行っています。「Ｓ＋Ｖだけでも意味が成り立つ」と言いながら、「実際には修飾語がつく」という説明も混乱の原因になるかもしれません。そして、萩野他(2004)では、文中で必要な副詞(句)も単に「動詞を修飾」という言葉ですませています。違和感を感じる説明としては佐藤・長田(2012)があり、「状態を表す自動詞は、原則として後ろに副詞(句)を必要とする」(p. 308)と紹介しています。しかし、SVC文型で使われる動詞の多くが状態動詞であることから、詳しい説明が求められるでしょう[2]。また、大西・マクベイ(2017)は、He lives in England.(彼はイングランドに住んでいる)という例文を使って、この動詞livesが「働きかける対象を含まない行為(単なる動作)」(p. 16)として「その行為がどこで、どのように起こったのかなど修飾語が頻繁に伴います」(ibid.)としていますが、livesは典型的な状態動詞であり、なおかつin Englandを文の「基本設計」とならない修飾語としていることにも説明が必要でしょう。このように、導入部で混乱させてしまいかねない説明を聞かされ、それに違和感を感じる生徒・学生にはどのように対処すべきなのでしょうか。このままでは、理解力・思考力のある生徒・学生ほど英文法から遠ざかってしまうということにもなりかねません。

　文中で必要な副詞(句)の存在は枚挙に暇がありませんから、実際の指導にあっても、文中で必要とされる副詞(句)を有標なものとして説明する方法はあり得るでしょう。ただし、問題になるのが、学習者が覚えなければならない記号が増えてしまうことと、副詞句を導入している参考書が基本5文型を採用している参考書に比べて圧倒的に少ないという2点になります。もちろん、学校や塾・予備校といった組織でこの種の知識を導入しようにも、指導者全員でコンセンサスがとれていなければ、学習者が混乱するだけという事態にもなりかねません。

2.1.2　文中で不要な名詞

　基本5文型を導入している指導法で、さらに学習者を混乱させている要

因に、文中で必要な部品であると教えているのに、実際には不要であることが多い副詞的目的格の名詞があります。まずは、主要な参考書の名詞の用法の扱いについてまとめていきましょう。

(9) a.「主語と目的語は「名詞」、補語は「名詞」または「形容詞」(萩野他 2004: 20)」

 b.「名詞とは、人や事物などの名を表す語のことである。文中では、主語や補語・目的語・前置詞の目的語になる(高橋他 2013: 377)」

 c.「「名詞」は、文の中のさまざまな場所に出没します。これから示す文の中で、Maryという名詞とTokyoという名詞が、文のさまざまな位置に来ることを確認しましょう(筆者注:その後、主語になる、動詞の目的語になる、補語になる、前置詞と一緒にさまざまな意味を表すという説明に移る)(金谷他 2014: 40-42)」

 d.「名詞の働きをする(主語や「…です」の「…」、「－を～する」の「―」になるもの(小寺 2016: 22))、「文の主要素と品詞　主語になるもの:名詞・代名詞…　目的語になるもの:名詞・代名詞…　補語になるもの:名詞・代名詞・形容詞(小寺 2016: 45)」

 e.「名詞句　名詞と同じ働きをして、主語・目的語・補語になる(中邑他 2017: 22)[3]」

 f.「主語とは主部の中心になる語で、主語になれるのは名詞と代名詞である。…動詞が表す動作などの対象になる語を目的語と呼ぶ。目的語は他動詞の後ろに置かれ、〈他動詞＋目的語〉の組み合わせで意味を表す。目的語になれるのは名詞と代名詞である。…主語や目的語が「どういうものなのか」あるいは「どういう状態にあるのか」を説明する、文が成り立つために必要な語を補語と呼ぶ。補語になるのは名詞、代名詞、形容詞である。…(墺他 2019: 13-16)」

 これらの参考書で紹介されている定義によれば、名詞は文の要素として構造上、中心的な働きをするのが基本になります。ところが、形容詞の限

定用法と同じく、名詞の前に置かれて、他の名詞を修飾する a <u>stone</u> bridge「石の橋」のような事例があるだけでなく、以下のような副詞的目的格[4]の用例は大きな混乱の原因になることがよくあります。

(10) a. Mary came **home**. (メアリーが家に帰ってきた)

b. Step **this way**, please. (どうぞこちらへ)

c. They sang **all the evening**. (彼らは一晩中歌った)

d. It's getting warmer **day by day**. (日ましに暖かくなっている)

　往来発着の意味の動詞と組み合わされる home は用例が多いということもあり、辞書(ウィズダム英和辞典、オックスフォード現代英英辞典、オックスフォード新英英辞典、オックスフォード米語辞典、オーレックス英和辞典、ジーニアス英和辞典、新英和辞典、プログレッシブ英和辞典、ランダムハウス英和辞典、リーダーズ英和辞典、ロングマン現代英英辞典など)にも副詞の項が設けられています。しかしながら、他の way、evening、day といった語は、辞書を引いても(成句を除けば)名詞の項しか記載がないことが多く、生徒・学生の間の大きな混乱の要因となっています。語彙範疇としての語彙特性と、文中での役割・働きは区別されるべきものですから、名詞を修飾するという働きを取り上げて名詞を形容詞、動詞を修飾するという働きを取り上げて名詞を副詞だと言われても、語彙範疇や品詞の概念を使いこなせているわけではない学習者には、混乱の原因にしかならないでしょう。語句の文中での働きを理解することは英語学習に必要不可欠ではありますが、その部分に混乱があるようでは、学習効果は見込めないのではないでしょうか。辞書は、語彙範疇としての特性に配慮した上で説明がされます。たとえば、way や day は the、this、that といった限定詞(冠詞)がついたり、数量詞や形容詞がついたり、単数形や複数形という曲用がある特徴を持つ語彙なので、名詞という範疇で扱われることになります。しかしながら、文中での役割としては、(10)のように動作を修飾するような働きもありえます。動作を修飾する典型的な語彙は副詞ですから、

副詞的目的格の名詞を「副詞」と呼んでみたくなる気持ちはわからないではありません。しかし、語彙範疇と文中の役割を指導者である教師が認識していなければ、当然、学習者にその違いは認識できません。また、英文法の辞書としての扱いを受けることが多い英文法の総合書の説明が混乱しているようでは、学習者の頭の中が混乱するのも仕方がありません。たとえば、霜崎他(2016)では、Be sure to come home by eight o'clock.（必ず8時までに帰宅しなさい）という例文を挙げて、「homeは「家に」を意味する副詞である」とだけ書いてあります。また、佐藤・長田(2012)もhomeを「名詞と混同しやすい副詞」とデフォルトで副詞の章で扱っています。これでは、なぜhomeにtheやmyといった限定詞がつくのか、主語や目的語になったりする働きがあるのかが説明できなくなります。そもそもhomeが辞書で第一義的には名詞に分類されている理由が分からなくなってしまいます。その一方で、平賀・鈴木(2016)では、homeに関しても「homeも副詞として扱うことができる」(p. 584)として事例を説明し、「at homeのように、名詞として使うこともある」(ibid.)と適切に使い分けが説明されています。理想的な指導の1つは、最初から語彙範疇と文中での語句の役割を個別に頭の中で整理・分類していくことですが、英語教育の特に初期段階では、そのどちらかの情報を棄ててしまってもいいのかもしれません。意味順は語句の文中での役割に焦点を絞った教育文法ですから、語彙範疇の特性に目をつぶっているという言い方ができます。それでは、意味順を使用した文型指導の議論は第3節で扱うこととし、第2節の残りでは基本5文型の体系を維持したまま指導する可能性について議論していくことにしましょう。

∷ 2.2 問題の解決法

　基本5文型が抱える矛盾に対処する方法としては、副詞句にAという記号をあてがい、特別なステータスを与えるか、副詞でも文中で必要なことがあるという事例は動詞のパターンとしてまとめて、「熟語」として扱うかというのが考えられます。前者は有望な解決法ですが、学習者に余計な道具

を課すことになってしまいます。後者は例外扱いにするには、用例が多すぎて文法に対する信頼感が揺らいでしまうという恐れがあるかもしれません。また、ほとんどの文法書では群動詞・句動詞として用例を載せているのみですが、野村他（2017）では分かりやすい説明と多くの用例が掲載されており、工夫が感じられます。

　名詞の副詞的目的格の用法に関しても難しいところです。この種の現象があるということを意識させ、それぞれに個別に対処していくことによって一応の理解は深まるでしょう。しかし、「名詞は文の要素」と言ってしまってよいのかという疑問が残ってしまうことになります。名詞は文の要素になるという一般化を頭に入れた学習者の頭が混乱してしまうのであれば、基本5文型を教える利点が失われてしまいます。

　現実的には、周囲のカリキュラムや採用テキストと合わせて、齟齬のないように地道に説明していくことが必要不可欠なことでしょう。問題は、相当数のテキストや指導者の中でも混乱が生じており、ひどい場合にはその混乱に指導者自身が気づいていないということかもしれません。

∷**2.3 基本5文型と独自の体系**

　基本5文型に則った形で、独自の英語分析体系を作ったものに伊藤（2017, 2018a, 2018b）があるので概観しておきましょう[5]。伊藤和夫氏は「受験英語の神様」とも呼ばれ、多くのベストセラーを出しましたが、その独自の英語体系は、駿台予備校のテキストの基礎になっていたこともあり、注目する価値があります。まずは、伊藤（2017）の有名な出だしの説明です。「英文解釈の第1課は、文にはじめて出る、前置詞のついていない名詞を、主語（主部の中心になる語：S）と考えて、これに対する動詞を探していくことである」（p. 2）という記述と、伊藤（2018a）の「ルール1　前置詞の付いた名詞は、文の主語になることができない」（p. 4）というルールに注目すれば、前置詞句のステータスに対して、きちんと対処していることが分かります。不用意な参考書では、「前置詞句は文の要素にならない」と書いてありますが、すでに扱ったように前置詞句が文の要素、つ

まり文中で必要なことは多々あり、この一般化と「前置詞句が主語にならない」という一般化との間には大きな差があります[6]。

　また、副詞句が文中で必要な場合に関しては、その都度説明したり、句動詞として扱うという方法をとっています。たとえば、(4)や(5)で出てきた例ですと、laugh at 〜「〜を笑う」、decide on 〜「〜を選ぶ」という句動詞にするという扱いにしています。前置詞句が動詞と結びつきが強く、受動態になるなど他動詞として扱える基準は揃っているため、それで指導が一貫するのであれば、これは効果的なまとめ方であると考えられます。そして、本稿では扱っていませんが、SVOC文型の最大の特徴である目的格補語の主述関係の延長線上に、SVO do、SVO to do、SVO doing、SVO done、SVO前置詞句というパターンも独自に整理しています。動詞や前置詞句は、一般的な英語参考書では「補語(C)になる」という扱いをしません。しかし、これらの事象でも目的格補語と同様に主述関係が見られ、範疇横断的なまとめ方を利用することで、英語の文中での機能に基づいた説明が展開されているのはみごとです。また、副詞的目的格に対しても、「名詞の副詞的用法」という用語を用いることで、多くの用例を説明するという方法を提案しています。伊藤(2018b)では、巻末に1章を割いて説明していますし、全ての本で索引を充実させるという方法をとっています。このように、基本5文型の限界を意識することで、独自の体系を作り上げることができれば、有効な指導法になりえるでしょう。伊藤の参考書は総じて難解であることが知られていますが、一方で質の高さは担保されていると言っても過言ではありません。

3. 新しい文法指導

　第2節では、基本5文型にまつわる整理法に関して、その矛盾点と問題点を指摘しました。そして、この問題点を解決する糸口としては、英文の構造は動詞／述部を中心としたまとまりであると認識すること、中心であ

る動詞につく部品としては、動詞に選択される／必要とされる補部と、装飾的に付加される付加部の二種類の区別が必要であるということになります[7]。補部と付加部の区別は、句構造の分析に必要不可欠な考え方で、理論言語学の研究の発展と共に広がってきたものです。この句構造の考え方を採用した文法書にHuddleston and Pullum（2002）がありますが、まだまだ日本では定着していない考え方であると言えるでしょう[8]。この考え方を採用すれば、前置詞句や副詞（句）であっても文中で必要な要素であれば補部、名詞であっても修飾要素として機能する場合には付加部であると考えることになります。つまり、語や句の文中での役割に焦点を当てた考え方であると解釈することができます。

　それでは、前節で指摘した基本5文型が抱えている問題は、意味順を採用するとどのように解決することができるでしょうか。意味順は、その範疇未指定というしなやかさを利用することによって、混乱を起こすことなく、この矛盾を解決できる可能性があります。以下では、その方法について概略を示していきたいと思います。

⁞ **3.1 文中で必要な副詞句**

　まずは、SVO文型とSVA文型の区別について確認しておきましょう。OもAも文中で必要な要素であり、Oにくる語彙範疇が名詞句、Aが（前置詞句含む）副詞句という点を除けば、基本的にはこの2つは同じパターンの文型であると言うことができます。Vの後に、選択される／必要な要素が後続するからです。意味順は語彙範疇の指定を事前に行っていない文法ですから、意味機能という観点からはSVOとSVAは違わないということになります。もちろん、意味順ボックスに要素を入れる場合には、以下のように区別されることにはなります。例として、（2a, b）の文についてそれぞれ確認しておきましょう。

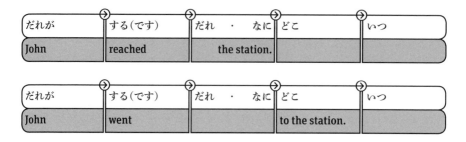

　2.3で触れたように、(2b)の went to を句動詞で他動詞として扱い、「する（です）」ボックスに入れ、the station を「だれ・なに」ボックスに入れるという方法もありえますが、to the station で「どこ」という場所概念を表している前置詞句であると考えれば、上記のように区別しておいた方が無難なように思われます。また、第2章でも扱いましたが、「どこ」「いつ」の順序は、「どこ」が修飾要素である場合には入れ替えることが可能で、「どこ」要素が必要とされる時には「いつ」に先行する必要がありますから、意味順の規定が「どこ」「いつ」の順序であることには根拠があるということにもなります。意味順は言語の意味機能に基づいて文法関係を定める文法ですから、(to) the station が文中で必要とされるか、つまり補部になるか付加部になるかはある程度、直感的に意味で判断することができます。たとえば「ジョンが行った」という情報が入ってきた場合、「どこ?」なのかという場所に関する情報は必要不可欠ですから、名詞句の the station であろうが、前置詞句の to the station であろうが、文中で必要な補部であるということがわかります。reach が他動詞で前置詞を必要としないのに対し、go は自動詞なので前置詞が必要という知識は動詞の語法として個別に覚えておくべき情報ということになります。他動詞と自動詞の区別は、例文に数多く触れて覚えていくしかありません。

　もちろん、これだけで全ての事象をカバーできるわけではありません。意味順ボックスの「どこ」にある要素は、それだけで補部なのか付加部なのかが区別されているわけではないからです。たとえば、(5)のような例を意味順ボックスに入れて表すと、以下のようになります。

だれが	する（です）	だれ ・ なに	どこ	いつ
He	decided		on the boat.	

　すでに示したように、「どこ」要素のon the boatは補部か付加部かどちらかの可能性がありますが、意味順ではその区別ができているわけではありません[9]。無理にしていないという言い方もできます。結局のところ、「どこ」要素が補部なのか付加部なのかは、個別の動詞毎にパターンとして覚えていく必要が出てきます。この例では、この文が発話された段階で「彼」という人物に何かを決める必要があり、思い悩んでボートに乗っているという情報があれば間違いなくon the boatは付加部であるということになりますし、これからボートに乗るという状況でどのボートにしなければならないのか悩んでいるという状況であれば、補部になります。構造的な曖昧さを含む文の解釈にあっても、コンテクストの中に身を置いてみれば、意味の区別にそれほど悩むことはないでしょう。

　なお、第2章で記述したように、Xバー理論を使えば区別を記述すること自体はできます。同様に意味順の「どこ」にも、たとえば「どこ1（補部）」「どこ2（付加部）」という区別を導入すれば記述することはできますが、それで学習者が区別しやすくなるわけではありません。この事情は、基本5文型であっても変わらないでしょう。結局のところ、動詞とその要素のパターンは、一つ一つ地道に習熟していく以外に方法はないからです。もちろん、動詞の意味毎に一定の型のようなものは存在しますから、ある程度学習者に知識がついてから、それらを文法の縦軸として提示していくという作業において、知識を補っていく必要はあるでしょう。意味順は、スロットにわけられたかたまりの文中での役割に焦点を絞っていますから、余計な情報がなく、説明がしやすくなるという利点があります。つまり、最初から文の要素と要素ではないものを分けられるという前提に立つのではなく、ある程度、学習者が英語に習熟するようになってから、補部と付加部を区別するようにすればいいわけです。基本5文型において、文の要素かそうではないかを区別する動機は、英語の文型を5つの型に分けると

いうことにありました。しかし、その問題を破棄してしまえば、初学者に対してある語句が文の要素か否かを問う必要はないわけです。もちろん、学習者がある程度英語に習熟していく段階で、語句と語句の結びつきには強いものと弱いものがあるという区別は、段階的に教えていく必要があります。

▷3.2 文中で不要な名詞句

　副詞的目的格の扱いは、意味順が得意とするところです。(10a, c)の例を意味順ボックスを使って示していくと、以下のようになります。

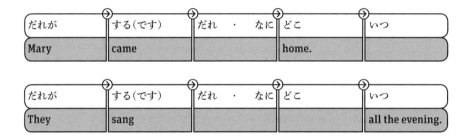

　副詞的目的格は、基本的には「どこ」「いつ」に使用されるものが多く、あとは、程度、様式（江川 1991; 安藤 2005）ですから、随時、意味順ボックスに入れていけばよいということになります[10]。意味順が効果的になりうるところは、この種の「どこ」「いつ」要素に気を配る練習をさせることができるという点にあります。文章を読む際には、「どこ」「いつ」といった場面設定の語句に気を配る必要がありますが、意味順の基礎をたたき込むことによって、場面設定の語句を意識することができ、また倒置・前置・後置などの構造上複雑な英文の対処に当たって、基礎的な問題意識を自然と身につけることも期待できるようになるのではないかと思います。

　なお、意味順では語彙範疇毎の文中での役割を前もって定めてはいませんが、スロット毎にどのような品詞の語（句）が入るかということを決めることはあります。たとえば、「だれが」「だれ・なに」「どこ」に入る語句は以下のファイルのように明示することが可能です。

だれが
名詞
名詞(句・節)、代名詞、動名詞(句)、不定詞(句)

どこ
副詞
副詞(句・節)、前置詞句

だれ・なに
名詞、形容詞
名詞(句・節)、代名詞、形容詞(句)、分詞(句)、動名詞(句)、不定詞(句)

　このように、意味順を利用することによって、現状の基本5文型が抱える問題点を出さない形で、文中での語句の機能に集中して説明を行っていくことが可能になります。基本5文型が主張する「文の要素」は、「文中で必要な要素、取り除くことができない要素」、そして「修飾語」は「飾りの要素で文中から取り除くことができる」という定義でありながら、多くの例外を抱えてしまうという矛盾点を持ってしまうものでした。しかしながら、範疇横断的な意味順を使用することによって、これらの問題を柔軟性を持って説明することが可能になります。意味順は、句・節構造の文中での機能を、より簡潔に説明する教育文法が提示できる可能性を秘めているのです。一方で、意味順は基本5文型ほど浸透しているわけではない考え方ですから、組織で取り組む際には一貫性が持たせられないという問題点もあります。また、語句の文中での役割に焦点を絞って説明する教育文法ですから、語彙範疇毎の役割を意識させるためには追加で説明が必要になるかもしれません。しかし、一方でそれは学習者に、場合によっては指導者の間に混乱を起こさないという利点にもなりえます。また、ある程度習熟した学習者に対しては、上述の意味順ファイルなどを利用して文法事項をまとめることで、文法の縦軸の関係を整理することも容易になると考えられます。

4. 結び

　本章では、日本の英語教育で広く使用されている基本５文型の利点と問題点、そして意味順がどのような立場にある教育文法なのかということについて、特に、「修飾語なのに文の要素」、「名詞なのに修飾要素」という矛盾を解決する方向で意味順の利点を紹介してきました。意味順ボックスは、語彙範疇の指定を行っていない節構造文法ですが、その未指定という点を活用することによって、かえってその利点があぶり出されてくる教育文法であると言うことができるでしょう。英語を解釈する際には、語彙範疇の特性と、部品・品詞毎の文中での役割の理解が欠かせません。しかし、この２つをまとめて説明しようとすると、学習者にも指導者にも容易に混乱を引き起こしてしまうことになります。たとえば、名詞が名詞を修飾するようなthe stone bridgeのstoneは、辞書を引けば語彙範疇としての「名詞」という項に記載されていますが、bridgeという名詞を修飾するという文中での機能は形容詞と同じものとなります。これを指して、stoneを「形容詞」と呼んだり、「名詞だが、形容詞としての役割を果たしている」と説明したりしても、その体系が頭の中に入っていない人にとっては、何のことか分からなくなってしまいます。副詞的目的格についても同じで、(10b)のthis wayは「副詞だ」と言ってみたり、辞書を引いて名詞の項を確認させたり、「名詞だが副詞の役割を果たしている」と言ってみたり、さまざまな説明の方法が存在してしまいます。こういった多様な説明は、混乱の原因にもなりかねません。意味順は、語彙範疇の指定を切り捨て、語句の文中での役割に焦点を当てることによって、学習者や指導者の間に余計な混乱を起こすことなく、英語の核を身につけることを可能にしていると言うことができるのです。もちろん、学習者に適切な基礎力が形成された後で、基本５文型の体系を効果的に融合させていく指導は十分に可能であると考えられます。

1　コンピュータのオペレーティングシステムになぞらえて、基本5文型は使用者が多いことからWindows、意味順はそれに対して少ないことからMacという見解もありますが、この例えは無用な混乱を起こしかねないので、使用しないことにします。

2　この箇所は、いわゆる非能格動詞に関する説明を緩やかな形で行い、分類・列挙するとわかりやすい説明になったように思われます。

3　小寺(2016)と中邑他(2017)には、名詞の文中での役割に関する説明がなく、目的語や補語の説明で触れるという形をとっています。また、霜崎他(2016)でも、品詞毎の役割を説明しない方法を採用しているようです。

4　副詞的目的格は、歴史的には対格を示すということもあり、副詞的対格という呼ばれ方をすることもあります。有名なhomeも、もともとは古英語の男性強変化名詞hāmの目的格でした。なお、副詞的目的格に関しても、江川(1991)、綿貫他(2000)、安藤(2005)では詳細な事例が挙げられています。この三冊は、他の文法書と比べてもかなり精緻なものと言えるでしょう。江川(1991)と安藤(2005)は高校生向けではありませんので、公正な評価ではないかもしれません。

5　これらは全て、初版はもっと古く、英文解釈教室は1977年の出版でした。本書では、最新版が一番質が高いと考え、全て新装版に基づいて議論を進めることにしましょう。

6　もちろん、この一般化は完全なものではありません。第2章でも扱いましたが、前置詞句主語という現象があるからです。

　　　(i) Under the bed is comfortable.（ベッドの下が気持ちいい）

しかし、前置詞句主語は例外的な事象であり、実際の文章では前置詞句で文が始まる頻度は高いという事情があります。前置詞句が主語にならないと意識することで、文の中心になる主部と述部を発見するための有益な指針となる学習効果の方が高いと思われます。

7　補部と付加部を句構造でどのように扱うかということに関しては、第2章の拙稿「統辞論からみた意味順」を参考にしてください。

8　なお、開拓社から「英文法大事典シリーズ」として、章ごとに翻訳が出版されつつあり、2021年に出揃いました。

9　「ボートを選ぶ」という場合に、decide onを句動詞として扱い、the boatを「だれ・なに」スロットに入れるという可能性はあります(加藤由崇先生の指摘によ

る）。その場合、on the boatが補部の場合と付加部の場合を意味順ボックスで区別することが可能になりますが、それも全体との一貫性の問題になります。on the boatはこれが前置詞句で場所を表しており、他の例でも補部・付加部の区別を意味順ボックスで区別するという方法を本稿では採用していないため、まとめて「どこ」スロットに入れておくことにしています。

10 程度や様式といった修飾要素は「どのように」「なぜ」といった要素で、「どこ」の後ろに随時、追加していく必要があろうかと思います。この辺の事情については、田地野（2011）を参考にしてください。

⊕ **参照文献**

安藤貞雄（2005）『現代英文法講義』東京：開拓社.

Chomsky, Noam. (1965) *Aspects of the Theory of Syntax.* Cambridge: MIT Press.（ノーム・チョムスキー 福井直樹・辻子美保子訳（2017）『統辞理論の諸相』岩波文庫.）

Cooper, A. J. and Edward A. Sonnenschein. (1889) *An English Grammar for Schools: Based on the Principles and Requirements of the Grammatical Society. Part II: Analysis and Syntax.* London: Swan Sonenschein.

江川泰一郎（1991）『英文法解説』東京：金子書房.

萩野敏・江森和也・前原由幸・森田篤（2004）『INSPIRE総合英語』東京：文英堂.

平賀正子・鈴木希明（2016）『総合英語be』東京：いいずな書店.

細江逸記（1917）『英文法汎論』東京：泰文堂.

Huddleston, Rodney and Georffrey Pullum. (2002) *The Cambridge Grammar of the English Language.* Cambridge: Cambridge University Press.（ロドニー・ハドルストン ジェフリー・パルム　畠山雄二・藤田耕司・長谷川信子・竹沢幸一他（2017〜）『英文法大事典』シリーズ　東京：開拓社.）

池上嘉彦（1991）『英文法を考える』東京：ちくまライブラリー.

伊藤和夫（2017）『英文解釈教室』東京：研究社.

伊藤和夫（2018a）『新版ルールとパターンの英文解釈』東京：研究社.

伊藤和夫（2018b）『テーマ別英文読解教室』東京：研究社.

金谷憲・馬場哲生・高山芳樹（2014）『総合英語One』東京：アルク.

小寺茂明（2016）『デュアルスコープ総合英語』東京：数研出版.

宮脇正孝（2012）「5文型の源流を遡る —C. T. Onions, An Advanced English Syntax (1904)を越えて」『専修人文論集』90, 437–465.

中邑光男・山岡憲史・柏野健次（2017）『ジーニアス総合英語』東京：大修館書店.

野村恵造・山崎のぞみ・内田諭・島原一之・橋本哲夫・飛松宏幸・高石清人（2017）
『Vision Quest総合英語　Ultimate』大阪：啓林館.

Onions, C. T. (1904) *An Advanced English Syntax: Based on the Principles and Requirements of the Gramamtical Soceity.* London: Sonnenschein.

墺タカユキ・川崎芳人・久保田廣美・高田有現・高橋克美・土屋満明・Guy Fisher・
山田光（2017）『Evergreen』東京：いいずな書店.

大西泰斗　ポール・マクベイ（2017）『総合英語FACTBOOK　これからの英文法』東京：
桐原書店.

Quirk, Randolph, Sidney Greenbaum, Geoffrey Leech and Jan Svartvik. (1985) *A Comprehensive Grammar of the English Language.* London: Longman.

Radford, Andrew. (1998) *Transformational Grammar.* Cambridge: Cambridge University Press.

佐藤誠司・長田哲文（2012）『アトラス総合英語』東京：桐原書店.

霜崎實・岩佐洋一・大月実・境和男・東泉裕子（2016）『クラウン総合英語』東京：三省堂.

田地野彰（2011）『〈意味順〉英作文のすすめ』東京：岩波書店.

高橋潔・根岸雅史（2013）『基礎からの新々総合英語』東京：数研出版.

綿貫陽・宮川幸久・須貝猛敏・高松尚弘（2000）『ロイヤル英文法改訂新版』東京：旺文社.

第**4**章　英語史からみた「意味順」[*]

高橋佑宜

1. 英語史と意味順

　英語の歴史はおよそ1500年にわたっていますが、大きく分けて4つの時代に分けることができます。最も古い時代から順に、古英語(Old English, 449 (700)–1100)、中英語(Middle English, 1100–1500)、近代英語(Modern English, 1500–1900)、現代英語(Present-day English, 1900–)と呼ばれています[1]。時間の流れの中で英語にはさまざまな言語変化が生じてきました。英語史とは、英語に生じた言語上の変化を観測・記述し、言語変化のプロセスとメカニズムを明らかにする学問分野です。

　意味順は、現代英語の語順が「だれが」「する(です)」「だれ・なに」「どこ」「いつ」という意味のまとまりの順序として並べられる点に着目した文法です。すなわち、第1章において議論されたように、意味順は固定語順言語(Pinker 1994)である現代英語の実践的な運用を容易にするための教育文法であると言えます。英語史という視点から見た時、現代英語を想定している意味順はどのように位置づけられるのでしょうか。本章では、意味順のフレームワーク(Tajino 2018)を用いて歴史的な英語を分析することで、意味順の理論的な基盤と通時的な応用の可能性について議論します。

　近年、英語史と英語教育の接点に関心が寄せられています。たとえば、堀田(2011, 2016)は、大学生から英語教員に至る幅広い読者層に向け、

英語に関する素朴な疑問を英語史の視点から紐解いています。また、英語教育者に向けた英語史の概説書（片見・川端・山本 2018）も出版されています。そして、家入（2016）では、英語教育研究者と英語史研究者の双方が、英語史と英語教育の対話というテーマから論考を寄せています。このような状況は、多様な層において英語史に対する関心が高まっていることの表れと言ってよいでしょう。共通しているのは、寺澤（2008: iv）が「過去の言語事実が現代英語とどのように関連するのかといった点に注意を払い、英語学習者に役立つ英語史情報」の提供を強調しているように、現代英語を学ぶ・教えることへの繋がりがこれまで以上に意識されるようになってきていることです。

　本章の目的は、意味順を用いて英語の歴史的な語順の発達過程の分析を試みること、そして、分析を通して意味順の応用可能性について考察することです。具体的には、倒置語順に焦点を絞り、英語の語順の発達を概観します。倒置とは、主語と定形動詞の位置が入れ替わり S-V（主語 - 動詞）ではなく V-S（動詞 - 主語）の語順になる現象であると本章では定義します[2]。古英語と中英語においてはごくありふれた現象だったのですが、現代英語における倒置は、疑問文、否定語で始まる節、場所格、存在や出現を表す自動詞などの特定の構文に限定されています。英語の歴史を見渡してみると、かつては一般的な語順だった倒置は時代を経るにつれて衰退し、倒置語順が使用される環境は次第に限定されていきました。つまり、現代英語の倒置語順は古い時代の英語の名残であるとも言えるのです（Fischer, De Smet & Van der Wurff 2017）[3]。

　英語における倒置の衰退は語順変化と密接に関係していることから、語順の英語史を概観するための格好の題材になり得ます。現代英語における倒置は標準的な S-V の語順に従わない特殊な語順という位置づけがなされていると言っていいでしょう。さらに、倒置語順は意味順において想定されている「だれが」「する（です）」「だれ・なに」「どこ」「いつ」という意味の順序（Tajino 2018）からも逸脱した現象です。ゆえに、倒置の分析を行うことで固定語順言語である現代英語を念頭において提案された意味順の

応用性を検証することにも繋がります。「柔軟なシステム('a soft system')」(Tajino 2018: 36)として設計されている意味順を用いて歴史的な英語を分析できることを示すことができれば、モデルの妥当性をより確かなものにすることが期待できるでしょう。次節からは、まず英語の語順変化を概観した上で倒置語順に焦点を当てて意味順による分析を行います。

2. 語順変化と倒置

現代英語は典型的なSVO語順の言語であることに疑いの余地はありませんが、古英語の語順は現代英語とは大きく異なっていました。古英語は主格や目的格といった文中における単語の文法的な役割を屈折語尾(inflectional endings)を用いることで表すことができました。そのため、語順がSVOでほぼ固定されている現代英語とは異なり、古英語ではOVSやSOVといった語順も用いられていました。

現代英語における基本語順はSVOですが、古英語はSOV言語とSVO言語どちらの特徴も備えていました。古英語の祖先であるゲルマン祖語の基本語順はSOVだったと考えられており、古英語ではSOV語順からSVO語順への変化が進行しつつある段階でした。

一般的に語順の変化は主節から生じて広がっていき、従属節は変化に抵抗する傾向があると言われています。現代英語とは異なり、古英語は主節と従属節の間で用いられる語順に違いがあることから、変化の過渡期を迎えていたことを窺い知ることができます。

まず、主節の平叙文においては倒置語順が優位でした。具体的には以下の例(1)のような語順が広く用いられていたのですが、動詞が前から2つ目の位置に置かれることから動詞第二位(verb-second, 以下V-2と略します)語順と呼ばれています。例(1)における主語は太字の þa men 'the men (people)'、動詞は下線部comon 'came'であり、主語と動詞が倒置された語順になっています。本章では、例文中における主語は太字、動詞(句)に

は下線を付して示します。

(1) Þa　comon **þa　menn**　of　þrim　mægþum　Germanie:
　　Then　came　the　people　from　three　tribes　of Germany:

　　of　Ealdseaxum,　of　Anglum,　of　Iotum
　　from　Old Saxons　from　Angles　from　Jutes

　　'Then came the people from three tribes of Germany: from the Old
　　Saxons, from the Angles, from the Jutes.' (The *Anglo-Saxon Chronicle*
　　MS. A, [449])

一方で、従属節においては、例(2)のように動詞が節末に置かれる動詞終端(verb-final, 以下V-F)語順が優勢でした。主語であるic 'I' の後に目的語や副詞、前置詞句が続き、最後に動詞geseah 'saw' が置かれています。古英語では主節と従属節において用いられる語順の種類に隔たりがあったのです。

(2) sona　swa　**ic**　þe　ærest　on　þisse　unrotnesse　geseah
　　soon　as　**I**　you　first　in　this　sadness　saw

　　'As soon as I first saw you in this state of unhappyness' (Bo.5.11.2;
　　Fischer et al. 2017: 190)

　このように主節はV-2、従属節はV-Fの語順になるというのは法則ではなく、あくまで傾向にすぎないのですが、大略すれば、古英語はV-2／V-Fの混合型語順の言語であると考えられています(Denison 1993: 29-30)。つまり、古英語と現代英語を比較すると、英語の語順はV-2／V-F語順からSVO語順へと変化してきたのです。とりわけ主節において優勢だったV-2語順の衰退は、英語の言語構造に著しい影響を与えたとされています(Los 2009)。言い換えれば、英語の語順変化はV-2語順の衰退の歴史ともとらえられるのです。

また、少し別の角度から見ると、英語の語順変化の歴史はOVからVOへの変化であるとも換言できます。現代英語は一貫して動詞の後に目的語が現れるVO語順ですが、古英語では目的語が動詞に先行するOV語順も用いられており、両者は併存していました[4]。目的語の位置にはOV／VOのバリエーションが存在していたということになりますが、それには一定の傾向が見られました。たとえば、指示・人称代名詞といった「軽い」目的語はOVになりやすく、名詞句等の「重い」目的語はVOになりやすいといった傾向が見られることが明らかになっています（Kemenade 1987; Struik & Kemenade 2018）。しかし、OV語順は古英語期から中英語期の終わりにかけて衰退しVO語順へと一本化されていきました（Pintzuk & Taylor 2006）。

　こうした言語変化はある日を境に一度に生じるわけではありません。一定のペースを保ちながら等速で変化し続けることも稀です。多くの言語変化は、最初は緩やかな変化から始まり、その後に急激な変化が訪れた後、変化のペースは落ち着き、やがて緩やかになっていく 'slow-quick-quick-slow' な動きをすることが知られています（Aitchison 2010: 84–97）。このような変化を2次元のグラフにするとS字型の曲線を描くことからS字曲線（S-curve）と呼ばれています。S字曲線は、ある単語に生じた音韻変化が時間の経過と共に他の語彙にも広がっていく語彙拡散（lexical diffusion）と呼ばれる現象がこの曲線に沿うことから広まってきた言語変化のモデルですが、さまざまな言語変化にも当てはまることが明らかになっています。OV語順の衰退もS字曲線に沿うという調査結果が報告されています（Pintzuk & Taylor 2006）[5]。

　ここで、英語の語順変化を時代別にまとめてみましょう。まず、古英語はV-2／V-F型の語順を備えていたと同時にOV／VOの交替が許容されていました。そのため、現代英語では容認されない語順も使用されていました。次に、中英語ではV-2語順やOV語順の衰退が始まり、SVO語順への変化が進行しました。中英語期の終わりまでには、従属節の語順もV-F語順からSVO語順へと移行しました。また、助動詞doの萌芽が見られたのも中英語期でした。そして、近代英語に入るとSVO語順が確立し、今日の現代

英語の姿にかなり近づいていきました。近代英語期はいわば語順の整備が行われた時代と言えるでしょう。しかし、依然として近代英語は特にその初期の時代において、古英語の名残のような語順も残していました。また、倒置語順という点において、近代英語と現代英語の間には倒置が生じる条件に相違がありました。それでは、次節からは各時代の英語における倒置語順について見ていきましょう。

▷ 2.1 古英語

　古英語は主節においてV-2語順が優勢だったと述べましたが、実際にはどのくらいの割合で用いられていたのでしょうか。Bech (2001)の調査によると、先に挙げた例(1)のようなV-2語順は最も使用頻度が高く、その割合は全体の約27%を占めていました。また、以下に挙げる例(3)と(4)のように、古英語では動詞句が主動詞と原形不定詞や過去分詞から構成される場合、分割されて節末に現れることもあります。こうしたV-2語順では目的語、前置詞句、副詞(句)といった構成素が節の先頭に置かれますが、この前置された構成素を以降Xと呼ぶことにします。

(3) Ða　 woldon **hi**　 his　 lichoman　 forbærnan.
　　 Then wanted they his　 body　　　　incinerate

　 'Then they wanted to incinerate his body (Mark's body)' (*The Old English Martyrology*, 25 April: Mark; from Rauer 2013: 88–89)

(4) On twam þingum　 hæfde　 **God**　 þæs　 mannes saule gegodod
　　 In two things　　 had　　 God　 the　 man's　 soul　 endowed

　 'With two things God had endowed the man's soul.' (ÆCHom.I, 1 184,161; Fischer et al. 2017: 189)

　まとめると、例(1)、(3)、(4)は主語と動詞の位置が入れ替わり、構成素X(それぞれÞa, Ða, On twam þingum)が前置されている倒置語順となっ

ています。

　そもそもなぜ古英語ではこのような語順が用いられていたのでしょうか。Los（2012）によれば、V-2語順は構成素Xを節頭に繰り上げることで、話題（topic）として提示する統語的な仕掛けとして機能していました。この働きは話題化（topicalization）と呼ばれていますが、話題は多くの場合、旧情報となります。つまり、V-2語順は談話の中で旧情報を前置することで、旧情報から新情報の順に情報を提示する機能を果たしていたと考えられます。

　英語史上、V-2語順は衰退してしまうのですが、それは同時に話題化を行う言語的な手立てを失っていったということでもありました。言語が何らかの機能を失いつつある時、それに代わる働きを別の形式で発達させることがあります。実際に、現代英語において話題化はit分裂構文（いわゆる強調構文）といった別の手段によって行われるようになっています。Aitchinson（2010）の言葉を借りれば、言語が「自己保存」を行うための「治療的な変化」が生じたという見方をすることもできるでしょう。英語史研究の醍醐味の1つは、こうした機能と形式が、いつ・どのように・どうして入れ替わって行ったのか変化のプロセスとメカニズムを探究することにあります。

　それでは、ここからは意味順に基づいた分析を行っていきます。多くの文法理論と同じく、意味順も変更や発展が行われているのですが（田地野2011a, 2011b, 2014a, 2014b）、本章では Tajino（2018）の意味順フレームワークを参照します。

　まずは、例（1）で挙げた Þa comon **þa menn** of þrim mægþum Germanie: 'Then came the people from three tribes of Germany' という文を取り上げてみましょう。古英語のV-2語順は現代英語の語順とはかけ離れているため、意味順にそのまま当てはめることは困難です。そこで、V-2語順には、1）主語と動詞の倒置、2）構成素Xの前置という2つの現象が関与している（Ringe & Taylor 2014）という考え方を踏まえて、以下のような3段構えの分析を提案したいと思います。

α	WHO	DOES(IS)	WHO(M)/ WHAT(HOW)	WHERE	WHEN
					Þa 'Then'
		comon 'came'			
	þa menn 'the people'	(↑comon)		of þrim mægþum Germanie 'from three tribes of Germany'	(↑þa)

表における括弧内の矢印の表記は、その場所から移動したことを示すものです(Tajino 2018: 20)。V-2語順において行われている倒置と前置という2つの操作を2段加えるという表示を行うことで解決を試みています。一見するといささか強引に見えるかもしれませんが、従来の統語理論による説明と矛盾しているわけではありません。

　次に、先に挙げた例(3)と(4)について考えてみましょう。動詞句はそれぞれwoldon forbærnan 'wanted to incinerate' と hæfde gegodod 'had endowed'ですが、2つの語が離れた位置に置かれています6。古英語のV-2語順において動詞句を構成する語が2つ以上になる場合、助動詞や本動詞は第二位の位置に、不定詞は節末に置かれ、いわゆる「枠構造」を形成する傾向があります。また、例(3)と(4)はどちらも目的語が動詞に先行するOV語順です。現代英語の語順とは全くかけ離れていますが、前述の分析を拡張する形でそれぞれ以下のように表示することができるでしょう。まず、前置された構成素が1段目に表示されていますが、古英語のV-2語順において前置される構成素は「だれ・なに」「どこ」「いつ」の3種類であることを見て取ることが可能になります。次に、動詞句によって枠が形成されているという節の中の構造を視覚化することができています。

　語順が固定された分析的言語(analytic language)である現代英語を想定した意味順が古英語のような総合的言語(synthetic language)の分析に最

α	WHO	DOES(IS)	WHO(M)/WHAT(HOW)	WHERE	WHEN
					Ða 'Then'
		woldon 'wanted'			
	hi 'they'		his lichoman 'his body'		
		forbærnan 'to incinerate'			

α	WHO	DOES(IS)	WHO(M)/WHAT(HOW)	WHERE	WHEN
			On twam þingum 'In two things'		
		hæfde 'had'			
	God 'God'		þæs mannes saule 'the man's soul'		
		gegodod 'endowed'			

も適しているとは言い難いでしょう。しかし、教育文法である意味順を用いる利点は、既に意味順に慣れ親しんできた英語学習者が現代英語と比較しながら過去の英語を触れることができる点にあります。意味順に依拠することによって本質的に現代英語の視点に立つことができるのです。谷（2016: 13-15）は、英語教員養成課程における英語史について「現代英語に英語史がどのように関わるのか」という視座の重要性を強調していますが、英語学習者にとっての英語史も同様であると言えるでしょう。現代英

語とかけ離れている古英語は大学院の専門課程においてさえ、なにかと敬遠されがちであると筆者は感じてきましたが、意味順によって古英語へのアプローチを容易にすることが期待できるかもしれません。

さらに、語順の英語史と意味順の関わりの中で考察しておきたいのは存在文を導く there です。この there の用法は現代英語では「存在の there」（existential there）と呼ばれており、場所を表す there とは異なる振る舞いをします。典型的には there + BE 動詞で構成される there 構文は、聞き手に対して情報を導入する働きをしています。

問題はいつから存在文を導く there（古英語での綴りは þær、þar、ðœr 等）が用いられるようになっていたのかという点ですが、古英語期には定着していたと考えられています（Breivik 1990）。古英語における there + BE 動詞が存在文であるとする根拠の1つとしては、古英語では人称代名詞 hit 'it' を存在文の主語として用いることもあり、there が存在を表す hit と交替することがあるという点においてです[7]。

存在を表す there 構文は古英語から確立していましたが、there + BE 動詞からなる構文が全て存在文だったわけではなく、次の例（5）のように場所の there か存在の there か微妙な例も見られました。

(5) [...] swa   þæt   [...]   beo   **an**   **scip**   flotigende swa
         so   that   be.SUBJ a   ship   floating   as

    neh   þan   lande   swa   hit   nyxt   mæge   &   þar
    close the   land   as   it   closest might and there

    beo   **an**   **mann**   stande   on   þan   scipe   & [...]
    be.SUBJ   a   man   stand.SUBJ on   the   ship

'...so that ... and a ship is floating as close to the land as it might closest be, and a man stands on that ship and ...' (*Anglo-Saxon Chronicle*, MS. A, 1031.1; translation from Swanton 1996)

この例における þar 'there' に指示的な意味が全くないとは言い難く、こ

れまでのV-2語順と同様にþarを「どこに」に置き、以下のように考えます。There + BE構文の発達に関しては中英語の2.2節と現代英語の2.4節で取り上げます。

α	WHO	DOES(IS)	WHO(M)/WHAT(HOW)	WHERE	WHEN
& 'and'				þar 'there'	
		beo 'is'			
	an mann 'a man'				
	Ø 'who'	stande 'stands'		on þan scipe 'on the ship'	

　さて、最後に複文の例についても見てみましょう。次の例(6)は主節ではV-2語順をしている一方で、swa 'as'で始まる従属節では動詞が節末に置かれるV-F語順をしています。また、述語には現代英語doの前身となったdonという動詞が用いられています。古英語期のdoはまだ助動詞としてではなく 'to perform, act, achieve, make' といった意味を表す本動詞として用いられていました。V-2語順はこれまでと同様に分析し、従属節を導くswa以下は α を利用することで以下のような分析が可能です。

(6) Ða　　dyde　Eadric　ealdorman swa　he　oft　　ær　　　dyde, …
　　Then　did　　Eadric　alderman　as　　he　often　before　did, …
　　'Then prince Eadric did, as he had often done before, …' (*Anglo-Saxon Chronicle*, MS. F, 1016.24; Fischer et al. 2017: 128)

α	WHO	DOES(IS)	WHO(M)/WHAT(HOW)	WHERE	WHEN
					Ða 'Then'
		dyde 'did'			
	Eadric ealdorman 'Prince Eadric'	(↑dyde)			(↑ða)
swa 'as'	he 'he'				oft ær 'often before'
		dyde 'did'			

∴ 2.2 中英語

　V-2語順は中英語期に著しく衰退しました。古英語では全体の約27％を占めていましたが、中英語初期では約20％に低下し、中英語後期には15％にまで減少しました（Bech 2001）。衰退の中でV-2語順を保ったのは、次の中英語の例（7）のように節頭が前置詞句や副詞句であり、かつ主語が複数の語から構成される「重たい」名詞句となる場合に限られてきました（Fischer, et al. 2017）。意味順は古英語の場合と同様に以下のように分析できるでしょう。

（7）and vpon　the　table　stood　a merueillous　spere　straungely wrought

　'and upon the table stood a wonderful spear, intricately crafted'
　（Malory, *Morte D'Arthur*, II.xv; Fischer et al. 2017: 192）

α	WHO	DOES(IS)	WHO(M)/ WHAT(HOW)	WHERE	WHEN
and				vpon the table 'upon the table'	
		stood 'stood'			
	a merueillous spere straungely wrought	(↑stood)		(↑vpon the table)	

　ここまで見てきたようにV-2語順は主語と動詞が倒置され、構成素Xが前置されるX-V-Sの順序をしています。X-V-S語順の衰退と共に台頭してきたのは、主語と動詞の倒置が生じない 'non-operator-fronting' (Ringe & Taylor 2014) と呼ばれる種類の特殊なV-2語順です。次の例(8)を見てみましょう。

(8) bi　þis　**ʒe**　　mahen　seon　and　witen.　þat…
　　by　this　you　　may　　see　　and　know　that…

　　'by this you may see and know that…' (Sward.263.23; Fischer et al. 2017: 192)

　これまでとは異なり、主語と動詞の倒置が行われず、構成素Xが前置されるだけのX-S-V語順になっています。人称代名詞のような「軽い」主語を取る場合に、(8)のようなX-S-V語順が用いられる傾向がありました (Fischer et al. 2017)。意味順は次のようになるでしょう。

α	WHO	DOES(IS)	WHO(M)/WHAT(HOW)	WHERE	WHEN
			bi þis 'by this'		
	ȝe 'you'	mahen seon and witen 'may see and know'	þat ... 'that ...'		

　このような語順は実は古英語期から存在しており、専門家の間ではV-2語順の一種とみなされています(Kemenade 1987; Los 2009; Ringe & Taylor 2014)。X-S-V語順は古英語期には約11%だったのですが、中英語初期では約19%に上昇し、中英語後期では約33%にまで増加しました(Bech 2001)。同時に、現代英語では標準的なS-V-X語順は中英語では約40%近くまで上昇し、最も使用割合の高い語順になりました(Bech 2001)。英語は中英語期にSVO型への変化を遂げていったのです。

　また、中英語期において興味深いのは使役動詞doの発達の拡大です。Doの使役動詞としての用法は古英語から既に存在していましたが(*OED, do, v.II.29.*)、その拡大は中英語期に入ってからのことでした。次の例(9)を見てみましょう。

(9) **Ðis hali mihte** ðe dieð ilieuen ðat ...
　　 This holy might that causes believe that

　　'This holy virtue which causes one to believe that ...' (Vices & Virtues, p. 27; Fischer et al. 2017: 129)

　この例では関係代名詞ðe 'that, which'によって導入された節中においてdieð ilieuen 'causes one to believe'という動詞句が使役の用法です。本来、使役動詞としてのdoは使役される対象が目的語として表れていたのですが、それが脱落してしまったと考えられています(Fischer et al. 2017)。現代英語の助動詞doの起源には諸説ありますが、例(9)のような使役動詞

doは有力な候補だと考えられています(Fischer et al. 2017: 128-132)。意味順は以下のようになるでしょう。

α	WHO	DOES(IS)	WHO(M)/ WHAT(HOW)	WHERE	WHEN
	Ðis hali mihte 'This holy virtue'				
	ðe 'which'	dieð ilieuen 'causes one to believe'	ðat ... 'that ...'		

　ここで中英語における there + BE 構文についても見てみましょう。次の例(10)はカンタベリー物語における騎士の物語の冒頭部分です。

(10) Whilom,　as　　olde　stories　　tellen　us,
　　　Once,　　as　　old　　stories　　tell　　us,

Ther　**was**　a　duc　that　highte　　Theseus;
There　was　a　duke　who　was called　Theseus;

'Once, as old stories tell us, there was a duke who was called Theseus.'
(*Canterbury Tales, The Knight's Tale*, 859-860)

　例(10)の ther 'there' は具体的な場所を指示しているというよりは、導入を行うためのthereであると考えられます。There構文は本来が持っていた「場所」という語彙的な意味(lexical meaning)が薄れてしまい、内容語から情報の導入を行う機能語へと文法化(grammaticalization)が進行し、形式的な主語へと発達した事例と言えるでしょう(保坂 2014)。このような考えを踏まえ、例(10)の意味順は、以下のようにtherの位置は「どこ」ではなく「だれが」として分析します。

α	WHO	DOES(IS)	WHO(M)/ WHAT(HOW)	WHERE	WHEN
	Ther 'There'	was 'was'	a duc 'a duke'		
	that 'who'	highte 'was called'	Theseus 'Theseus'		

⠶ 2.3 近代英語

　近代英語は中英語期の終わりまでに生じた語順変化が定着し標準化が進んだ時代です。倒置語順に関しては、近代英語の初期と後期の間に隔たりがあります。初期近代英語では、古英語からのV-2語順の名残も見られ、現代英語では容認されないような倒置語順もまだ用いられていました。しかし、後期近代英語になると語順が倒置される際の条件も厳しくなり、現代英語の姿により一層近づきました。

　まずは初期近代英語から見ていきましょう。近代英語期はdoを始めとする助動詞の用法が確立してきたことが特徴として挙げられますが、次の例(11)に見られるような古英語のV-2語順を思わせる倒置と助動詞doが合わせて現れる語順が使われることもありました。以下に意味順による分析も合わせて載せています。助動詞doの扱いが問題となってくるのですが、ここでは後述する倒置による条件文との関連も考慮した上でαの位置に置く分析を行います。

(11) Then <u>doo</u> **they** <u>vaunt</u> themselues ouer the common multitude

　　'They did vaunt themselves over the common multitude' (1592, Nash, *Pierce Penniless*; Rissanen 1999: 309)

α	WHO	DOES(IS)	WHO(M)/WHAT(HOW)	WHERE	WHEN
					Then
doo	they	vaunt	themselues ouer the common multitude		

また初期近代英語では、主語と助動詞が倒置され、否定語が前置される次の(12)のような例も見られるようになりました。綴り字の差異はありますが、文法的には現代英語の姿に近づいてきたことを見て取ることができます。

(12) Seldom <u>have</u> **you** <u>seen</u> anie Poet possessed with avarice

'You have seldom seen any poet possessed with avarice' (1594, Nash, *The Unfortunete Traveller*, 44.25; Fischer et al. 2017: 193)

α	WHO	DOES(IS)	WHO(M)/WHAT(HOW)	WHERE	WHEN
					Seldom
have	you	seen	anie Poet possessed with avarice		

　さらに、初期近代英語における接続詞を用いない主語と助動詞の倒置による条件文についても見てみましょう。近現代の英語において倒置による条件文は助動詞がhad、were、shouldであることが大半ですが(Jespersen 1950: 371)、初期近代英語期においては倒置される動詞の種類は現代英語よりも豊富でした(Rissanen 1999: 307-310)。たとえば、次の(13)のような例が挙げられます。ここでは条件節の導入として助動詞wouldが用いられており、現代英語では非標準となる倒置です。意味順による分析は、倒置された助動詞wouldをαの位置に収めています。こうすることによって通常のif文の分析(Tajino 2018: 21)と同様に扱うことが可能です。

(13) Would **I** <u>haue</u> my flesh Torne by the publique hooke, these qualified hangmen Should be my company

'If I would have my flesh torn by the public hook, these qualified hangmen should be my company' (1603, Ben Jonson, *Sejanus: His Fall* II.iii; Rissanen 1999: 309)

α	WHO	DOES(IS)	WHO(M)/ WHAT(HOW)	WHERE	WHEN
Would	I	haue	my flesh (O) Torne by the publique hooke (C)		
	these qualified hangmen	Should be	my company		

　後期近代英語では、倒置の条件は現代英語と同じく、否定語、意味的に制限されるような語句、thereや場所を表す副詞句が前置される場合に限定されました(Fischer et al. 2017; Seone 2017)。また、こうした倒置はV-2語順の名残である可能性が高いと考えられています(Los 2012)。以下の例(14)と(15)を意味順による分析と合わせて見てみましょう。まず、例(14)では否定語neverが前置され主語と助動詞の倒置が起きています。意味順による分析はこれまでと変わりません。次に、例(15)は場所格倒置の例ですが、古英語や中英語のV-2語順と同様の分析が可能です。また、which以下の関係代名詞節についてはTajino (2018)と同じく主格のwhichを「だれが」の位置に置くことで先行詞that fruitful...との文法的な関係を明示しています。

(14) never <u>will</u> **I** <u>go aboard</u> another fleet (1709, Manley, *The New Atalantis*, 10.2)

α	WHO	DOES(IS)	WHO(M)/WHAT(HOW)	WHERE	WHEN
					never
will	I	go aboard	another fleet		

(15) In this place begins **that fruitful and plentiful Country** which was call'd the Vale of Esham (1726, Defoe, *Tour of Great Britain*, 441.6)

α	WHO	DOES(IS)	WHO(M)/WHAT(HOW)	WHERE	WHEN
				In this place	
		begins			
	that fruitful and plentiful Country				
	which	was call'd	the Vale of Esham		

❖ 2.4 現代英語

　最後に現代英語の倒置についてですが、紙面の制約上、学習者にとって比較的複雑と思われる例に絞り見ていきます。次の例(15)では、so...that 構文の so ridiculous が前置され、主語と助動詞が倒置されています。また結果を表す that 節も存在しています。意味順による表示としては、倒置された助動詞 did はこれまでと同様に α の位置に置きます。That 節も同様に α の位置に置くことで意味のまとまりの対応関係が明白になります。

(16) So ridiculous did **she** look that everybody burst out laughing. (Swan 2016: 271)

α	WHO	DOES(IS)	WHO(M)/WHAT(HOW)	WHERE	WHEN
			So ridiculous		
did	she	look			
that	everybody	burst out laughing.			

　これまで見てきた例では前置される要素は句でしたが、次の例(17)では節が前置されています。このような構文の可視化は意味順が得意としている所でもあり、以下のように簡潔に分析することができます。

(17) Not until he received her letter <u>did</u> **he** fully <u>understand</u> her feelings. (Swan 2016: 271)

α	WHO	DOES(IS)	WHO(M)/WHAT(HOW)	WHERE	WHEN
Not until	he	received	her letter		
did	he	fully understand	her feelings.		

　続いて、主語と助動詞の倒置による条件文を見ておきましょう。現代英語における倒置による条件節は主に助動詞had、were、shouldによって導入されることは先に述べたとおりですが、次の例(18)はhadから始まっています。意味順による分析は近代英語で行ったものと変わらず、助動詞をαの位置に置くことでif節と同様に処理することが可能です。

(18) <u>Had</u> **we** <u>not missed</u> the plane, **we** <u>would all have been killed</u> in the crash. (Swan 2016: 244)

α	WHO	DOES(IS)	WHO(M)/ WHAT(HOW)	WHERE	WHEN
Had	we	not missed	the plane		
	we	would ⟨all⟩ have been killed		in the crash.	

　次に、現代英語のthere構文について考察します。中英語を扱った2.2節で述べたように、文法化が進んだthereは形式的な主語として確立しています。すなわち、意味順では「だれが」として扱うのが良いでしょう。次の例(19)や(20)のような疑問文や分詞構文もthereを形式主語として「だれが」に置いて分析することができます。

(19) Is there any more soup? (Quirk et al. 1985: 1405)

α	WHO	DOES(IS)	WHO(M)/ WHAT(HOW)	WHERE	WHEN
Is	there		any more soup?		

(20) There having been trouble over this in the past, I want to treat the matter cautiously. (Quirk et al. 1985: 1405)

α	WHO	DOES(IS)	WHO(M)/ WHAT(HOW)	WHERE	WHEN
	There	having been	trouble over this	in the past,	
	I	want to treat	the matter ⟨cautiously⟩.		

また、there構文では名詞を修飾する主格の関係代名詞が省略されることがあります(Quirk et al. 1985: 1250-1251, 1407)。次の例(21)について考察してみましょう。

(21) There's a table stands at the corner. (Quirk et al. 1985: 1250)

このような主格の関係代名詞の省略は「非常に口語的」な表現であり、関係代名詞that／whichを用いてThere's a table that／which stands at the corner. とする方が容認度は高くなります(Quirk et al. 1985: 1250)。意味順の分析はthat／whichが省略されていることを示す形で以下のようになるでしょう。

α	WHO	DOES(IS)	WHO(M)/WHAT(HOW)	WHERE	WHEN
	There	's	a table		
	(that/which)	stands		at the corner.	

例(21)はThere is a table と A table stands at the corner という2つの節が融合した文だという見方です。

　一方で、例(21)におけるthere'sは談話標識としてみなし得るという考え方もあります(Takaki 2010; Yaguchi 2010)。There構文のthereには通常強勢は置かれず(Leech & Svartvik 2003)、there isが縮約されたthere'sという形態は／ðɛəz／という音韻的なまとまりを成しています。固定化したthere'sによって、'a table stands at the corner' という節そのものが新情報として導入されているという解釈です。A tableは聞き手にとって未知の情報であるためA table stands at the corner.という文は文法的には誤りはありませんが、英語としては違和感があり、おかしいと判断されてしまいます。そこで、導入としてのthere'sを談話標識として聞き手に送っているのです。

この見方に沿って(21)を意味順で分析するならば、次のように「α」の位置に There's を入れることになるでしょう。

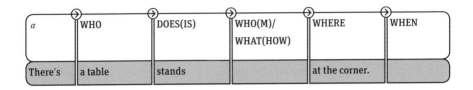

α	WHO	DOES(IS)	WHO(M)/ WHAT(HOW)	WHERE	WHEN
There's	a table	stands		at the corner.	

　特定の構文に関する異なる見方を視覚的にとらえられる点は意味順のフレームワークの持つ利点の1つと言えるでしょう。

　また、歴史的に見ると、英語史上におけるthere'sは近代英語期に既に使用が確認されており、(21)のようなパターンもその頃から観測されるようになりました(Yaguchi 2010)。元々は、V-2語順によって生じた構文にすぎなかったthere + BE構文が近代英語期に入ってからthere + BE + 名詞句だけではなくthere's + 名詞句 + 動詞 + 補語という構文も許容するようになったのは興味深い点です。

3. 結語

　本章では、古英語から現代英語にわたって英語史上における倒置語順に焦点を当てて意味順による分析を行いました。語順はコミュニケーションの中で聞き手あるいは読み手に対して提示される情報の順序でもあります。ゆえに、語順を入れ替える倒置は情報を提示する順序を制御するための機能を果たしていると考えられるでしょう。

　意味順は現代英語のSVO語順を前提とした枠組みではありますが、歴史的な英語の分析にも応用し得ることを実例と共に示しました。倒置を歴史的に見てみると、かつては一般的に用いられていた語順でしたがSVO型語順への変化の過程の中で衰退したことについても触れました。現代英語に

おける倒置は特殊な語順として扱われますが、意味順を用いて可視化が可能であることを示しました。

　ここまで述べてきたように意味順は、現代英語の共時的な分析・学習に役立つのみならず、英語の通時的な「ロードマップ」(Tajino 2018: 9)を提示し、総体的な英文法の理解を促しうるという点において優れた教育文法であると結論付けられるでしょう。そしてまた、意味順を活用しながら英語史の視点を取り入れることで現代英語に対するより深い理解が得られることも期待できるでしょう。

☺　注

*　本稿はJSPS科研費19K23055の助成を受けたものです。また、本稿の執筆に際し、東山高等学校の島田悠太先生には原稿に目を通していただいて有益なコメントを頂きましたことをここに記して深く感謝申し上げます。

1　古英語はブリテン島にゲルマン系民族が上陸したとされる449年を始まりとする見方もあり、古英語による言語資料が実際に見られるようになった700年頃を始まりとする考え方もあります。たとえば、堀田(2016: 2)は「前古英語」(449–700)、「初期古英語」(700–900)、「後期古英語」(900–1100)という3つの区分に分けています。時代区分は実はとても複雑な問題でもあります。詳しくはCurzan (2017)を参照してください。

2　主語の人称・数・性に応じて語形変化し、時制を担う動詞を指します。

3　現代英語における倒置は古英語期からのV-2現象の名残であるとする見方に対する異論も存在しています。Fischer et al. (2017: 193)は、現代英語の倒置とV-2語順の間には直接的な連続性はないと述べています。

4　言語類型論の研究成果によりOV、VO語順の言語にはそれぞれを特徴づけるさまざまな言語上の性質が見られることが明らかになっています(Bybee 2015: 第8章)。

5　他の例として、近代英語期に生じた多数の形態統語論的な変化も程度の差はあれS字曲線に適合することが指摘されています(Nevalainen & Raumolin-Brunberg 2017)。また、S字曲線に関しては慎重な態度を取るべきであるという意見も見られます。Denison (2003)を参照してください。

6　古英語におけるwoldonはwillan 'to want'の活用形(直説法・複数・過去)です。

willanは現代英語の助動詞willになった動詞ですが、古英語期は助動詞という文法カテゴリーそのものが発展途上であり、未来を表す時制としての用法はまだ確立しておらず、本動詞として 'to want' の意味を持っていました。

7   *The Dictionary of Old English: A to I* のhē, hēo, hitの項にはII.C. as the subject of existential clauses, usually with a form of the copula; equivalent to non-locative ModE 'there'; e.g. hit wœs an geleafa 'there was one belief' と記されています。

⊕   **参照文献**

Aitchison, Jean. (2010) *Language Change: Progress or Decay?* (3rd ed.). Cambridge: Cambridge University Press.

Bech, Kristin. (2001) *Word Order Patterns in Old and Middle English: A Syntactic and Pragmatic Study.* Doctoral dissertation, University of Bergen.

Breivik, Egil Leiv. (1990) *Existential There: A Synchronic and Diachronic Study* (2nd ed.). Oslo: Novus Press.

Bybee, Joan. (2015) *Language Change.* Cambridge: Cambridge University Press. (バイビー, ジョーン 小川芳樹・柴崎礼士郎(監訳)(2019)『言語はどのように変化するのか』東京:開拓社.)

Curzan, Anne. (2017) Periodization in the history of the English language. In Laurel J. Brinton and Alexander Bergs (eds.), *The History of English: Historical Outlines from Sound to Text*, 8–35. Berlin/Boston: De Gruyter Mouton.

Denison, David. (1993) *English Historical Syntax: Verbal Constructions.* London: Longman.

Denison, David. (2003) Log(ist)ic and simplistic S-curves. In Raymond Hickey (ed.), *Motives for Language Change*, 54–70. Cambridge: Cambridge University Press.

Fischer, Olga, Hendrik De Smet and Wim van der Wurff. (2017) *A Brief History of English Syntax.* Cambridge: Cambridge University Press.

片見彰夫・川端朋広・山本史歩子(編)(2018)『英語教師のための英語史』東京:開拓社.

保坂道雄(2014)『文法化する英語』東京:開拓社.

堀田隆一(2011)『英語史で解きほぐす英語の誤解―納得して英語を学ぶために』東京:中央大学出版会.

堀田隆一(2016)『英語の「なぜ?」に答えるはじめての英語史』東京:研究社.

家入葉子(編)(2016)『これからの英語教育―英語史研究との対話―』大阪:大阪洋書.

Jespersen, Otto. (1950) *Essentials of English Grammar.* 8th impression. London: George

Allen & Unwin Ltd.

Kemenade, Ans van. (1987) *Syntactic Case and Morphological Case in the History of English*. Dordrecht: Foris.

Leech, Geoffrey and Jan Svartvik. (2003) *A Communicative Grammar of English* (3rd ed.). New York: Routledge.

Los, Bettelou. (2009) The consequences of the loss of verb-second in English: Information structure and syntax in interaction. *English Language and Linguistics, 13*(1), 97–125.

Los, Bettelou. (2012) The loss of verb-second and the switch from bounded to unbounded systems. In Anneli Meurman-Solin, Maria Jose Lopez-Couso and Bettelou Los (eds.), *Information Structure and Syntactic Change in the History of English*, 21–43. Oxford: Oxford University Press.

Nevalainen, Terttu and Helena Raumolin-Brunberg. (2017) *Historical Sociolinguistics: Language Change in Tudor and Stuart England*. New York: Routledge.

OED = OED Online. ‹https://oed.com/› Oxford University Press. (Accessed 15 September 2019).

Pinker, Steven. (1994) *The Language Instinct: How the Mind Creates Language.* New York: William Morrow & Company.

Pintzuk, Susan and Ann Taylor. (2006) The loss of OV order in the history of English. In Ans van Kemenade and Bettelou Los (eds.), *The Handbook of the History of English*, 249–278. Oxford: Blackwell Publishing.

Quirk, Randolph, Sidney Greenbaum, Geoffrey Leech and Jan Svartvik. (1985) *A Comprehensive Grammar of the English Language.* London: Longman.

Rauer, Christine. (2013) *The Old English Martyrology: Edition, Translation and Commentary.* Cambridge: D. S. Brewer.

Ringe, Don and Ann Taylor. (2014) *The Development of Old English.* Oxford: Oxford University Press.

Rissanen, Matti. (1999) Syntax. In Roger Lass (ed.), *The Cambridge History of the English Language.* Vol. III. 1476–1776, 187–331. Cambridge: Cambridge University Press.

Struik, Tara and Ans van Kemenade. (2018) On the givenness of OV word order: A (re) examination of OV/VO variation in Old English. *English Language and Linguistics, 24*(1), 1–22.

Seone, Elena. (2017) Syntax. In Alexander Bergs and Laurel J. Brinton (eds.), *The History of English: Early Modern English*, 68–88. Berlin/Boston: De Gruyter Mouton.

Swan, Michael. (2016) *Practical English Usage* (4th ed.). Oxford: Oxford University Press.

Swanton, Michael. (ed.) (1996) *The Anglo-Saxon Chronicle*. London: J. M. Dent.

田地野彰(2011a)『〈意味順〉英作文のすすめ』東京：岩波書店.

田地野彰(2011b)『「意味順」英語学習法』東京：ディスカヴァー・トゥエンティワン.

田地野彰(2014a)『NHK基礎英語 中学英語完全マスター「意味順」書き込み練習帳』東京：NHK出版.

田地野彰(2014b)『「意味順」ですっきりわかる高校基礎英語』東京：文英堂.

Tajino, Akira. (2018) MAP grammar: A systemic approach to ELT. In Akira Tajino (ed.), *A New Approach to English Pedagogical Grammar: The Order of Meanings*, 9–25. New York: Routledge.

Takaki, Isamu. (2010) *There*-amalgams revisited: The possibility of *there be* as a particle. *English Linguistics, 27*(1), 104–125.

谷明信(2016)「英語教員養成課程における英語史」家入葉子(編)『これからの英語教育―英語史研究との対話』11-33. 大阪：大阪洋書.

寺澤盾(2008)『英語の歴史』東京：中公新書.

Yaguchi, Michiko. (2010) The historical development of the phrase *there's*: An analysis of the Oxford English Dictionary data. *English Studies, 91*(2), 203–224.

第5章 「意味順」と語彙学習

笹尾洋介

1. はじめに

　外国語学習における語彙学習の重要性は、多くの人が認めるところだと思います。本を読んだり、テレビを見たりするときに、知らない単語が次々と現れると内容の理解ができなくなってしまいます。会話をしているときに、言い表したい内容の表現が頭に浮かばないとき、相手に理解してもらうのは大変です。また、外国語だけでなく母語においても、博学である人は語彙知識も豊富なものです。その一方で、いくら多くの単語を知っていたとしても、それをでたらめに並べただけでは意味が通じませんので、文法の知識も必要となってきます。その意味で、語彙知識と文法知識はコミュニケーションをとるために必要不可欠な要素といえると思います。

　語彙と文法はどちらも外国語学習をするうえで重要な要素ではありますが、両者は指導実践においても教育研究においても別物として扱われているような気がします。文法については、文法項目ごとに指導が行われることが多いと思いますが、語彙についてはどちらかというと授業外で予習・復習などを通して覚えておきなさいということで学習者に任されることが多いのではないでしょうか。もちろん限られた授業時間内で、何百何千という膨大な数の単語を教える余裕がないことは明らかですが。外国語教育研究においては、1980年頃まで文法指導やパターン練習に焦点を当てて

議論がなされてきたこともあり、語彙学習は言語学習において無視された領域(neglected aspect of language learning)(Meara 1980)と呼ばれました。この四半世紀で語彙知識の重要性が認められるにつれ、語彙習得[1]研究は爆発的に増えました。どのような語彙をどのように学習・指導するのが効果的かについて多くのことが明らかになってきました。しかしながら、その語彙知識をどのようにコミュニケーションにおいて活用できるかという視点が少ないように思います。学習した語彙を用いて文を理解したり産出したりするためには文法の知識が必要となりますが、語彙と文法の関係についての踏み込んだ議論はこれまであまりなされてきませんでした。また、語彙習得研究から提案される言語活動は、学習者に文法知識がすでに備わっていることを前提としているものが散見され、とくに初級者にとって効果的な学習方法が提案されているとは言い難い状況です。

　第1章で見たように、意味順は、文法知識を多次元でとらえ、コミュニケーションの観点から「だれが」「する(です)」といった意味のかたまり(意味役割)の順に語句を並べることが重要であると主張するものでした。意味役割の知識は「ヨコ軸」とされ、もっとも基礎的で重要なものと位置づけられています。時制や助動詞など個別の文法項目は「タテ軸」を用いて整理されます。本章では、まず学習すべき語彙知識とは何かを確認した後、意味順の知識が語彙力を高めていくのに効果的であるといえる論拠を見ていきたいと思います。

2. 語彙知識とは

　まずはじめに、どれくらいの語彙知識があれば、一般的な英語使用に事足りるのかを先行研究をもとに検討してみたいと思います。これまでの研究によると、英語圏の子供たちは一年間におよそ1,000語学習しており(Biemiller & Slonim 2001)、大人の母語話者で20,000語以上の語彙知識があるとされています(Goulden et al. 1990; Zechmeister et al. 1995)。し

かしながら、外国語として英語を学習する学習者は、母語話者と比べて英語に接する時間が圧倒的に少ないため、母語話者と同等の語彙知識を身につけるのは大変なことでしょう。語彙学習の目標を、母語話者と同等の語彙力を身につけることではなく、母語話者向けに書かれた新聞や小説などさまざまなジャンルの読み物を読みこなせるだけの語彙力を習得することとした場合、およそ8,000語から9,000語の知識があればよいとされています（Laufer & Ravenhorst-Kalovski 2010; Nation 2006）。母語話者が知っているとされる20,000語と比べると、8,000語という数字はかなり少なく見えますが、中学・高校で6年以上英語学習をした日本人大学生の平均的な語彙知識が約3,000語[2]であることを考えると、8,000語を学習することはかなり困難であることがわかります（Barrow et al. 1999; Mochizuki & Aizawa 2000; Schmitt & Meara 1997）。

　上述のような見て（または聞いて）理解できる語を受容語彙とよび、実際に文章や口頭で使える語を産出語彙と呼んで区別することがあります。発表語彙は受容語彙よりもさらに小さく、受容語彙知識の63％〜93％の大きさであると報告されています（Fan 2000; Laufer 1998; Sasao 2008; Webb 2008）。この結果は、とくにコミュニケーションで使える語彙知識（産出語彙知識）を育成することの重要性を示しているといえるでしょう。

　語彙学習について考察するときには、上述の量的な観点に加えて、質的な観点も考慮に入れる必要があります。ある単語を知っているということは、その単語の意味を知っているという以上のことが関係しています。Nation（2001）は教育的観点から語彙知識を語形・意味・使用の3つに大別し、さらにそれぞれ3つの側面に下位区分できると提案しました（表1）。たとえば、語形（音声や綴り）とその意味の関係を覚えることが最初の学習となるかもしれませんが、より自然な英語使用のためには、文法的機能（例：successは名詞なので、"He will success in the exam." とは言えない）やコロケーション（例：fast、quick、speedyの3語は類似した意味を持つが、fast foodをquick foodやspeedy foodとするのは不自然である）も知っている必要があると考えられます。

表1：語彙知識の側面

語形（form）	音声（spoken form）
	綴り（written form）
	語の構成要素（word parts）
意味（meaning）	語形と意味（form and meaning）
	概念と指示物（concept and referents）
	連想（associations）
使用（use）	文法的機能（grammatical functions）
	コロケーション（collocations）
	使用時の制約（constraints on use）

　この節では、先行研究を通して、ある語を知っているということにはその語の意味を知っている以上のことが関係しているということ、また一般的な日本人英語学習者は、中等教育を終えた後もさらに語彙力を高めていくことが望まれるということを見てきました。では語彙学習をどのように効果的に行うことができるでしょうか。続く節ではその点について検討したいと思います。

3. 意味順を利用した語彙学習

　一般的に語彙学習というと、単語帳を用いて英語の綴りと日本語の意味を覚えていく作業（または苦行）をイメージするかもしれませんが、表1に示されたさまざまな側面をバランスよく習得するために、多様な方法で語彙学習を行う必要があります。単語帳を用いて単語を暗記することも一定の効果はありますが、それだけにこだわるのは良くありません。語彙習得研究の第一人者であるPaul Nationは、言語学習活動を4種類に大別し、四重螺旋（four strands）と呼んで、どれか1つの学習法に偏ることなくそれぞれをバランスよく行うことが重要であるとしています（Nation 1996, 2007,

2013; Nation & Yamamoto 2012)。その4種類の学習法とは、意味重視のインプット(meaning-focused input)、意味重視のアウトプット(meaning-focused output)、言語重視の学習(language-focused learning)、流暢さの向上(fluency development)を指し、語彙学習はもちろん教室での言語指導やカリキュラム開発までさまざまな場面で適用できると主張しています。現在、さまざまな語彙学習方法とその効果について数多くの研究がなされていますが、1節で見たように語彙習得研究では学習者の文法の習熟度について考慮がなされていない場合が多いため、とくに初級者にとって有効な学習法が提示されているとは言い難い状況です。そこで本節では、意味順を活用することにより、Nationが提唱する言語学習活動の四重螺旋それぞれにおいて語彙学習をより効果的に行えることを提案したいと思います。

∷ **3.1 意味重視のインプット**

　これは意味理解に焦点を当てたリーディングおよびリスニング活動を指します。テキストや発話の内容理解を主目的としているため、語彙学習は偶発的に(いわば内容理解の副産物として)行われます。この活動の例としては、多読、多聴、テレビ番組の視聴などがあります。母語を習得する際にはこの活動によって大多数の語彙を習得していると考えられているため非常に重要です(Webb & Nation 2017)。

　意味重視のインプット活動は、費やした時間に対する習得語彙数があまり多くないため、語彙学習という点から考えると費用対効果はあまり高くないということが指摘されています(例:Waring & Takaki 2003)。この活動はまったく新しい単語を効率よく数多く覚えるのには適していないかもしれませんが、すでにある程度知っている語の意味の理解を深めたり、コロケーションや使用時の制約などを学習するのに適しているかもしれません。いずれにせよ、効果的な語彙学習のためには大量のインプットが必要とされます。

　インプットが理解できるためには、使用されている語の95%(理想的には98%)以上を知っていることが望ましいとされています(Hu & Nation

2000; Laufer & Ravenhorst-Kalovski 2010; van Zeeland & Schmitt 2013)。しかしながら、とくに初級者にとっては、平易な語で書かれた文章であっても、文を理解するための基礎的な文法事項を知らなければ、理解するのは難しいでしょう。そこで意味順を活用することにより、意味重視のインプット活動を効果的に行うことができます。ここでは主に、意味順のヨコ軸（「だれが」「する（です）」「だれ・なに」「どこ」「いつ」という文中での意味役割の順序）に焦点を当てますが、この知識が意味重視のインプット活動を行う上で効果的だといえる理由は大きく以下の4点にまとめられます（Sasao 2017）。

1. 意味順は難解な文法用語を使用しないため、初級者であっても意味順そのものを理解しやすいと考えられます。
2. 意味順は文中での意味役割を表すため、文の意味理解と直結しています。「主語」や「目的語」といった文中での文法機能を表す用語を介在して意味理解をする必要がないため、文の処理にかかる負荷が軽減されると考えられます。
3. 意味順の知識は、より能動的な文処理を可能にします。具体的には、「する（です）」（動詞）が項構造（文の要素）を決定するため（Sinclair 1987）、「だれが」「する（です）」を処理した段階で、次に来る情報を予測することができます。たとえば、「She gave」と聞くとその後には、「だれに」「何を」という情報が来ることを予測できます。このように、与えられる文字や音声をボトムアップ的に解釈するだけでなく、どのような情報が来るかを予想しながらトップダウン処理も行うことができるため、より速く正確にインプットの意味を処理することができると考えられます。
4. ある実験結果は、意味順の明示的な指導がより速く正確な文処理に効果的であることを示しています（田地野ほか 2015）。つまり、意識的に学んだ意味順の知識は、速さが求められる実際の言語使用においても役立つということを示唆しています。

意味順を用いて文の意味理解をするための足場かけの活動として、文中の意味役割ごとに区切る練習をすることが効果的かもしれません。最初のうちは図1に示すように、それぞれの意味役割ごとに下線を引いて「だれが」「する」などを提示することにより、意味順の理解と定着を図り、(単語ごとではなく)意味のかたまりごとに解釈していくことの重要性を強調することができるでしょう。

I	met	Tsubasa	at the station	yesterday.
「だれが」	「する」	「だれ」	「どこ」	「いつ」

図1：意味順を用いた足場かけ(例1)

　意味役割の理解が深まってきたら、「だれが」「する」などを記述せずに、図2のように記号(/)で区切りをつけるだけで意味役割を理解できるかもしれません。

I / met / Tsubasa / at the station / yesterday.

図2：意味順を用いた足場かけ(例2)

　また、上記の3で述べた能動的な文処理を促進するために、「する(です)」が意味的に要求する要素を意味順の通りに素早く言う練習を行うことが効果的かもしれません。たとえば、「住む」と聞けば「だれが」「どこに」、あるいは「置く」と聞けば「だれが」「何を」「どこに」というように、必要となる意味の要素を意味順に従って並べる練習をすることができます。こうすることで、文中で「する(です)」が重要な役割を果たすことを理解できると同時に、インプットの意味処理を速める効果も期待できます。

このように意味順を導入することによって、初級者も含めて効果的に意味重視のインプット活動を通した語彙学習が行える可能性について見てきました。意味順は、文の意味処理に役立つといえますが、大量のインプットを処理できるようになるためには多くの練習が必要です。ここで紹介した足場かけをうまく活用することにより、徐々に文の意味処理を流暢に行うことができると思います。

❖ 3.2　意味重視のアウトプット

　これはライティングやスピーキングといった意味の伝達に焦点を当てた産出技能活動を指します。この活動には、日常会話、スピーチ、手紙を書くこと、日記を書くことが含まれます。アウトプット活動はとくに産出語彙知識の育成に効果的であるとの研究があります(Webb 2009)。アウトプット活動は学習者に自分が言いたいことと実際に表現できることの違いに対する気づきを与える点で重要だと考えられています(Swain 1985)。たとえば、「最近、不眠症に悩んでいる」と言いたいけれども「不眠症」に相当する英語を知らないとき、アウトプット活動を通してそれを表現する知識がないことに気づくことができます。気になって後で調べたり、その場で英語で何と表現するのか尋ねることにより、「不眠症」に相当する英語は「insomnia」であるということを学習します。こうして学習する語は、多くの場合、学習者自身のニーズにあった語であり、深い処理を促すことになるので、記憶に残る可能性が高まると考えられます(Laufer & Hulstijn 2001)。このように、学習者が自分に不足している語彙が明確になり、さらに学習効果も高いと考えられるため、アウトプット活動は語彙学習において重要な位置を占めます。

　意味順は、意味重視のアウトプット活動を行う上で効果的であると言えます。まず、1つの型しかありませんので学習者が理解しやすく、どの文型を使うべきかと悩む必要がありません。また、主語や目的語といった文法用語を介在させず、文の意味(役割)と直結しているため、伝えたい内容を作文するときに過度な負荷がかからないと考えられます。さらに、意味

順では、コミュニケーションを阻害するような大きな誤り（global error）とそれ以外の小さな誤り（local error）を区別し、語順の誤りという大きな誤りを避けることがコミュニケーションの観点から重要であるとします。小さな誤りが含まれていたとしても、大きな誤りを避けることによりコミュニケーションを図ることができるという実感を学習者に持たせることで、アウトプット活動を楽しむ機会を数多く持たせることが重要でしょう。そうすることによって、発表語彙知識を育成することもできますし、個々の学習者のニーズに合った語を学習者自身が自律的に習得する機会を提供できることにもなります。

　これまでの研究は、意味順指導が作文技能の育成に効果があることを実証しています。たとえば、田地野（2008）が日本人大学生を対象に行った調査では、意味順指導により英作文が量・質ともに改善すること、また英語で書く意欲を促進するなど情意面でも効果があったことを示しています。渡ほか（2012）は、高校生を対象とした意味順指導が英作文に与える効果を調べた結果、全体として英作文の記述量が増大したこと、関係詞や従属節を含む複雑な構文においても語順の誤りといった大きな誤りが大きく減ったこと、そしてライティングへの意欲が喚起されたことを報告しています。興味深いことに、渡ほか（2012）は意味順指導後に実施したアンケート調査の自由記述回答において、何名かの生徒が「あとは単語を学べばよい」とコメントしたことを報告しています。これは、意味順指導により、アウトプット活動を通して具体的にどのような語を知らないかに気づくことができ、語彙学習の重要性を認識できたということを示唆していると考えられます。こうした活動の後に学習者が産出できなかった語を調べてまとめる時間を取ることで、より深い処理を伴った効果的な語彙学習を支援することができるかもしれません。

⁝ 3.3　言語重視の学習

　これは言語そのものを意図的に学習することを指します。具体的には、単語帳を利用した語彙学習や辞書の使用、精読などが含まれます。意図的

語彙学習の利点としては、高頻度で使われる語に焦点を当てることで費用対効果を高められること、反復学習のタイミングや回数を調整することで記憶の定着を図ることができることなどが挙げられます。語彙学習においては、表1の語形と意味（ある綴りや音声と対応する典型的な意味）を覚えることがまず重要となりますが（Schmitt 2008）、意図的学習はこの側面を学習するのにとくに効果的であるといえます。プライミング効果を利用した近年の研究（Elgort 2011）によると、意図的に学習した語であっても暗示的知識（自動化された潜在的な知識）となりうることが示されていますので、実際の言語使用の観点からも意図的学習は有用であると言えるでしょう。

　効果的な意図的語彙学習を目指して、国内外でさまざまな学習用語彙リストや語彙集が提案されています。ある語彙集は頻度順に単語を掲載し、重要度順に学習が進むように意図されたものもありますし、単語をテーマごとに分類して覚えやすい工夫が施されたものもあります。意味順を活用することにより、これら既存の語彙集とは違った新しい種類の語彙リストを作成することが可能となります。たとえば、図3のように意味順のボックスごとに学習すべき語句をまとめることができます。とくに初級者には、

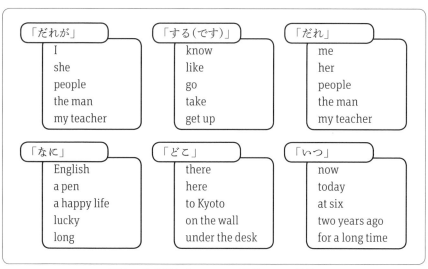

図3：意味順をもとにした語彙リスト（例）

単語レベルではなく、意味役割レベルで語句を提示することにより、意味のまとまりを作ることの重要性を認識できると同時に、学習した語句をすぐに実際の言語使用に活かすことができるといったメリットがあります。また、意味順に基づくおおよその意味(例：「どこ」ボックスに分類されている語句は場所に関係する意味を持っている)も合わせて学習することができるので、記憶に定着しやすいかもしれません。

　また、各ボックス内をもう少し細かく分類することで、より体系的な学習を期待できるかもしれません。たとえば、田地野(2011a: 154)によると、「いつ」ボックスに入るものとして、「時点や期間、時の前後関係、頻度」が挙げられています。品詞で分類すると、前置詞、副詞、関係副詞となります(田地野2011b)。図4は、「いつ」ボックスに入る表現を品詞ごとに分類した一例であり、下線部はさまざまな語句を代入可能であることを示しています[3]。これに日本語訳や用法・用例などを追加することによりリストを充実させることができます。このように分類することにより、時を表す前置詞またはその他副詞(句・節)を集中的に学習することができると同時に、副詞→前置詞→副詞句→副詞節といったように1語の表現から複雑な

図4：「いつ」ボックスの語彙分類例(品詞別)

表現へと導入・定着活動を段階的に進めていくことが可能となります。

　さらに、「いつ」ボックスで表される「時」は大きく過去、現在、未来に分けられますので、それに基づいて分類することも可能です。(もちろんin Aprilのように複数の「時」で使用可能なものもあります。)　図5は現在完了を含む「時」によって分類された「いつ」ボックスに入る表現例を示しています。(副詞、前置詞、副詞句、副詞節の順に提示しています。)このように分類することで、「いつ」ボックスの表現と「する(です)」ボックスに入る動詞の時制との関係性を学習者に意識してもらうことができます。たとえば、yesterdayやin 1964などは過去のある時点を指しますので「する(です)」は過去を表す時制を用いることになります。「完了」や「進行」を含めてさらに細かく分類することで、それぞれの時制(例:過去進行、現在完了進行)と相性の良い「いつ」ボックスに入る表現をまとめることもできるでしょう。こうしたリストを学習者に作成させる活動を導入すれば、学習者自身が積極的に「いつ」の表現を見つけるという深い処理を促すことになりますので、より効果的な学習を期待できます。

　コミュニケーションの観点からは、動詞の時制を正しく表現することよ

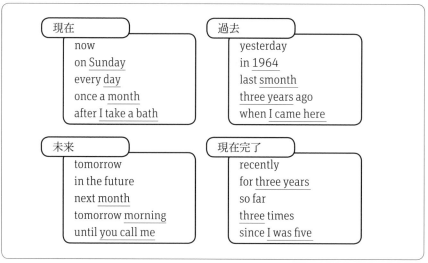

図5:「いつ」ボックスの語彙分類例(時制別)

りも「いつ」の情報を正確に表現する方が重要であると言えます。以下の例文(1)をご覧ください。高校生を対象に、「3時間、待ったよ!」という和文を英文に直してもらった一例です。

(1) a. *I waiting for you for three hours!
   b. *I have been waiting for you for three!

(1a)は「する(です)」ボックスの時制が誤っていますが、おそらく3時間も待ったという怒りは伝わることでしょう。それに対して(1b)は「いつ」ボックスの情報が不十分であり、3時間待ったのか、3分でしびれが切れたのか、はたまた3秒の遅れも許さないのか、もしくはこれで3度目だと言いたかったのか、意味が明確に伝わりません。(1b)のように動詞の時制を正確に表すことに気を遣いすぎて、文末の表現を疎かにしてしまう学習者がいることが分かりました。このような意味の伝達に不具合が生じることを避けるために、図5のような語彙リストをもとにした学習を取り入れることにより、「いつ」ボックスの表現の重要性を認識してもらうこと、また意図的語彙学習の一部として「いつ」ボックスに入る表現を覚えて実際に使用する活動を行うことはコミュニケーション育成の観点から意義深いと言えます。

　3.3節では意味順をもとにした語彙リストを活用して、実際の言語使用を意識した語彙学習が可能となることを見てきました。今後、意味順の各ボックス内の表現を学習・指導しやすいように分類したり、中学生向け・高校生向け・一般向けなど習熟度レベルに応じた意味順式語彙リストの開発が待たれます。

▶ 3.4 流暢さの向上

　これは、リスニング、スピーキング、リーディング、ライティングの四技能すべてにおいて、とくに語彙処理速度の向上を目指して行うものです。そのため、未知語をほとんど含まない素材を利用し、すでに知っている語

を実際の言語使用場面で自然な速度で理解・産出できるようにする練習を します。流暢さの向上のためには、同じタスクを繰り返すこと、もしくは 易しいタスクを行うことの2つに大きく分けられます。たとえば、4／3／ 2とよばれるスピーキングの流暢さを育成するタスクが提案されています （Maurice 1983）。これは、学習者がペアとなり話し手と聞き手を決め、 あるトピックについて最初は4分間話し、その次にペアを変えて3分間、 最後にまた異なるペアで2分間話す活動です。このタスクでは、辞書を引 く時間がなく、同じ内容について時間的な制約がある中で話すことにより、 すでに知っている表現から言いたい内容を素早く組み立てる練習をするこ とがねらいとなっています。こうした練習においては、言語形式よりも話 す内容に注意を集中しなければいけませんので、3.1節と3.2節で見たよう に意味順は通じる英文を組み立てる最低限のルールとして役立つことでし ょう。

4. おわりに

　本章では、目指すべき語彙学習を量的および質的観点から検討した後、 Nationが提唱する言語学習の四重螺旋に基づいて、意味順を用いること が効果的な語彙学習につながるということを見てきました。日本人大学生 の大半は、英語母語話者はもとより、英語で書かれた一般的な文章を理解 できるレベルにも遠く及ばないという現状ですので、語彙力を高めること は喫緊の課題であるといえます。また、語彙知識には、ある語の意味を知 っている以上のことが関係していますので、語彙リストで語とその意味を 覚えるという言語重視の学習だけでなく、意味重視のインプット、意味重 視のアウトプット、さらに流暢さの向上を目指す学習活動をバランスよく 行う必要があります。意味順の知識を活用することにより、これらすべて の学習活動をより効果的に行うことができるでしょう。

　これまで語彙学習の研究は効果的な語彙学習・指導法の開発を、また文

法学習の研究は効果的な文法学習・指導法の開発を中心になされてきました。これにより、語彙と文法それぞれの効果的な学習・指導法について多くのことが明らかとなってきましたが、両者を統合的に扱った研究はいまだ乏しい状況であるといえます。本章では、意味順が語彙学習・指導と文法学習・指導のどちらにも有意義な視座を提供し、両者の橋渡しをする可能性を指摘しました。今後この分野の研究が進み、語彙と文法という細分化された状況から脱却し、円滑なコミュニケーションを目指して語彙と文法を統合的に扱う研究や実践が盛んになることを願っています。

⊕ **注**

1　学習(learning)と習得(または獲得)(acquisition)を意識的・無意識的な過程という点で区別することもありますが、本章では両者を区別せずに用います。

2　語の数え方にはさまざまな種類があるため、数字の比較には注意が必要です。たとえば、母語話者の語彙の大きさや読解における語彙学習の目標値を求めるには、ワードファミリーという単位が使用されています。それに対し、日本人大学生の平均語彙量を調べるときには、多くの場合レマ(見出し語)という単位で報告されています。レマは屈折形を含めて1語と数える数え方です(例：play、plays、playing、played を1語とする)。それに対し、ワードファミリーは、屈折形と一部の派生形を含めて数える数え方です(例：play、plays、playing、played、player、players を1語とする)。そのためワードファミリーはレマよりも数値が小さくなる傾向があるということに注意が必要です。

3　前置詞を使った表現は副詞句ととらえることも可能ですが、ここでは前置詞句を除いた2語以上の副詞的な働きをする句を副詞句をとします。

⊕ **参照文献**

Barrow, Jack., Yoshiko Nakanishi and Harumi Ishino. (1999) Assessing Japanese college students' vocabulary knowledge with a self-checking familiarity survey. *System, 27*, 223–247. doi:10.1016/S0346-251X(99)00018-4

Biemiller, Andrew and Naomi Slonim. (2001) Estimating root word vocabulary growth in normative and advantaged populations: Evidence for a common sequence of vocabulary acquisition. *Journal of Educational Psychology, 93*(3), 498–520. doi: 10.1037/0022-0663.93.3.498

Elgort, Irina. (2011) Deliberate learning and vocabulary acquisition in a second language. *Language Learning, 61*(2), 367–413. doi:10.1111/j.1467-9922.2010.00613.x

Fan, May. (2000) How big is the gap and how to narrow it? An investigation into the active and passive vocabulary knowledge of L2 learners. *RELC Journal, 31*(2), 105–119.

Goulden, Robin, Paul Nation and John Read. (1990) How large can a receptive vocabulary be? *Applied Linguistics, 11*(4), 341–363. doi:10.1093/applin/11.4.341

Hu, Marcella Hsueh-chao and Paul Nation. (2000) Unknown vocabulary density and reading comprehension. *Reading in a Foreign Language, 13*(1), 403–430.

Laufer, Batia. (1998) The development of passive and active vocabulary: Same or different? *Applied Linguistics, 19*(2), 255–271.

Laufer, Batia and Jan Hulstijn. (2001) Incidental vocabulary acquisition in a second language: The construct of task-induced involvement. *Applied Linguistics, 22*(1), 1–26.

Laufer, Batia and Geke C. Ravenhorst-Kalovski (2010) Lexical threshold revisited: Lexical text coverage, learners' vocabulary size and reading comprehension. *Reading in a Foreign Language, 22*(1), 15–30.

Maurice, Kieth. (1983) The fluency workshop. *TESOL Newsletter, 17*(8), 29.

Meara, Paul. (1980) Vocabulary acquisition: A neglected aspect of language learning. *Language Teaching and Linguistics: Abstracts, 13*(4), 221–246. doi:10.1017/S0261444800008879

Mochizuki, Masamichi and Kazumi Aizawa. (2000) An affix acquisition order for EFL learners: An exploratory study. *System, 28*(2), 291–304. doi:10.1016/S0346-251X(00)00013-0

Nation, Paul I. S. (2001) *Learning Vocabulary in Another Language.* Cambridge: Cambridge University Press.

Nation, Paul I. S. (2006) How large a vocabulary is needed for reading and listening? *Canadian Modern Language Review, 63*(1), 59–82. doi:10.3138/cmlr.63.1.59

Nation, Paul I. S. (2007) The four strands. *Innovation in Language Learning and Teaching, 1*(1), 1–12. doi:10.2167/illt039.0

Nation, Paul I. S. (2013) *Learning Vocabulary in Another Language* (2nd ed.). Cambridge: Cambridge University Press.

Nation, Paul. (1996) The four strands of a language course. *TESOL in Context, 6*(1), 7–12.

Nation, Paul and Azusa Yamamoto. (2012) Applying the four strands to language learning. *International Journal of English Language Teaching, 1*(2), 167–181.

Sasao, Yosuke. (2008) Estimating vocabulary size: Does test format make a difference? *JACET Journal, 46*, 63–76.

Sasao, Yosuke. (2017) MAP grammar and vocabulary. In Akira Tajino (ed.), *A New Approach to English Pedagogical Grammar: The Order of Meanings* (pp. 128–136). Oxford: Routledge.

Schmitt, Norbert. (2008) Instructed second language vocabulary learning. *Language Teaching Research, 12*(3), 325–363.

Schmitt, Norbert and Paul Meara (1997) Researching vocabulary through a word knowledge framework: word associations and verbal suffixes. *Studies in Second Language Acquisition, 19*(1), 17–36. doi:10.1017/S0272263197001022

Sinclair, John M. (1987) Collocation: A progress report. In Ross Steele and Terry Threadgold (eds.), *Language Topics: Essays in Honour of Michael Halliday* (Vol. 2, pp. 319–331). Amsterdam: John Benjamins.

Swain, Michael. (1985) Communicative competence: Some roles of comprehensible input and comprehensible output in its development. In Susan Gass and Carolyn Madden (eds.), *Input in second language acquisition*, (pp. 235–253). Rowley, MA.: Newbury House.

田地野彰(2008)「新しい学校文法の構築に向けて－英文作成における『意味順』指導の効果検証」小山俊輔・西堀わか子・田地野彰(編)『平成20年度英語の授業実践研究』pp. 8-21. 奈良女子大学国際交流センター.

田地野彰(2011a)『〈意味順〉英作文のすすめ』東京：岩波書店.

田地野彰(2011b)『「意味順」英語学習法』東京：ディスカヴァー・トゥエンティワン.

田地野彰・金丸敏幸・笹尾洋介(2015)「文法性判断の正確性と流暢さへの『意味順』知識の効果」第159回東アジア英語教育研究会(西南学院大学).

van Zeeland, Hilde and Norbert Schmitt. (2013) Lexical coverage in L1 and L2 listening comprehension: The same or different from reading comprehension? *Applied Linguistics, 34*(4), 457–479. doi:10.1093/applin/ams074

Waring, Rob and Misako Takaki (2003) At what rate do learners learn and retain new vocabulary from reading a graded reader? *Reading in a Foreign Language, 15*(2), 130–163.

渡寛法・細越響子・加藤由崇・金丸敏幸・髙橋幸・田地野彰(2012)「母語を活用した

英語指導―高校の英作文授業における『意味順』の効果検証」 *Studies in English Teaching and Learning in East Asia, 4*, 33-49.

Webb, Stuart. (2008) Receptive and productive vocabulary sizes of L2 learners. *Studies in Second Language Acquisition, 30*, 79-95.

Webb, Stuart. (2009) The effects of receptive and productive learning of word pairs on vocabulary knowledge. *RELC Journal, 40*(3), 360-376. doi:10.1177/0033688209343854

Webb, Stuart and Paul Nation (2017) *How vocabulary is learned.* Oxford: Oxford University Press.

Zechmeister, Eugene B., Andrea M. Chronis, William L. Cull, Catherine A. D'Anna and Noreen A. Healy (1995) Growth of a functionally important lexicon. *Journal of Reading Behavior, 27*(2), 201-212. doi:10.1080/10862969509547878

II　「意味順」―中高大での授業実践―

中学校における「意味順」指導と名詞句指導の実際

奥住桂

1. 「意味順」導入の背景

　私が中学校教員時代に英語指導に意味順を取り入れることになったきっかけは、自身の英作文の指導に課題を感じていたからです。中学生の英語学習者にお題を与えて英作文を書かせても、適切な支援がないと、添削する段階で真っ赤になってしまいます。エラーに下線を引いてフィードバックしたくても、局所的なエラーではなく文構造全体にかかわるエラーがあると、結果的に文全体を教師が書き直してしまうことになります。教師が書いた「模範解答」をただ眺めているだけでは、いつまでも自力で英文が書けるようにはならないだろう、という思いがありました。

　また、授業中に英作文を書かせている際に、生徒からの質問を受けていると、「『私は買い物を楽しんだ』って英語でなんて言うんですか?」と訊いてくる生徒がいます。私としては、文全体を英語にしてあげるのでは意味がないので、できれば「買い物」や「楽しんだ」という部分ごとの英訳を訊いてくれるといいのに、と思っていました。しかし、そのように質問するための前提が中学生たちにないのだ、ということに気づきました。

　その後、いわゆる五文型や、独自に考えた文法解説の枠組みを提示して、英語の文構造の全体図を示そうとしてきましたが、どれもそれを理解するための用語が増えてしまったりして、なかなか定着に至りませんでした。

そんな中、出会ったのが「意味順」でした。

⸬1.1 意味順ノートとの出会い

2010年、インターネットで紹介されていた「意味順ノート」(図1)を最初に見た時に、これは面白いと思いました。「意味順ノート」はキョクトウ・アソシエイツ(現：日本ノート株式会社)が開発した英語学習ノートで、すべてのページの一番上に「だれが」「する・です」「だれ」「なに」「どこ」「いつ」が印刷されているノートです。このノートを使って英作文を書くと、生徒は勝手に英語の語順に従って英文を書くので、教師は局所的なエラーに対する指導に集中できるのではないか、という期待が生まれました。

図1：「意味順ノート」紙面サンプル

実際に使い始めてみると、ただノートを与えるだけではうまく機能しませんでしたが、授業内で教師からの適切な指導があれば、生徒の書く作文の質に変化が生まれました。また、このノートを使って指導する中で、私自身の英語学習者を評価する目も変わっていきました。これまでは英単語や熟語、細かい語形の変化をたくさん覚えている生徒が「英語ができる生徒」でしたが、このノートを使って英語を書かせてみると、英語らしい語順感覚がしみついている学習者こそ「英語ができる生徒」と呼ぶべきだと

思うようになりました。そして、そんな生徒を育てる手立てを日々の英語授業の中心に据えるようになりました。

∷ 1.2　どの技能の指導にも「意味順」を

　本章では、公立中学校での指導の実際を紹介しながら、入門期の英語学習の指導に意味順がどのように機能するかをご提案したいと思っています。また、英作文指導から始まった意味順指導が、リーディングやスピーキングなど他技能の指導にも活用できることがわかってきたので、それらの実践事例もご紹介していきたいと思います。

　元々は英語「学習法」として開発された意味順であり、「意味順ノート」ですが、「指導法」としても、これだけ活用できるという点をお伝えできればと思っています。

　ただ、本章で紹介する指導例はどれも取り立てて画期的な方法というわけではなく、大変地味で「普通」な活動ばかりです。その活動そのものがコミュニカティブというわけでもありません。Okuzumi (2017)でも同様の喩えを使用したのですが、これは意味順がそもそもコンピュータで言えばOS (オペレーティング・システム)のような存在だからです。OSはそれ自体が目立つことはありませんが、ユーザーが何か作業をする際の操作性を大きく左右する重要な存在です。それゆえ、音読や和訳などの活動は英語学習の方法としては大変シンプルですが、指導者や学習者が意味順を意識してそれらに取り組むことで、英語らしい語順がユーザー(学習者)に自然に刷り込まれていき、気がつけば自然に英語を操作して、自由にコミュニケーションを図れるようになっていくことが期待されます。そして、最終的には意味順を特段意識しなくても自由に英語を操れるようになることが最大のねらいです。

∷ 1.3　効果的な日本語指導のあり方を考える機会に

　本章で訴えたい点はもう1つあります。2017年に改訂された新しい中学校学習指導要領(文部科学省 2017)では、前回の改訂ですでに取り入れら

れている高等学校（文部科学省 2008）に続いて中学校においても「英語の授業は基本的に英語で行うこととする」という文言が加わりました。この改訂により今まで以上に授業中の使用言語に注目が集まっていますが、私は中学校で長く英語指導に携わってきた身として、コミュニケーション力を本当の意味で高める指導をしていくために、日本語の効果的な使用こそ、今後さらに深めていくべきだと考えています。

　理由はさまざまありますが、その1つは日本語と英語の言語間の距離です。発音も、語彙も、文構造も大きく違う英語を学ぶ日本人英語学習者にとって、その構造の違いが明示的に示されないと学べないことがたくさんあると思います。週4時間、年間140時間という中学校の教科の中では一番多くの授業時間が与えられている英語科ではありますが、それでも暗示的に英語にふれているだけで学習者が英語を自由に使えるようになったり、その後の自律的な英語学習を支える「ことばへの気づき」（大津 2012）が生まれるために十分な授業時数とは言えません。

　だからこそ、特に板書やワークシートなどを工夫することで英語の語順を視覚的に提示できる意味順は、EFL 環境にある日本の中学生に対する英語指導に大変効果的に活用できるのではないかと考えています。

　本章のご提案が英語の授業における日本語使用のあり方についてもみなさんに改めて考えていただく機会になることを期待しています。

2. 目的

　本実践では、中学生に対する意味順指導にあたって、以下の2点について中心的に取り組むことで、中学生の英語に関する「理解の能力」と「表現の能力」の向上を図ることを目的としています。

2.1 日本語を効果的に用いた意味順指導

日本語と英語の語順の違いを実感するために、特に視覚的なサポートを

受けながら学習活動に取り組むことで、英語産出の際に語順の間違い（グローバル・エラー）を減らせるのではないかと考えています。

　また、日頃から英語の語順（意味順）に従って情報を処理する訓練をすることで、英文を読んだり、聞いたりする際にもスムーズに英文を理解できるようになることを期待しています。

　そのための具体的な方策として、意味順ガイド（「だれが」「する（です）」「だれ・なに」「どこ」「いつ」というキーワード）を常に黒板に掲出したり、意味順ガイドが印刷されたワークシートなどを効果的に活用したりする方法を検討します。

∺ 2.2 系統的な名詞句の指導

　意味順指導を補完するもう1つの軸として、名詞句の指導に重点を置き、こちらもワークシートや板書の工夫などを通して、視覚的に名詞句の構造を理解できるよう支援する方法を考えます。

　中学校では3年生で学ぶ分詞の形容詞的用法や関係代名詞の学習の際に初めて「後置修飾」などの名詞句構造に焦点が当たりがちですが、入門期の中学校1年生くらいの時期から、系統的に名詞句の構造を理解する機会を設定することで、意味順に従って英文を構築したり、理解したりすることがよりスムーズにできるようになるのではないかと期待しています。そういった分類の仕方や指導法についても提案したいと考えています。

3. 指導の方法

∺ 3.1 「理解の能力」を伸ばすために

　意味順は本来ライティングやスピーキングなど言語の産出を手助けする方略として開発されたものですが（田地野 2011）、中学生を対象にした意味順指導に当たって、意味順の枠組みを無理なく理解してもらうために、まずはリーディングなど受容の手段として意味順を取り入れた学習活動を

設定しました。その際、特に初めのうちは意味順という言葉やそのルールなどをあまり明示的に示さずに、ワークシートなどにキーワードを載せることで、意味順の概念に自然に触れられるように配慮しました。

　中学校における理解の能力を伸ばす取り組みとしては、教科書の英文を使った活動が多いと考え、教科書の内容理解から音読、整理に至る過程で、どのように意味順が活用できるか順を追って紹介します。そのために、最初は意味順そのものではなく、意味順を支えるもう1つの軸である「名詞句」を把握する練習から取り組みます。

3.1.1　名詞句の抜き出し

　意味順指導を進める上で重要なこととして、意味順の1つ1つのスロットにどんな語句が入るのかを学習者が理解しているかどうか、という点があります。I like soccer. のように1つのスロットに1語ずつ入っていた入門期はよいのですが、中学校1年生レベルであっても割と早い段階で「だれが」スロットに The tall boy（背の高い少年）や People in the U.K.（イギリスの人々）のような複数の語句で構成されている名詞のかたまり（名詞句）が入るようになります。

　特に People in the U.K. のように前置詞句を使った後置修飾を含むものは、日本語に存在しない語順ですので、慣れるのに時間がかかります。中学校1年生の段階からこういった構造を明示的に指導していくことが大切だと思います。意味順は文中の句の並べ順、いわば「句順」を示したものと言えますが、名詞句の練習はその句の中の「語順」を身につける活動にあたり、特に日本人が英語を習得する上で大切な過程になると思います。

　名詞句に慣れるための最もシンプルで効果的な練習法は、本文に登場する名詞句を探して四角で囲む活動です。教師は「私達の最後の試合」、「接戦」「中学校でのバスケ生活」といった名詞句の日本語訳を読み上げ、生徒が図2のように本文中から該当する英語を探して鉛筆で四角で囲みます（常に重要項目というわけでもありませんし、数もたくさんあるので、鉛筆またはシャープペンシルで囲ませるようにしています）。

Then, the Bhutanese tried Nishioka's way of growing rice. In time, the rice harvests became big. They asked him to help them more. Nishioka kept working there until he died in 1992.

People in Bhutan say, "Nishioka taught us a lot. His work will help us for a long time."

What can we do to help other people? The important thing is to give others both our time and skills like Nishioka did.

図2：名詞句の抜き出しの例(学校図書 TOTAL ENGLISH Book 2 p. 114)

作業そのものは簡単に思えますが、最初のうち生徒は句頭のaやtheなどの冠詞を落としがちです。またof以下の前置詞句を含めるべきか、悩む生徒も多いです。しかし練習を繰り返していくうちに作業そのものにも名詞句にも慣れてきて、よりスピーディーにそして正確に囲めるようになります。

名詞句の内部構造までわかるようにより複雑に印をつけることもできるのですが、私は入門期の学習者には全体を四角で囲むやり方からスタートするのがよいと考えています。

中学生の英語学習者が最初に身につけるべきは、どのようなものが名詞のかたまり(名詞句)たり得るかという感覚です。そのために、いろいろな形の名詞句をインプットする手段として、教科書本文を使った名詞句の把握が大変役に立ちます。また、新出語彙を効果的に習得するためや英文読解をする力を養うためにも、さまざまな形の名詞句を知っていることは学習者の大きな武器になるはずです。最終的な目標は、教師による日本語の提示がなくても、英文を読んで自力で名詞句を見つけ出すことができるようになることです。

3.1.2 名詞句で答える内容理解問題

前項と似ていますが、より内容(意味)ベースの活動として、次の図3のように英文読解問題に対して名詞句で答えさせる練習も効果的です。

YOMITORING ～自力で英文を読み取ろう～

L３A

（1）Juneau って何？ the capital city of Alaska

（2）Juneau のまわりには何がある？ mountains and the sea

（3）Ben が昨日訪れたのはどこ？ a famous cave

（4）それは何の下にある？ a glacier about 10 kilometers from Juneau

（5）それはどんな色？ a beautiful blue color

図3：名詞句で答える読解問題

これらの問いは英文の内容を確認する形にはなっていますが、答えはすべて本文中から名詞句で書き抜くだけでよい問題になっています。もちろん、適切な主語・動詞を用いて文単位で答えさせる練習も大切ですが、言語の操作技術より読解の技術に重きをおいた指導をしたい際にはこちらの方がより本質に迫れますし、せっかく見つけられるようになった名詞のかたまりが、こういった問題の解答の中心になることを実感してもらうことも目的としています。

前段階で「名詞句の抜き出し」に取り組んでいれば、あまり詳しく説明しなくても生徒は自然と答えが名詞句であることに気づいて、上手に抜き出せるようになります。名詞句の抜き出しは英文の構造理解に大切なステップではあるのですが、それ自体が目的化してしまわないように、英文読解の役に立つということが実感できる意味ベースでの活動を織り交ぜていくことが大切です。

3.1.3 名詞句音読

本文の内容理解が済んで音読練習等に入る前に、本文中に登場した名詞句だけを取り出して音読練習をします。名詞句は構造上、前置詞や冠詞などあまり強く発音しない音(機能語)とメッセージとしてはっきりと伝える

べき音（内容語）で構成されているので、その強弱を練習するのにサイズ的にもちょうどいい単位です。

図4：名詞句の音読パターン

　中学生の教科書であれば、2〜4拍くらいで読める名詞句が多いので、図4のように強弱を提示しながらリズムに乗って、時には足踏みをするなど体でリズムを表現しながら発音練習をします。これまで視覚的にとらえた名詞のかたまりを、今度は音のかたまりとして体全体でとらえるよい練習になります。

　教師のあとに続いて言わせるだけでなく、ペアでリピートし合ったり、片方の生徒が日本語を言ってもうひとりが英語で言ったりするなどさまざまなバリエーションが可能です。

　名詞句の音読ができていれば、そのあとの文単位での音読練習にもスムーズに取り組むことができます。特に文字の音声化が苦手な生徒にとっては、このステップがあることで教科書音読の心理的ハードルがかなり下がります。また名詞句だけ読んだ後、1文単位で読むと、文全体の構造と名詞句の位置関係を把握することもでき、構造的な文法理解も促進されることが期待できます。

3.1.4　意味順訳読シート

　教科書の英文が自力で音声化できるようになったら、日本語を用いて内容確認したり、その英文を筆写したりする作業に取り組みますが、その際にも意味順が活用できます。英文の複雑さや内容の難しさによっては、音

読の練習前にこれらのワークシートに取り組み、文構造をよく理解した上で音声化に取り組むこともあります。

　下図は教科書本文の内容理解のあとに取り組む、英文を日本文に書き換えさせるワークシートです。英文の下の日本文にスラッシュを入れることで、英文がいくつかのかたまり（チャンク）に分かれていることを自覚し、そのかたまりごとに日本語にすることで、英文を意味のかたまりごとにとらえられるようにしました。

意味順訳読シート [2年] Lesson 8C

I like watching Japanese movies
私は/好きだ/ 日本の映画 を見ること

because I can learn more about Japan.
なぜなら　　/私は/ 学べる　　　/日本についてより多くを

Me, too.
私もです

I became interested in Japanese culture
私は/ ～に興味を持つようになった　　　/ 日本 の 文化

after watching Kurosawa's movies.
～のあとで/　黒澤映画を見ること

What's your favorite movie, Hiro?
何ですか　/ あなたのお気に入りの映画/　　/ヒロ

図5：意味順訳読シートの記入例

　中学2年生後半くらいになると教科書に登場する英文も1文が長くなり、構造も複雑になります。特に長い名詞句が主語や目的語を形成している英文では、主動詞を見つけることが難しくなってきます。そのような状況では、1文単位で整った日本文に訳させるよりも、どの部分がどのような日本語になるのか「かたまり」ごとに考えたほうが、英文を理解する力を伸ばすことができます。

　このシートでは、英文の下に意味順に区切られた日本文を書くスペースがあるので、生徒はそのブロックごとに該当する語句の文中での役割を考えながら日本語訳を書きます。生徒の習熟度に応じて、最初から日本語を

補うことで難易度を調整したり、重点的に取り上げたい部分に指導をフォーカスしたりすることもできます。

　意味順という言葉は使わなくても、このワークシートの一番上に「だれが」「する（です）」「だれ・なに」「どこ」「いつ」という意味順のキーワードを提示しておくことで、その「かたまり」が文の中でどんな機能を果たしているかを次第に理解していくようになります。生徒の習熟度や指導する単元によってはそれらを明示的に指導するのもよいと思います。

3.1.5　意味順書き写しシート

　この訳読シートの様式を少し変えることで、別の練習にも活用することができます。下図は英文を消して（文字色を白色にしました）、日本語の意味順訳だけを載せたワークシートになっていて、生徒は意味を考えながら英文を書き写す作業に取り組みます。

意味順書き写しシート [2年] Lesson 8C

I like watching Japanese movies
私は/好きだ/日本映画を見ること

because I can learn more about Japan.
なぜなら　　/私は/学べる　　　/日本についてより多くを

Me, too.
私もです

I became interested in
私は/興味を持つようになった　　　　　/日本文化

黒澤映画を見てから

何ですか　　/ あなたの好きな映画　　　　/ ヒロ

図6：意味順書き写しシートの記入例

　もともと活字で英文が配置されていたので、一定の大きさの文字で英文を書けば、下の訳文とぴったり合う位置に英文を書き込むことができます。実際にやってみるとわかりますが、まるで自力で英作文をしているような

錯覚に陥ると思います。私の授業では、このような「錯覚」をたくさんさせることで、英語を自然に使用する感覚を身につけて欲しいと考えています。

　作業としてはただ書き写すだけなので、英語が苦手な生徒でも取り組むことができます。しかし、英文のどの部分がその訳に当てはまるのかを考えながら書く必要があり、自然に英文の構造を考える習慣を身につけることも期待できます。

　また発展的な活用法として、教科書を見ずに自分で考えながら英文を書く活動にすれば、和文英訳の練習をすることもできます。一度読んで内容を理解している英文なので苦手な生徒でも比較的取り組みやすいはずです。ワークシートを多めに印刷しておいて希望者に余分に配布すると、テスト勉強として和文英訳に活用する生徒もたくさんいます。また、3年生に2年生の教科書のワークシートを配るなど、既習事項の定着のために活用するのも効果的だと思います。

3.1.6　意味順合いの手音読

　これらのワークシートは、ただ書き込むだけで終わりにせず、授業の中で英文の音声化の練習に活用することができます。意味順に区切られたワークシートがあることで、教師と生徒、生徒同士などさまざまな形態で教科書だけではできない効果的な練習が可能になります。

　教師と生徒で練習する際は、ただリピートさせているだけでは自力で読む力がつきませんので工夫が必要です。この「意味順合いの手音読」では、教師は先行して英文を読むのではなく、「だれが?」「するです?」「だれなに?」「どこ?」など、次のフレーズを引き出すためのキューとして意味順のキーワードを読み上げます。

　　教師：だれが?
　　生徒：My teammates and I
　　教師：するです
　　生徒：shared

教師：だれなに？

生徒：good times and bad times

　生徒はただ指定された教科書の英文をぶつ切りに音読しているだけなのですが、今自分が読もうとしているフレーズが英文の中でどんな意味になっているのか、どんな働きをしているのかを感覚的に理解することができます。また、英語ではこのような順番で情報を伝達するのだということを体に染み込ませることができます。

　活動に慣れてきたら、「だれが」「する（です）」など複数のスロットをまとめて言わせる活動もできます。

教師：だれが？

生徒：My teammates and I

教師：するです、だれなに？

生徒：shared good times and bad times

　生徒の習熟度や学年などに応じて、「なにをした？」のように、より自然な日本語にするなど工夫をしてみるとよいと思います。

3.1.7　意味順ペア音読

　「意味順合いの手音読」は生徒同士でもできますが、教師役の生徒には、英文を見た瞬間に「だれが？」や「だれなに」といったフレーズを言うスキルが求められるので、高い習熟度が必要になります。

　そこで生徒同士でもペアで取り組みやすい活動として、意味順スロットごとに対応する日本語と英語を読み合う「意味順ペア音読」があります。

生徒A：チームメイトと私は

生徒B：My teammates and I

生徒A：共有しました

生徒B：shared

生徒A：いいときと悪いときも

生徒B：good times and bad times

　この練習は、前述の「意味順訳読シート」で文字として体験したフレーズごとの和文英訳の感覚を、音声を用いておこないます。最初のうちはお互いにワークシートを見ながら文字通り音読するだけでもいいですが、慣れてきたら生徒Bはワークシートを見ないで同時通訳的に英語で言う活動にもレベルアップが可能です。

　さらに発展例として、複数の意味順スロットをつなげて練習したり、文単位でリピートしたりする練習に発展させることもできます。

生徒A：チームメイトと私は

生徒B：My teammates and I

生徒A：いいときと悪いときも共有しました

生徒B：shared good times and bad times

⯈ 3.2 「表現の能力」を伸ばすために

　ここからは本来の意味順の活用法である、英語を産出するための意味順にフォーカスします。とはいえ、最初の段階は和文英訳や教科書のリプロダクションといったシンプルな活動ばかりで、表現する内容を自分で考えながら英語を産出するようなクリエイティブな活動ではありません。表現するべき内容は教師側で与えておいて、生徒はそれをいかに正しい英語に置き換えられるかに集中してトレーニングをします。

　もちろん最終的には自分の言いたいことを英語で表現する活動に取り組みますが、まずはそのためのツールである意味順を自由に使えるようにするための訓練が必要です。また、意味順を使って英語で表現することで日本語と英語の大きな違いに気づくこともできるので、むしろ言語の知識や理解を深める働きもあると思います。

3.2.1 教科書のリプロダクション

　中学校の教室で比較的手軽に取り組めるのは、教科書のリプロダクション(再話・再生)活動です。先程までワークシートを使って内容理解から音読まで取り組んだ教科書本文をそのまま使うこともできますし、過年度(3年生であれば1、2年生)の教科書を使って取り組むのもよいと思います。

　黒板やワークシートに提示した場面絵を参考に、教科書本文をそのまま思い出して英語で言うというタスクです。生徒の習熟度に応じて、場面絵と一緒に再生のヒントとなるキーワードを提示しておくのもよいでしょう。この活動が取り組みやすいのは模範解答となるべき英文が教科書本文という形で全員の手元にあるという点です。どう言っていいかわからない時は教科書を開けばすぐに「解答例」を確認することができますし、相手がちゃんと言えているかをペアでチェックすることもできます。

図7：教科書リプロダクション用の場面絵

　このとき、大切になるのは細かい英文の正確さよりも、英語としての大まかな正確さ、つまりしっかりと意味順に沿って発話されているかどうかになります。

　キーワードが提示されている場合は、それをただ羅列すればなんとなく内容が伝わってしまいますが、それでは自力で英文を組み立てているとは言えませんし、「それでよし」としていたら、いつまでも文で表現する力がつきません。

そこで、特に「だれが」と「する（です）」の2点については、発話している生徒がしっかり再現できているかをチェックする必要があります。ワークシートの英文に、「だれが」には○、「する（です）」には□などの記号をつけておいて、それらのフレーズがしっかりと再生できていたらよしとする、などの基準を設けるとよいでしょう。

3.2.2 「意味順ノート」を活用した和文英訳（ライティング）

　表現するべき内容が予め定められている活動の究極の形としては、和文英訳があります。コミュニカティブな指導が全盛の昨今では軽視されがちですが、英語の文構造がまだしっかり定着していない中学校段階で、もっと系統的に取り組む必要があると私は考えています。日本語と英語を行ったり来たりすることで、英語が持つ独特の言い回しや、よくある名詞句のパターンを学ぶよい機会になるからです。

　さて、せっかく意味順ノートがあるので、これを使って和文英訳に取り組みたいのですが、そのためにはまず「和文『意味順』訳」が必要になります。こなれた日本語を分割して意味順スロットに配置するトレーニングです。実はこれは英語がある程度わかっているからこそ、適切な位置に日本語を配置できるという側面もあるので、特に初学者には難しい活動では

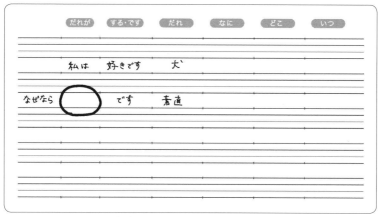

図8：意味順ノートを使った和文記入の例1

あるのですが、意図的に日本語と英語で大きく異なる構造を引き出す和文を与えることで、そういった英語独特な言い回しを系統的に学んでいく機会にするとよいと思います。

　多くの中学生は元々の日本文に明示的に書かれていない主語を落としがちです。ですので、まず日本語を意味順に配置する段階でそれに気づけるかどうかを試す練習になります。何度かやっているうちに、主語は設定できるようになりますが、次は主語の設定に迷うような和文で生徒を揺さぶります。

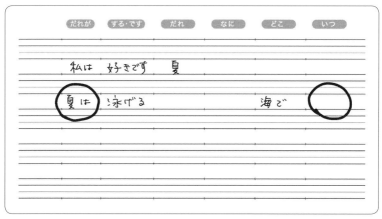

図9：意味順ノートを使った和文記入の例2

　この例では、「夏は」という本来「いつ」スロットにいれるべき語句を、「主語」と勘違いして「だれが」スロットに配置しています。このように、日本語では話題の提示にも「～は」という表現を用いることを明示的に説明し、動作の主が誰になるのかを改めて考えさせる練習になります。

　こういった語順に関わる日本語と英語の違いについて、私はこれまでに下表のような項目を扱ってきました。

表1：和文英訳を通して伝えたい日本語との違い

	項目	問題例
1	主語の脱落	「サッカーが好きだ」
2	話題を示す「〜は」	「夏はプールに行きたい」
3	形容詞の扱い	「それは美味しかった」
4	「〜がある」のhave	「うちの学校には食堂が2つある」
5	itの使い方	「今日は雨です」

　和文英訳の問題に継続的に取り組む中で、こういった項目を系統的に提示していくことで、英作文に必要な基本的な素養を身につけることができると思います。形式はともあれ、いきなり好きなことを自由に書かせる前に、こういった練習に取り組むことが大切だと思います。

3.2.3　意味順日本語会話

　日本語から英語への機械的な置き換えに習熟してきたら、学習者が表現する内容を自分で考えながら即興で話すトレーニングに移行していきます。しかし、第一弾は英語を使用しません。

　「昨日の出来事」、「好きな食べ物」など、教師が一定のテーマを与えた上で、生徒はペアで自由に会話をします。すべて日本語で、ただし英語の語順（意味順）で話すのがポイントです。

　　生徒A：私は、行った、東京に、昨日
　　生徒B：それは、です、いいね
　　生徒A：私は、見つけた、1冊の面白い本を、そこで
　　生徒B：でしたか？　あなた、買う、その本

　この活動も前項の和文英訳と同様に、英語がある程度わかっているからこそ適切に意味順に語句を並べることができる、とも言えます。しかし、入門期の学習者には、英語の発音や語彙というフィルターを一度取っ払っ

て、純粋に語順だけにフォーカスしてトレーニングできるステップが必要だと思っています。教師からのフィードバックを通して、少しずつそのような英語ならではの感覚が身についていけばいいと思います。

　この活動を通して、日頃の授業やテストでは見えにくい潜在的な「英語ができる生徒」を見つけることもあります。意味順がしっかり身についている生徒は、仮に現時点での英語の点数が低くても語彙や表現さえ身につければ十分に話したり書いたりすることができるようになるはずです。

3.2.4　合いの手で発話を引き出す

　3.1.6で紹介した「意味順合いの手音読」に似ていますが、こちらは意味順キーワードをキューにして、自分の言いたいことを英語で発話する活動です。ペアで一言ずつ言わせていく方法もありますが、むしろ意味順キーワードはマグネット等で黒板に提示しておいて、フリーに英語で話をさせた方が練習になります。話し手が言葉に詰まった時だけ意味順キーワードを与えて続きの英語を引き出すとよいでしょう。

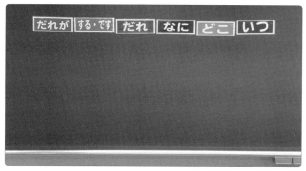

図10：黒板に提示した意味順キーワード

　　生徒：My brother ate...
　　教師：だれなに？
　　生徒：my cake
　　教師：いつ？

生徒：last night

教師：頭から言ってごらん

生徒：My brother ate my cake last night.

　ポイントは、最後には必ず文単位で発話させることです。意味順スロットに入るまとまりごとに言えるようになったら、まとまりを頭の中に保持して、自力でそれらをつなげて英文にするプロセスになります。

　最終的なゴールは、学習者がそれぞれの頭の中に「都合よく合いの手を入れて英語を引き出してくれる小人のような存在」を持てるようになることです。ワークシートやノートも同様ですが、意味順指導の最後の難関は、どうやって意味順を卒業するかだと思います。意味順のガイドがなくても、自分でその枠組みに乗っかって、英語で自分の考えが表現できるようにしたいものです。

3.2.5　意味順ノートを使った2段階自由英作文指導

　さて、いよいよ本格的な自由英作文に取り組むわけですが、意味順ノートを使って英作文をさせる際には、下図のように2段階で指導するとよいでしょう。

> **ラウンド1**：意味順ノートに日本語を書き込む（意味順で）
> 　　　　　⬇
> 　　　　　教師による日本語チェック（構造面）
> 　　　　　⬇
> **ラウンド2**：意味順ノートに英文を書く
> 　　　　　⬇
> 　　　　　教師による英語チェック（内容へのコメント・フィードバック）

図11：段階別英作文指導

　ラウンド1では、まず日本語を意味順に並べさせます。3.2.2で示した「和文英訳」と同じ要領です。この段階で一度教師がチェックをしますの

で、構造的に破綻をしている文は、日本語で書き直しをすることになります。これがあることで、ラウンド2では、英語の語彙や表現にかかわる指導に集中することができます。

　これまでの指導では、生徒が書いてきた英作文を添削していても、そもそも主語の立て方から間違っている場合は部分的な修正やフィードバックが難しく、結局教師が「解答」を書いてしまうことが多々ありました。それが、この2段階方式になって、生徒がより自力で英文を組み立てる機会を得られるようになりました。

　ラウンド1の指導が向いているのはネイティブ・スピーカーであるALTよりも、日本人の英語教師です。日本語も英語もわかっていて、生徒のつまずきのパターンも把握している日本人英語教師はこのラウンド1で明示的にフィードバックをすることができます。ラウンド2はALTにお願いして、できるだけ内容に対するコメントを書いてもらうなど、役割分担ができるといいと思います。

　また、この2段階方式になってから、生徒がどのラウンドでつまずきを抱えているのかが可視化されるようになりました。定期テストなどで点数が伸び悩んでいる生徒に対しても、たとえばラウンド1まではしっかりと書けているのであれば、語彙のつづりなどを正確に覚えることが大切だと適切なアドバイスをすることができます。

3.2.6　タスクベースの指導にも意味順を

　本章で紹介している実践はどれも機械的で日本語を英語に置き換える形式に着目した活動ばかりですが、私は中学校段階ではただ闇雲に話させるだけよりも、系統立てて英語の土台を作っていく過程が大切だと思っています。細かい文法項目を1つ1つ正確に覚えて運用できるようにする、というよりも、「意味順」という大きな枠組みを3年間かけて定着させていくようなイメージです。

　そういう意味では、頭の中に定着しつつある意味順を使って、より自由度の高いタスクに取り組むこともももちろん大切です。タスクベースの指導

（松村 2017）などは意味にフォーカスしながら自然と英語を発話させる仕掛けがたくさんありますが、このような活動であっても、意味順という視点から指導したり、評価したりすることが可能だと思います。

　たとえば、タスクの中で生徒が発している英文の句構造、文構造がどのレベルであるかを把握するために、下表のような基準を設けておくのもよいと思います。教師が生徒の習熟度を把握したり、またそれを生徒に伝えたりすることで、次のタスクに挑戦する際には生徒がより高いレベルの英文を発することを促すこともできます。

表2：意味順に基づく文構造の複雑さレベルのルーブリック案

レベル6	「だれ・なに」に動詞を含む名詞句が使用できる
レベル5	「どこ」「いつ」を自由な位置で使用できる
レベル4	「だれ・なに」に形容詞を用いることができる
レベル3	「だれが」や「だれ・なに」に3語以上の名詞句を使用できる
レベル2	「どこ」「いつ」などの副詞を使用できる
レベル1	「だれが」「する（です）」が適切に設定できる

　この表は、あくまで筆者の経験に基づいてまとめたものですので、どういった現象のほうが英語として「より複雑である」「よりレベルが高い」と言えるかという点では検討の余地があるかと思います。また、そういったレベルの高い英文を引き出しやすいタスクがあるのか、などについても意味順を意識してタスクベースの英語指導に実践される先生方同士で今後共有していければと思っています。

4. 結果

⋙ 4.1 「理解の能力」の伸び

　繰り返しになりますが、意味順はコンピュータのOSのような大きな枠

組みに過ぎないので、学習者に意味順を提示したからといって、それだけで学習者の習熟度やスキルが急激に向上するわけではありません。学習者自身にとっても、意味順の感覚が身についてきたと実感が持てるようになるのは半年から1年以上かかるのではないかと思います。

　筆者が中学3年次に1年間だけ指導した生徒たち（54名）の読解問題の通過率を見てみても、急激な変動はありません。ただ、その中で年間を通して読解問題の通過率が5ポイント以上上昇した19名（35%）の生徒を見てみると、うち11名（対象生徒の57.9%）が、通過率が平均を下回る生徒でしたので、特に英語が苦手な生徒にとって、意味順がある程度助け舟として機能していたのではないか、と考えることもできます。

　また、名詞句に関していうと、長期的に中学生の名詞句把握の定着度合いを調査した金谷ほか（2015）によれば、「比較的簡単な構造の名詞句であっても、中学3年間を通してきちんと習得できるわけではない。その理解度は、半分程度に留まる」(p. 91)となっていますが、1年を通して授業の中で名詞句把握に取り組んだ前述の生徒達は、日頃指導している感覚からしても、もう少しスムーズに名詞句を見つけ出すことができていました。

　下表は、12月に実施した中学3年生の定期テストで出題した英文中の名詞句（下線部）を見つけて四角で囲む問題の通過率です。構造が比較的複雑で把握しづらいと思われる関係代名詞を用いた英文でも57〜59%の通過率で、十分に慣れ親しんでいる動名詞を用いた文では63%を超える通過率を示しました。なお、これらの英文は授業中では名詞句の把握練習には用いていないので、定期テストで初めて名詞句把握に取り組んだ英文です。

　名詞句把握は、確かに日本人学習者には難しい項目ではありますが、あ

表3：中3定期テストにおける名詞句把握問題の通過率

No.	英文	通過率
1	The girl that has a yellow bag is Misa.	57.7%
2	We are the ones who will make a brighter day.	59.6%
3	Stevie often enjoyed listening to music on the radio.	63.5%

る程度明示的に、そして系統立てて指導を続けていけば、成果が挙げられる指導項目であるとも言えます。

　ちなみに数値データはありませんが、3年間意味順指導を継続した学年の生徒の中には、3年次には放送された英文の中から名詞句を聞き取り、正確に書き出すことができる生徒も多数いました。実感としては、しっかりと指導すれば名詞句把握も十分できるようになるという感覚がありますので、今後さらに指導を継続していきたいと思っています。

∷ 4.2 「表現の能力」の伸び

　表現の能力という点では、意味順指導によって産出される英文の正確さという点で効果が期待されます。しかし、入門期の学習者に対しては、意味順が、まずは「英語で発信してみよう」という気持ちを後押ししてくれるのではないか、という主に心理面での効果に期待しています。意味順ガイドがあることで、なんと言っていいかわからず黙ってしまったり、英作文に対して空欄(無回答)になってしまったりする学習者を減らすことが意味順の最初の役割だと考えています。

　その点では、奥住(2017)で報告されているように、中学生の学力調査問題において意味順指導を2年間受けていた生徒達の英作文問題の回答率が82.6%と高い水準を示しました(県平均は71.0%)ので、一定の効果を実感しています。

　また同様の生徒が取り組んだ定期テストの英作文問題では、意味順指導の導入にともなって46.4%→53.6%と通過率が上昇しました。この背景には、その定期テストにおいて、(1)書いた語数も評価されたこと、(2)正確性は主語・動詞がしっかり設定されていることを重視し、細かいミスは減点幅が小さい採点基準が設定されたこと、などが要因としてあったと考えられます。これらの基準が周知されていたこともあり、英語が苦手な生徒の心理的ハードルが下がり、実際に英語を書く生徒が増えたと考えられます。

　英作文の質に対する影響としては、さらなる分析や研究が必要になると

思いますが、3.2.5で紹介した2段階式の英作文指導に一緒に取り組んだALT（ネイティブ・スピーカーの英語科指導助手）は、「これまでは『リフォーム』をしたいと思っても、構造がめちゃくちゃで『建て直し』が必要な英文が多かったけど、2段階式の英作文に取り組むようになって『設計図』がしっかりしているので、そういう英文が減った」というコメントをしています。これは教師が設計図に修正を入れているのである意味当たり前の結果ではあるのですが、指導している感覚からすると、日本語段階でのチェックを経ていない英作文の場合でも、大きなレベルでの文構造のミスが減ってきたように感じていましたので、こちらもぜひデータを取って分析してみたい項目であります。

5. 今後の展望

▶ 5.1 意味順の効果の測定のために

　すでにこれまでの節で述べていますが、本章で紹介している意味順指導の効果を数値化することは非常に難しいと考えています。しかし、生徒の書いた語数の変化や語彙の質的な変容など、地道なデータ収集と分析によって明らかにできる部分はたくさんあるかと思います。

　これまでの意味順指導は、教師と生徒が感覚として「なんとなくいい」と感じているくらいのものではあるのですが、実はその「なんとなくいい」というところにこそ、意味順のよさがあるのかもしれないとも思えるので、学習者の成長を縦断的に観察しながら、その変容を分析するような研究も大変興味深いです。いずれにしても、そういった研究や実践の整理が、今後も意味順指導が広がっていくきっかけになればと考えています。

▶ 5.2 意味順指導シラバスの策定

　また、より系統建てた意味順指導のシラバスを策定していく必要があります。現在の中学校教科書に登場する文法項目や表現の配列は、これまで

の伝統的な文法指導の方法に依拠していますので、意味順を用いて指導するとなれば、意味順がより生きる配列があるのではないかと考えています。たとえば、現在形と過去形のように語順という点では差異がほとんどない項目同士は、もっと関連付けて近いタイミングで指導したほうが効果的だと考えます。

　関連して、名詞句指導のシラバスも上手に組み込まれていくべきだと思います。そもそも、不定詞、動名詞、関係代名詞、分詞などは主として名詞句を形成するために機能します。ですので、他の過去形や助動詞などとはそもそも文法上の働きが異なることをもっと明示的に学習者に提示しながら、「今学習していることが、コミュニケーションにどのように役立つのか」という点をもっと教師が発信していくべきだと思います。意味順は、そういったコミュニケーションを支える英文法を理解する（させる）上で大変役に立つと思いますので、本書が全国の英語教師の方々にそういった役割を示唆できていることを願います。

❤　**参照文献**

文部科学省（2017）『中学校学習指導要領解説外国語編・英語編』

文部科学省（2008）『高等学校学習指導要領解説外国語編・英語編』

奥住桂（2017）「『意味順』英語指導法—コミュニケーションにつながる学習英文法指導」
　　　『平成28年度埼玉県英語教育研究会紀要』pp. 102–110. 埼玉県英語教育研究会.

Okuzumi, K. (2017) MAP Grammar and recitation/reproduction activities. In A. Ta-
　　　jino(ed.), *A New Approach to English Pedagogical Grammar: The Order of Meanings*,
　　　pp. 196–201. London: Routledge.

大津由紀雄（2012）『学習英文法を見直したい』東京：研究社.

金谷憲・小林美音・告かおり・贄田悠・羽山恵（2015）『中学英語いつ卒業?—中学生の
　　　主語把握プロセス』東京：三省堂.

田地野彰（2011）『〈意味順〉英作文のすすめ』東京：岩波書店.

松村昌紀（2017）『タスク・ベースの英語指導—TBLTの理解と実践』東京：大修館書店.

「意味順」で英語ぎらいをなくしたい

藤木克哉

1. 「意味順」導入の背景—英語ぎらいの中高生

　平成29年に文部科学省が全国の中高生を対象に実施した英語力と英語学習に関する意識調査の結果[1]を見ると、中学3年生の44.8%、高校3年生の52.0%が「英語学習を好きではない」と答えています。また、同じく文部科学省の平成26年度の調査[2]では、小学5・6年生の10.9%、中学1年生の18.4%、中学2年生の27.0%、高校3年生の58.3%が「英語をきらい」だと回答し、英語学習が進むにつれて英語ぎらいが増えています。

　上述の調査結果のなかで、中学3年生が英語をきらう理由として挙げられるのが、「英語そのものがきらい（34.0%）」「英語のテストで思うように点がとれない（15.0%）」「文法が難しい（13.4%）」「単語のつづりや文字を覚えるのが難しい（12.7%）」「英語の文を書くのが難しい（10.0%）」というものです。いかに英語ぎらいの中学生が英語に対する抵抗感を強く持ち、それが文法や英文の産出技能に依っているかがよくわかります。

　同調査では英語力を、「聞くこと」「読むこと」「話すこと」「書くこと」のいわゆる4技能でテストを行い、CEFR（ヨーロッパ言語共通参照枠）基準で判定しています。調査報告書のなかではその結果分析を、「4技能のバランスに課題」があり、「特に、『書くこと』は…（中略）…無得点者が11.0%と前年度より4.6ポイント減少したものの、一定数いる状況である」とし

ています。「聞くこと」と「読むこと」の得点分布は比較的、正規分布に近いのに対し、「書くこと」のみが突出して無得点者が多い（実際、前年度調査では無得点者数が分布のなかの最頻値）のがその理由でしょう。筆者自身の指導経験からも、学習者の多くが書くことに対する苦手意識を強く持っているのは間違いありません。しかし、「聞くこと」「読むこと」の試験問題が多肢選択式であるのに対して、「書くこと」の試験問題は記述式であることと、そもそもテストを受けている生徒の約半数が「難しくて点がとれないから英語そのものがきらい」という実情を鑑みれば、書くことの得点結果に表れている課題は、その他の技能のなかにも内在していると考えるのが妥当ではないでしょうか。

　こういった調査結果を見るたび、英語教員としてとても悲しい気持ちになります。英語学習が進むということは、本来であれば、できることが増え、楽しみが増えることにつながります。文章を書くということは、個人差や好みはあるにせよ、人間の根源的な表現欲求やコミュニケーションの楽しさにつながっているはずです。にもかかわらず、なぜ全国の中高生の10人に1人がそもそも書くことを放棄し、学年が上がるにつれ英語ぎらいが増えてしまうのでしょうか。答えはきわめてシンプルです。先述の調査結果にもある通り、難しくてわからないからできなくて、おまけに評価もされないからです。端的に言えば、ちっとも楽しくないからです。英語がきらいな中高生の多くは、英語理解を支える軸となる知識や学習方略を助ける見通しをほとんど与えられていない、とも言えるのではないでしょうか。必要な道具や地図も持たされず、見通しのない旅が否応なくスタートすれば、大人であっても途方に暮れてしまうのが自然です。結論を先取りしてしまえば、そんなときに意味順（田地野2011）が、英語学習という長い旅路における旅行者必携ガイドマップになりえる、というのが本章における筆者の主張です。

2. 「意味順」指導の目的と可能性

　日本人英語学習者にとっての意味順の一番の価値は、日本語と英語の決定的差異である語順の違いを、母語を用いて概念理解できることにあると考えます。このことが英語ぎらいの中高生に対してどのような処方箋となりえるのか。この切り口から、学校教育現場で意味順指導を用いる狙いについて述べたいと思います。

⁓ 2.1 限られた授業時間で養うべきもの

　「日本人学習者が英語習得に最低限必要とする総時間は約3,000時間」、筆者は生徒たちによくこう言います[3]。筆者の勤務校は私立中高一貫校のため、6年間で約1,000時間の英語の時間がありますが、純粋に時間の量だけで比べても、およそ2,000時間の不足が生じます。言うまでもなくこの2,000時間は、生徒たちが学校外で自ら文字通り捻出しなければならない時間です。そう考えると、我々プロの英語教員の仕事の成否は、授業ですることとしないことを明確に線引きしたうえで、この2,000時間の捻出にむけて生徒たちをいかに自律的に駆動させられるかどうかに懸かっている、と断言しても行き過ぎではないように感じられるのです[4]。

　2,000時間という数字は、中高6年間の日数で割るとおよそ1日1時間のペースになります。1日1時間というとそれほどでもないように見えるかもしれませんが、相手はなんといっても多忙かつ時間を空費しがちな十代の中高生です。実際、前節で挙げた平成26年度の文部科学省の調査でも、平日1日あたりの英語に接する時間は「30分未満」または「全くしない」と答えている生徒（中学2年生）の割合は43.2%、「30分以上1時間未満」は31.3%となっています。

　部活動や学校行事、通学や他教科の予復習、友達づきあいなどに費やしたあとの生徒たちの可処分時間はきわめて限られています。ゲームやスマホといった「時間泥棒」の勢力も猛々しさを増す一方です。ましては十代の少年少女の睡眠欲求があまりに強大であることは、日々それと格闘する

教員でなくとも納得して頂けることでしょう。

　生徒たちの可処分時間は学校や家庭の事情によって大きく異なるでしょうが、筆者の勤務校の場合、帰宅時刻が午後6時以降になる生徒が約6割を占め、起床時刻は午前6時以前が約4割、午前7時までで8割を超えます。生徒面談の場で個別に確認してみると、生徒たちの家庭での可処分時間（平日）は多くて1日3～4時間、少ない生徒の場合は2時間もないのが現実です。そのなかで、雨が降っても槍が降っても6年間1日たりとも休まず、毎日1時間の英語学習を（基本的に独力で）継続することは、並大抵の苦労ではありません。

　もちろん、英語教員の仕事の大前提が、授業内で英語をわかりやすく解説し生徒に十全な知識を授けることにあるのは論を俟ちません。問題は、その結果がどこまで生徒の行動に影響を与えているかにあります[5]。つまり、教員の指導内容が、生徒が1人で英語学習に取り組むために必要な道具や動機づけになっているかどうか、ということです。生徒たちは1人きりで授業時間の倍ほどの時間を、ほぼ年中無休で英語学習に向けなければなりません。しかもそれを強制力が効きづらい学校外で、です。これこそが英語指導の成否をわける死活問題であり、意味順を導入する狙いもここにあります。

❖2.2　自律的学習者の主体性を支える、見通しと有能感

　生徒が自律的で継続的な学習者となるために一番大切なものは、主体性であると考えます。みずから欲し、みずから動くからこそ、自己を律し、継続が可能となり、成果が深まることはなにも英語学習に限ったことではありません。では、生徒たちが英語学習における主体性を涵養するために必要なこと、そして彼ら彼女らに対して我々英語教員が与え育むべきものとはいったい何なのでしょうか。筆者はその答えを、英語学習における見通しであり有能感であると考えるのです。

2.2.1 「意味順」が与える英語学習の見通し

　英語学習の見通しとは、「この課題や宿題に取り組むことによってどう

いう英語の力がつくのか」といった身近なものから、「英語という言語の特徴とは何なのか、日本語との差異はどこにあるのか」「なぜ英語を学ぶのか」といった遠大なものまでを含みます。指導者と学習者とを決定的に分かつものの1つに、英語および英語学習への概観の有無があります。生徒がいま学んでいる文法項目が中高で習う英文法の全体像から見たときにどのあたりに位置し、どういった意味や価値を持つのか。その文法項目を習得すればどういったことができるようになるのか。こういった英語学習の現在地や優先順位を、学習者がときに感覚的に察することはあったとしても、みずから大局的かつ明示的に理解することはごく稀でしょう。けれども指導者にはそれが可能です。ここにこそ指導者の役割はあるのではないでしょうか。そしてこの点において意味順は、学習者に英語という言語に対する明快な見通しを与えてくれます。

　意味順は日本語と英語の決定的差異である語順の違いを「だれが」「する・です」「だれ」「なに」「どこ」「いつ」の意味順ボックスの連なりによって概念化します。これにより学習者は自らの英文法理解に一本の大きな筋道を作ることができます。言い換えれば、各文法項目をリンクさせることのできる軸を持つことができるということです。それはちょうど、数珠が紐によってひとまとまりとなり、バラけなくなるようなものです。たとえば、過去形や現在完了形といった時制や相の変化はすべて、「する・です」ボックス内での事象としてまとめることができます。こうして学習者は英文法全体を大まかに掴む視点を獲得することができ、各文法項目を細切れではなくつなげて理解することができるようになります。

2.2.2 「意味順」が与える英語学習における有能感

　生徒が意味順を理解すると、言うまでもなく、語順の誤りといった日本人学習者が犯しがちなglobal error (Burt 1975)が激減します。少なくとも、単語さえ知っていれば一応は意味の通る英文を作ることができるからです。（もっとも、単語を知っていると一口で言っても、英文を作るために必要な語彙力と、その語彙を正しく使うための品詞感覚はそう簡単に身につく

ものではないことは強調しておきます。)

　英文を作る際に明快なガイドラインがあるということは、英文産出に対するメンタルバリアを大いに緩和してくれます。もちろん、これだけですぐに生徒の有能感が高まるとは言えませんが、少なくとも、英語理解に対する1つの確固たる足掛かりになることは間違いありません。こういった1つ1つの小さな有能感の積み重ねが大きなものにも立ち向かえる有能感となり、先述の2,000時間の自律的学習に向かう原動力になるのではないでしょうか。

▶ 2.3　本節のまとめ

　母語が確立している中学生に対して、日本語を使って概念理解をさせてから英語へと向かえるようにすることも、意味順を用いた指導の大きな目的でありメリットです。

　また、意味順は言うまでもなく単一の文法項目ではありません。ゆるやかな概念であり大まかな英文法理解の軸となりうるものです。それはつまり、指導の際に何度でも触れられるということでもあります。生徒たちは授業のたびに英語の語順感覚を意識し続けることになります。このことは、「一度教えたから出来るようになるはず」という指導者が陥りがちな誤解と、「一度教わったぐらいでは習得などどだい無理」という学習者の実情とのギャップを埋めてくれることにもなるでしょう。

　英語学習のイメージを、1つ1つの小さなピースをつなぎ合わせて1つの大きな絵を完成させるジグソーパズルとするならば、意味順はパズルの下にあるガイドのついた台紙です。あの台紙のおかげで大まかなピースの配置がわかり、間違いにもすぐに気づくことができます。もちろん、そんなガイドはないほうがパズルを楽しめるという人もいるでしょう。しかし、生徒たちは最初からパズルが得意で好きな子たちばかりではありません。あの台紙があることで、山積みになっているバラバラのピースを前に途方にくれることはなくなり、「よし、ジグソーパズルを始めてみるか!」と思えるのではないでしょうか。

本節のまとめにかえて、筆者の考える意味順を用いた指導の狙いを列記します。

・英語語順の概念化と日英比較観点の導入
　日本語と英語との決定的差異であり英語の特徴でもある語順のルールを、英語学習のいの一番から生徒たちに意識させ続けたい。

・語順概念の徹底
　何度も繰り返すことで生徒たちに英語の語順感覚を叩き込みたい。

・産出技能の強化
　日本語を足掛かりとして、英語に対する心理的なハードルを少しでも下げたい。英語学習の初期段階から抵抗感なく英文を作らせたい。

・自律的学習の支援
　長く、ときに辛い英語学習のよすがとなるものを持たせたい。主体性をもって家庭学習に臨むことのできる自律的学習者を育てたい。

・上記すべてを統合して、英語が好きな生徒を増やしたい。英語ぎらいをなくしたい。

　これらを受けて、次節では筆者がこれまで行ってきた実際の指導方法についてご紹介します。

3. 「意味順」指導の実際

　ここまで見てきた通り、意味順は学習者に英文法の全体像や筋道を持たせるための大まかな概念ですから、実際の指導場面では教え込むというよ

りは、触れ続ける、常に生徒たちの視界に入れておく、それによって刷り込むことを意識しています。また、意味順ボックスを実際に使用することは、受容技能もさることながら産出技能の育成により大きな威力を発揮すると考えます。したがって、授業では主にライティングの指導や活動の場面で用いています。

⁑ 3.1 『意味順ノート』を自学自習ノートに

中学1年生の4月から、生徒たちには毎日ノート見開き1ページ分の自学自習をする習慣をつけさせています。英語学習へのアクセスをよくするために「英語の勉強はすべてこのノートにやること」とし、家でやるものも学校でやるものも、板書を写すのもクラスメイトと英文を見せ合うのもすべてこの1冊に集約するように指導しています。このノートを積み重ねれば、自身の英語学習の積み重ねも一目瞭然となります。これは福島県の畑中豊先生のご実践を大いに参考にさせて頂きました（畑中2007）。

生徒たちの自学自習は習慣づけが命ですから、そのためにはまずなにより、全員が同時にスタートを切る必要があります。そこで、ノートはこちらで一括購入して生徒に持たせたのですが、そのノートに、日本ノートが販売している『意味順ノート』を採用しました。

図1：『意味順ノート』の意味順ガイド

図1のとおり、『意味順ノート』には全ページの最上部の余白に、意味順ボックスがレイアウトされており、罫線には各ボックスに応じた区切り線

が入っています。

『意味順ノート』を採用した一番の理由は、意味順ボックスがすべてのページに印刷されている、つまり、ノートを開くたびに意味順ボックス＝英語の語順を生徒の視界に入れられる、というところにあります。生徒たちは英語の学習をするときは常にこのノートを開くことになりますから、意味順ボックスを意識的にも無意識的にも目にし続けます。

毎日見開き1ページといっても、実際はノートの進み具合には個人差があります。だいたい1〜2か月で1冊が終わり次のノートへと移るのですが、1冊1〜2か月では意味順の「刷り込み」には不十分ですので、『意味順ノート』の製品ラインナップを活かし、夏休み宿題用までの4種類計5冊をこちらで一括購入し生徒たちに配布しました。その後は生徒たちの好みに合わせて好きなノートを各自で準備させていますが、なかには意味順ノートを気に入って使い続ける生徒もいます。

4月当初に英語の授業をスタートさせる際、つまりこの『意味順ノート』を使用し始める際には、「英語は語順が命で、そこが日本語と決定的に違うんだよ」という程度の説明はしますが、意味順ボックスごとの細かな説明や語順の決まりについて詳しく説明することはあえてしません。最初から細かすぎる説明で躓かせることなく、いい意味でなんとなく、英語とはそういうものだ、という感覚を養わせたかったからです。ただし、そういう風に指導をしていると、やはり気の利いた子たちからは、

「先生、この『意味順ボックス(とは子どもたちはいいませんが)』にあわせて書いた方がいいのでしょうか?」

「先生、意味順ボックスになにをどう入れたらいいかを教えてください。」

「先生、"He is Tamazaemon." "His nickname is Tama." のようなときの名前は、『だれ』なのでしょうか、『なに』なのでしょうか?」

といった質問が来ます。もちろん個別には、相手の理解度や習熟度に応じて回答・指導しますが、こうしたやりとりで筆者が一番感じた意味順指導のメリットは、中学1年生相手に「5文型」や「目的語」、「補語」といった文法用語を使う必要がないことでした。

　言うまでもなく文法用語は大切で便利です。英語学習や発達段階が進むにつれ、学習者は知っておくべきですし、指導者はそれを用いて効果的に教えるべきでしょう。しかし、少々乱暴な言い方をすれば、こと中学1年生が英語習得の大きなロードマップを描き始めようとする際には、たとえば補語といった文法用語（概念はさておいても）に精通する必要はまったくないと思うのです。そんなことよりも、生徒たちには、「英語は言葉の順番が大事でね。今はまず、この順番で並んでいること、『する・です』が2番目に来ていること、そして『だれ』『なに』を並べるときにはこの順番になる、ということを覚えておいてね。ほら、教科書のここには "Call me Tama." とあるでしょ。」と指導することのほうがよっぽど優先順位が高いのではないでしょうか。繰り返しになりますが、意味順でまずは大まかな英語の感覚と見通しを持たせること。これこそが中学1年生初期指導の一番の目的です。

図2：意味順ノートを使った生徒たちの自学自習ノート

　また、図2のようなすぐれたノートは、定期考査ごとのノートチェック時や折にふれて、名前を伏せて全体に紹介・共有するようにしています。

自分のノートの表紙や裏表紙に教科書のキャラクターのイラストや、毎日の英語学習へと奮い立たせる熱い文言を書いている生徒もいますので、ときにはそれらも併せて紹介します。意識の高い同級生のノートを見た生徒たちからは「自分の自学自習ノートの質が低いことがわかった。」「こんなやり方があるのかと驚いた。」「毎日やるためのネタに苦労していたので参考になった。」と好評です。

∺ 3.2 『意味順マグネット』で視覚に訴える

　文法項目をまとめて扱う際やライティングの指導や活動を行う際には、授業前の休み時間のうちに、黒板の最上段に『意味順マグネット』(日本ノート)を貼っておきます。授業が始まって板書をするときには、意味順ボックスにおおまかにあわせてターゲット例文を書いていきます。宿題にした和文英訳のチェックや復習で和文英訳をするときには、英文は書かずに黒板にマグネットを貼っておくだけのときもあります。こちらも意味順ノート同様に、教えるというより生徒の視界に常に入れることを意識した使い方をしています。

　小学校の授業参観に行くと、「めあて」はもちろん、声の大きさや姿勢といった授業中の作法、ペアやグループでの活動後の指示についてなど、さまざまな場面でマグネットシートが効果的に用いられています。わかってはいるけれど確認しなければいけない約束事を全体に瞬時に伝える際には、聴覚よりも視覚に訴えるほうがよいからでしょう。

　図3は、中学1年生2学期末、動詞の過去形へと進む前に既習文法事項を

図3:「意味順マグネット」を用いた実際の板書

総復習した際の板書です。右側の板書の授業では、それぞれの意味順ボックスに入る要素を生徒とやり取りしながら日本語でまとめていきました。左側の板書は既習の例文を和文英訳させたときのものです。これまでの内容のおさらいと反復も企図していますが、一番の狙いは、「する・です」ボックスに時制という新たな「段差」が生じる前に既習文法を俯瞰し、動詞部分のバリエーションが英文法の要諦であると気づかせることにあります。そのため例文の主語はIに統一し、be動詞の人称変化や三単現は脇に置き、「どこ」「いつ」ボックスの内容も目立たぬようにしています。実際の授業の流れは以下の通りです。

T：「いきなりですが今日は復習英作文大会です！はい、ノートを開けて。」

S：「えー！」

T：「では、今からいう日本語をどんどん英語に直していってください。」

1.「僕はニューヨークから来たロボットです。」
2.「あのレストランのアップルパイが好きです。」
3.「いま図書館で宿題をやってるよ。」
4.「来月、新品の自転車を買うことになってるんだ。」
5.「ぼくできるよ。」
6.「明日の朝は早く起きなければなりません。」

「はい、では隣同士で答えを確認しあってください。時間は2分間です。」

　生徒たちがペアチェックをしている間に答えの英文を板書します。ここまではこの活動の主旨ではないので、例文は複雑になり過ぎないようにし、この時点までになるべく時間をかけないようにします。

T ：「みんな書けましたね。これまでの文法がよく身についています。素晴らしい。さて、実は今日はここからが本題です。黒板の例文をよく見てください。なにか気づくことはありませんか？」

S ：「先生、全部英文です！（笑）」

（実際にあった、中学1年生らしいおきまりの冗談です。時と場合にもよりますが、生徒が授業に関係するところでふざけてきてくれるときは、基本的には笑顔で歓迎します。なにより教室の雰囲気が良くなりますし、その後の他の生徒たちの発言へのハードルが下がるからです。）

T ：「…ほかにありませんか？」

S ：「先生、主語がぜんぶ I になっています！」

T ：「いいところに気づきましたね。どうして私はそんな例文ばかりにしたのでしょうか？逆に、主語が固定されている分、変化が著しいところはどこでしょうか？」

S ：「『する・です』ボックスの中身がどんどん変化していっています！」

T ：「その通りです。大まかに言えば、君たちがこれから習っていく英文法のポイントは『する・です』ボックスのバリエーションにあります。この部分がどんどん豊かになっていくことで、表現の幅が拡がっていくのです。3学期からは過去形を習っていきます。そのあとも、聞いたことがある人もいるかもしれませんが、現在完了形や受動態といった文法が出てきます。それもこれも全部、この『する・です』ボックス、つまり動詞部分の変化がポイントになるのです。」

（筆者は生徒たちへの発話のなかで、一般的な中学1年生に対してはやや難しい表現をあえて使用しています。「生徒を大人扱いする」という本校の方針によるものですが、これらの言葉を（文脈からの推測であれ）理解できる中1生はそもそもの言語運用能力が高いとも言えます。したがって、言うまでもなく、意味順やその

概念を伝える際には、目の前の子どもたちに合わせた発話の方法を十二分に考える必要があります。)

　実際はすべてのクラスで上述のような、願い通りのやりとりが生まれるわけではありませんが、「する・です」ボックス内の変化と重要性には意識を向けさせることができます。また、このように普段から意味順を文法指導の筋道として持っておくと、今後の文法項目についても前もって軽く触れておくことができます。実際に新出の文法項目を扱う際には、「過去形をやる前にも少しだけ話したけれど…」と前置きすることができます。こういう何気ないリンクを生徒は意外に覚えているものです。こういったところにも意味順のメリットがあると考えます。

▷ 3.3 意味順ボックスに日本語を入れる

　意味順は概念なので、日本語と英語の架け橋に日本語を用いて考えることができます。図3右の写真のように、意味順ボックスの上下に日本語で、文の要素や品詞の名前をあてはめることができます。これは上述のように文法事項の復習に用いることもできますが、実際の指導で一番効果的なのは、和文英訳の足場にすることだと考えます。

　　1.「またすぐにお会いしたいです。」
　　2.「少し前に雨が降り出しました。」
　　3.「窓を全部閉めてくださいますか。」
　　4.「この列車は品川には停まらないんですよね。」
　　5.「今朝は僕がクラスで一番早く学校にきたんだ。」

　これらは中学2年生の1学期末、to不定詞と付加疑問文を終えたところで扱った和文英訳の例文です。主語が省かれていたり、動詞と準動詞を併せて用いなければならなかったりと、やはり英語が苦手な生徒には何かしらの足掛かりが必要でした。そこで、「今から黒板に意味順ボックスを使っ

たヒントを書きます。見たい人はそれを見てから書きましょう。見たくない人は見ずに書いても構いません。」という指示を与えたうえで、以下のような板書をしました。

	だれが	する・です	だれ	なに	どこ	いつ
1.	私	したい→会う	また			すぐ
2.	（天候）	始まった→雨ふる				少し前
3. ㊙	あなた	閉める		全ての窓		
4.	この列車	停まらない		品川に	＋㊙	
5.	僕	だった→来る		一番の生徒 学校に	クラスで	今朝

（「→」は to 不定詞の to を、㊙は疑問文であることを表しています。
例文5に関しては意味順ボックスを2段にしています。）

　筆者のこれまでの指導経験から言っても、英語が苦手な子ほど特に、1歩目の書き出しで詰まってしまい、和文を前にして固まっているものです。そういった子たちに対し、日本語を入れ込んだ意味順ボックスは効果てきめんです。文の骨格であるSVが一目瞭然ですから、次に何をすればいいかがわかり、子どもたちの鉛筆はみるみる動き出します。もちろん実際には、語法や数の概念、綴りといったエラーが頻発したり、そもそも単語を知らなかったり、ということはありますが、少なくともさらさら書くクラスメイトを傍目に途方に暮れる、といったことはなくなります。
　筆者は高校生に英作文を指導する際も、特に基本文法項目の学び直しや複雑な英作文の「和文和訳」をするときは、日本語をあてはめた意味順ボックスを板書することがあります。相手が高校生であっても、意味順を視覚に訴えて明示し、書くべき英文の構造を日本語でガイドすることは効果的だと考えるからです。

▷ **3.4 学習初期段階からのライティング活動**

　意味順を指導に取り入れる前の筆者は、中学生に和文英訳をさせること
はあっても、授業中に生徒独自の英文を書かせる活動はほとんどできてい
ませんでした。「英語の力がついていない段階や学力差が大きいなかでラ
イティング活動をさせても…」と二の足を踏んでいたことは事実です。し
かし、第二言語習得の知見に照らし合わせるまでもなく、「できるように
なるまで待っていては一生できるようにならない」ことは間違いありませ
ん。かといって、泳げない子にとりあえず泳げと深いプールに背中から突
き落とすような指導であっては英語ぎらいが増えるばかりで本末転倒です。

　そこで意味順の出番です。意味順を初期指導で導入しておくと、かなり
早い段階からオリジナル英文のライティング活動ができます。もちろん、
語彙力の不足と local error の氾濫は避けられませんが、語順の間違いとい
った global error が極端に少なくなるため、教室でのライティング活動の
一番の醍醐味である生徒同士の多様な関わり合いを生み出すことができま
す。生徒たちは隣に座っているクラスメイトたちの本音の意見や意外なも
のの見方になによりも感動します。思春期の子どもたちのみずみずしい表
現や視点に、筆者はまったく太刀打ちできません。ここからは実際に教室
や定期テストで行ったタスクや問題とそれらに対する生徒たちの英文をご
紹介します。

3.4.1【授業例1】全員で黒板に「落書き」英作文

　教員をしていると黒板に書くこと自体の喜びや新鮮さが薄れがちですが、
生徒たちは違います。休み時間に落書きをしたり、前の時間の板書を改変
して遊んだりしている姿をよく見かけます。そんな遊び心を持ってライテ
ィング活動をさせられたら、と始めてみたのがこの活動です。手順は次の
通りです。

　　1. 宿題や課題などで事前に英語の短文を書かせておきます。
　　2.あとで全体でシェアする旨を伝えたうえでペアチェックをさせます。

（いきなり1人で書かせると「間違っていたらどうしよう」と書くことをためらう生徒が出ますから、このステップを重視します。場合によっては、ペアを変えて再チェックをさせることもあります。）

3. 制限時間を明示したうえで、生徒たちに自由に板書させます。「最後までダラダラ書いてると自分の英文だとバレてしまうよ〜!」などと声かけすると、みんな懸命に急いで書きます。

4. 書きあがった板書を見ながら、生徒たちと鑑賞・添削していきます。

　以下に、中学1年生の6月に実際に行った際の板書の様子と生徒たちの英文をご紹介します。教科書の活動指示はこのようなものでした。

次の単語を使って、自由な発想で英文を作りなさい。
（ I / you / not / this / happy / strong / apple / ? ）
（文英堂 *Bridland English Course 1* Lesson 1 より一部省略）

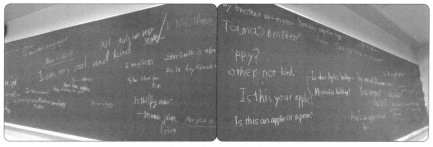

図4：授業時の実際の「落書き」英文

・All girls are very strong. （男子生徒の悲痛な叫びです）
・Is this an apple or a pen? （流行した動画のパロディですね）
・Is this an apple or Mr. Fujiki? （こういう文を待ち構えています）
・Is that Apple's building or Microsoft's building? （しびれる発想力!）
・I am hungry. （ただの落書き!?）

筆者は、英語の授業のいいところは、英語を用いている限りそして人を傷つけない限り、なにを言っても書いてもよいところだと考えています。適切な場面とステップさえ整えれば、生徒たちは驚くほど柔軟な発想で面白い英文を量産してくれます。この「板書『落書き』英作文」のいいところは、生徒たちみんなが場所もチョークの色も大きさも自由に、しかも無記名で書けるところにあります。実は、生徒たちが書いている間にこちらは誰がどんな英文を書いているかを見ているのですが、鑑賞の際にはそれには触れずにツッコミを入れていきます。自分の英文で爆笑が起きたり、掘り下げられたりしたときの生徒の顔は恥ずかしくともどこか誇らしげです。クラスみんなで大笑いしながら、クラスメイトの発想の豊かさを実感できる、生徒たちもお気に入りの活動です。

3.4.2 【授業例2】教科書イラストの描写英作文

右のイラストを見て、オリジナルな英文を書きなさい。

（同 Lesson 7 より一部改変）

　こちらは教科書にあるイラストをもとに英文を書かせるタスクです。事前に家で書かせておいて、授業ではクラス全体で回せるようにプリントに転記させます。【授業例1】同様、転記のあとにペアチェックをさせておきます。生徒たちはこんな英文を書いてきてくれました。

・My dog is reading this newspaper's words!
・The dog has a Mr. Smith.
・Mr. Smith is on the chair. But it's the dog's. The dog is biting Mr. Smith.

どれも目のつけ所や視点の変換が巧みで、生徒たちからは驚嘆の声があがります。ちなみに、これらの英文は、筆者が授業内で定期的に配布している教科通信にも掲載し、クラスだけでなく学年全体でも共有しました。なお、教科通信やクラスダイナミズム、生徒の発想を活かした授業・テストの方法については、中嶋洋一先生のご実践やご著作から大いに学ばせて頂きました（中嶋2000、三浦・弘山・中嶋2002）。

3.4.3 【テスト例1】写真をもとにした会話文作成問題
　テストでは基本例文の英作文（和文英訳）に加えて、オープンエンドなライティング問題も出しています。これは中1生7月の定期考査の問題です。出題形式は東京大学の入試問題を参考にしています。

左側の少年をX、右側の少年をYとして、2人の会話を自由に想像して書きなさい。

（後略）

（生徒の解答例1）

X ：Do you like natto?

Y ：No, I don't.

X ：Do you like vegetables?

Y ：No, I don't.

X ：Hmm, do you like your homeroom teacher?

Y ：(No, I don't.)

（生徒の解答例2）

X ：Do you like animals?

Y : Yes, I like all animals! My pet is a dog.

X : I like animals, too! Do you like lizards?

Y : No, not really. Why?

X : A lizard is in your ear.

Y : What!?

なお、後述の【テスト例2】同様、テストの際は知らない単語はローマ字でもよい、としています。（実際、解答例2ではこちらでlizardへと変換しています）また、英文は基本的には原文のままですが、文法的な誤りは一部補正しています。

3.4.4 【テスト例2】 "Who am I?" クイズ作成

最後にご紹介するのは、中1生10月の定期考査の問題です。

ヒントとなる自己紹介の英文をもとに、その人物がいったい何かを当てる "Who Am I?" クイズを英語で作成しなさい。

（生徒の解答例3）

I am so famous among mystery fans. I am not a real person. Mr. Doyle makes me. I hate Moriarty. I live in Baker Street. Who am I?

(Sherlock Holmes)

（生徒の解答例4）

I'm black. I have many textbooks. I'm not light. Many students use me. I'm not small. Who am I?   (Our school backpack)

⋮► 3.5 本節のまとめ

　いかがでしたでしょうか。生徒たちが生み出す英文に触れていると、教科書や大人の発想ではなかなか味わうことのできない感性に驚かされるばかりです。筆者のテスト返却の時間は、名（迷）作選と銘打ち、パソコン教室とプレゼンテーションソフトを使って生徒たちの英文をみんなで鑑賞することを恒例にしています。生徒たちは、クラスメイトの気の利いた表現に笑い、発想の豊かさに刺激を受け、ときに心から感動してくれます。採点や期末業務のなかでの授業準備には正直、夜を徹することもありますが、生徒たちが喜ぶ顔を見ると疲れは吹き飛びます。

　ライティング活動の一番のポイントは、どれだけ子どもたちが書きたくなるような課題であるかに懸かっています。そういった課題とは、身近なクラスメイトたちの答えが気になる課題、と同義でしょう。しかし、いくら書きたい内容や書きたくなる動機があったとしても、肝心の書ける力がないと英語授業の活動としては成立しません。その書ける力を担保してくれるのが意味順であると考えるのです。

　なお、蛇足ながら意味順を用いた活動で思いのほか好評だったのが、「だれがするですだれなにどこいつ」の早口言葉バトルでした。実際、ここまでのように指導してきても、意味順ボックスの順番（特に後半部分）を間違う生徒や、肝心の意味順自体を覚え間違えている生徒もいます。後述の生徒の声でもご紹介しますが、「テストのときに早口言葉が出てきて助かった」という声も多くありました。定着するまでは何度でも、実際に生徒たちに教室で唱えさせてもよいのではないでしょうか。

4. 生徒たちからの声

　本節では、中1の4月当初から意味順を使って学習してきた生徒たちが、中1の2学期末に寄せてくれたアンケートの結果をご紹介します。

⋙ 4.1 意味順の理解度に関する質問

「意味順」(だれがするですだれなにどこいつ)を用いた英語学習に関する質問です。

①黒板に貼る「意味順」マグネットや、初期自学自習ノートにあった「意味順」ボックスを用いた英語の説明・勉強はわかりやすかったですか?

図5のとおり、「とてもわかりやすかった」「わかりやすかった」をあわせると83%の生徒が肯定的な評価をしています。(「全然わかりやすくなかった」は回答数ゼロ)また、「どちらともいえない」「あまりわかりやすくなかった」と回答した生徒の中には、幼少期に海外経験がある生徒や幼いころから英語母語話者に英語を習ってきた生徒が多くみられました。

図5：意味順の理解度に対する5段階評価の結果

∷ 4.2 意味順に対する自由記述

> ②「意味順」について、授業で説明を受けているときや、家で自
> 分で勉強をしているときに感じたこと、思ったことを率直かつ
> できるかぎり具体的に書いてください。

生徒たちが寄せてくれた回答をご紹介します。（括弧内は筆者補足）

- 英文をそのまま和訳して書くと、この意味順になっていることに気
  づいた。
- 初めてきちんと英語を習うときに意味順があったことで、（英文の）
  作り方のイメージがつかみやすくなってすごくよかった。ただ、た
  まに例外があるので、そこはきちんと覚えなければならないと思った。
- 当初、意味順を気にしていなかったが、ある日、テストの英作で語
  順に迷ってしまい、意味順を復習することで解けた問題があった。
  それ以来、意味順は意識している。
- 意味順通りに英語をかいていると英文の構成が分かってきた。これ
  からの（習う）英語は意味順通りでない英文があるのかと疑問に思った。
- （中1の）1学期はあまり意識していなかったけど、2学期になって英
  文がちょっと複雑になったときに意味順を意識するとわかりやすく
  なったし、いままでわからなかったものもわかるようになった。
- 意味順のボックスは英文法を整理させることができ、さらに、今後、
  いろいろな新しい文法を勉強したときに困らないからわかりやすく、
  文法を学ぶ際に良いと感じた。
- 意味順ではないノートを使うようになっても、頭に意味順ボックス
  がうかぶようになった。
- いつも教科書で見るような英文のように文章が書けてなにか嬉しい。

・英文が長く、パッとは思いつかない、書けないときに「だれがする
　ですだれなにどこいつ」を思い出して、ブロックに分けて考えてい
　ます。

　生徒たちのアンケートを読むと、こちらが願っていた以上に、家庭学習
やテスト解答のときの助けになっていることがよくわかります。すでにこ
れからの文法学習についての見通しを持ち始めている生徒もいます。また、
これは筆者が予想していなかったことですが、意味順の後半、特に「ど
こ」「いつ」の間違いが減った、という声が多く聞かれました。一方で、生
徒によっては以下のような声もありました。

・意味順ボックスを使うより色々な英文をかきまくった方が語順が頭
　に入りやすい。
・意味順ボックスがなくても勘でけっこうできる。英語の学習が進ん
　でくると意味順通りにやることが少なくなってより混乱しそう。
・どの単語がどのボックスに入るのかがわからないことがあったから
　あまり好きではない。

　これらの声は4.1（図5）の質問で「どちらともいえない」「あまりわかり
やすくなかった」に〇をつけた生徒たちのものです。また、彼ら彼女らの
多くは、幼少期から英語に触れ続け、英語の成績もとてもいい生徒たちで
す。英語がよくできる生徒たちのなかには、意味順を少し窮屈に感じる生
徒もいるようです。（もちろんそういった生徒たちのなかにも、先述のよ
うな肯定的なコメントをする生徒もいます）

∴4.3 本節のまとめ
　担当生徒たちが中1の2018年11月末に受けた進路適性検査[6]における、教
科の好き嫌いに関するアンケート結果では、英語を「非常に好き」「やや
好き」と答えた生徒の割合は75.8%、「非常に嫌い」「やや嫌い」と答えた

生徒の割合は11.5%でした。同調査での前年度の全国平均は前者が30.9%、後者が43.1%です。もちろん、私立進学校である本校に集う生徒たちは、学習に対する意欲が高く環境にも大いに恵まれていることは事実です。ただ、それを差し引いても、ここまでの意味順を用いた指導で、大多数の生徒が英語を好きでいてくれていることは有り難いかぎりです。ただし、言うまでもなく意味順が単独の要因ではありえません。なにより、一定数いる英語ぎらいの生徒たちのことは看過できません。初期指導で好スタートがきれたこと自体は喜ばしいかぎりですが、中高生への英語指導は長丁場ですから、ここからが正念場だと考えています。

5. まとめにかえて

5.1 「意味順」指導との出会い

昨今の急進的な英語教育改革の1つの端緒を2002年の学習指導要領改訂におくならば、「嵐」が吹き始めて20年近くが経とうとしています。特に直近の10年間は筆者の教職経験とほぼ重なります。文法訳読の否定からコミュニカティブアプローチの礼賛、オールイングリッシュでの授業推進、そしてセンター試験の廃止と英語外部検定試験導入の議論。"If we teach today's students as we taught yesterday's, we rob them of tomorrow." という John Dewey の至言を胸に教職に就きはしたものの、英語習得に苦しむ目の前の子どもたちと日々悪戦苦闘するなかで、求められる新たな指導方法には少なからぬ違和感を抱き続ける日々でした。もちろん、筆者自身が中高生の頃に受けていた授業スタイル、たとえば生徒は1時間ひと言も英語を話さずに座り続け、日本語のみを話す教員からの一方的な講義を聞き続けるのみ、というものは、技能習得教科としての英語を考えたとき大いに改善の余地があります。しかしそれでもなお、指導方法の極端な転換や乱暴とも思える大学入試改革よりも先に、メスを入れるべきところや強調すべきものが英語教育の現場には存在するように思えてなりませんでした。

「どう教えるか」や「どう評価するか」が大切なのは言うまでもありません。しかし、それらを注視するあまり、おそらくは当たり前すぎて改革議論の対象から外れてしまったであろう「なにを教えるか」がなおざりになっていた気がしてなりませんでした。そんな疑問を感じていたときに出会ったのが、意味順を用いた指導法でした。

⁎ 5.2「意味順」は万能薬ではない

日本人教員がEFL環境で、日本人学習者（特に十代の中高生）に言語間距離の大きい英語ということばを教える。この営みを考えたとき、学習者に対し母語や概念を用いて日本語と英語の相違点や共通点を理解させ、英語習得の足掛かりとすることの威力は絶大です。未成年の中高生といえども、言語習得という観点から考えたとき、十代の生徒たちは、帰納的のみならず演繹的にも概念理解ができる、立派な「大人」ということができます。だからこそ、中学生から古文や漢文、国文法、そして言うまでもなく英語を、本格的に教科として習い始めるのでしょう。

そんな言語的に大人な学習者に対して、いの一番に伝えるべき英語の概念、そして文法における日英彼我の決定的な差異が、意味順であり語順の差異であると筆者は考えるのです。コミュニカティブアプローチも英語での授業も否定するつもりは毛頭ありません。むしろ、これまで実際に教室で取り組んできてみて、そういった手法が学習者の習得状況や発達段階によってはきわめて有効であることも理解しています。と同時に、それを活かすためには、最低限の英語力の土台が必要不可欠であることも痛いほど感じてきました。あえて青臭い理想を言えば、教室にいる目の前の生徒たち全員が、授業中の活動に積極的に取り組み、家に帰ってからは主体的に英語学習に取り組んで欲しい。そんな自律的な英語学習者を育てるための第一歩として、生徒たちに教え込むべき英語の概念が、意味順ではないでしょうか。

そうはいっても、意味順さえ教えておけば万事OKというほど、事はそう単純ではありません。そもそも、意味順はあくまでも英文法におけるゆ

るやかな概念ですから、教え込むというよりも、伝える・示し続ける、という動詞を用いた方が正しいのかもしれません。だからこそ、3節でもご紹介したとおりの方法を用いてきました。

　仮に意味順の概念が理解できていたとしても、言語習得の肝心要である語彙力が不足していたら意味順ボックスには何も入れられません。意味順ボックスに「正しい」語を入れられたとしても、英文法の要諦をなす時制や格変化、冠詞に代表される数の意識などを誤れば、たとえ通じたとしても、高いレベルで求められる英語との乖離は大きくなるばかりです。正しい語彙と正しい文法で正しい英文が作れたとしても、正しい発音でクイックレスポンスが出来ないようであれば、リスニングやスピーキングは言うに及ばず、リーディングやライティングでさえ、入試本番はもちろん、実際の英語使用場面においても使い物にならないでしょう。

　日本人学習者にとって意味順は、英語理解における核をなす概念ではありますが、言語習得におけるほとんどすべての事項がそうであるように、その他の概念・知識・技能と有機的につながって初めて、その価値を十全に発揮するものです。全国の英語を学び始める中学生が、意味順を英語理解と自律的学習習慣のはじめの一歩にしてくれることを強く願うがゆえに、この点はことさらに強調しておきたいところです。

❖ 5.3 「教えすぎないこと。英語ぎらいにさせないこと。」

　これは、筆者が教職を志し母校で教育実習をさせてもらっているときに、恩師の英語の先生がくださった言葉です。サラリーマンを辞めてえいやと飛び込んだ英語教員の道は、進めば進むほどその奥深さがわかって溜め息が出そうになります。指導内容に軽重をつけられずについつい教えすぎてしまうこと。拙い指導のせいで生徒たちを英語ぎらいにさせてしまったこと。毎日教壇に立っていると自己嫌悪のネタには事欠きません。それでも、これまでの日々の教育実践のなかで、いかに指導内容に優先順位をつけるか、どうやって生徒を英語ぎらいにさせないかを常に考え続けてきました。欲張りかもしれませんが、できることなら生徒たち全員を英語好きにして、

より高いレベルを自ら目指すことのできる自律的学習者に育てたいとも望み続けてきました。意味順は決して万能薬や特効薬ではありません。4.2でも見たとおり、生徒によっては意味順を意識しないほうがやりやすいと言う生徒もいます。しかし、目の前の才気あふれる中学生たちが英語学習を楽しんでくれている様子を見ていると、意味順を用いた指導が願ったとおりに（ときに期待以上に）奏功している手応えを感じます。なにより、意味順で英語学習の好スタートをきってくれた生徒たちが、今後どのような成長をみせてくれるのかが楽しみでなりません。

　願わくは、意味順をきっかけに、一人でも多くの中高生が英語ぎらいではなくなり、英語に臆することなく世界を舞台に羽ばたいてくれますように。

❂　注

1　文部科学省（2018）『平成29年度 英語教育改善のための英語力調査 事業報告』
　　http://www.mext.go.jp/a_menu/kokusai/gaikokugo/1403470.htm
2　文部科学省（2015）『平成26年度 英語教育改善のための英語力調査 事業報告』
　　http://www.mext.go.jp/a_menu/kokusai/gaikokugo/1358258.htm
3　英語習得に必要な時間数はもちろん、どのような学習者がどこを到達目標にするかに大きく依りますが、Japan Times の記事（Tsuboya-Newell, Oct 29, 2017）で紹介されていたデータや論評は、筆者自身の学習者としての経験や、指導者としての経験から鑑みても合点がいくものでした。
4　授業時間のみならず、学校教育でできることとできないことの線引きやそれを受けての対処戦略については、英語教育史と事例研究の立場から考察された斎藤（2017）がとても参考になります。
5　教育の定義を「単に教えることではなく、学習者の行動を望ましい方向に変容させ、かつそれを習慣化させること」とし「教育は習慣形成をもって終了」とする植村（2000）を参考にしました。
6　第一学習社『進路GPS1』

参照文献

Burt, Marina K. (1975) Error analysis in the adult EFL classroom. *TESOL Quarterly, 9*(1): 53–63.

畑中豊(2007)『教師必携！英語授業マネジメントハンドブック』東京：明治図書.

三浦孝・弘山貞夫・中嶋洋一(編著)(2002)『だから英語は教育なんだ─心を育てる英語授業のアプローチ』東京：研究社.

中嶋洋一(2000)『英語好きにする授業マネージメント30の技』東京：明治図書.

斎藤兆史(2017)「『グローバル化』と英語教育カリキュラム」佐藤学ほか(編)『〈岩波講座〉教育 変革への展望5：学びとカリキュラム 第6章』163–183.東京：岩波書店.

田地野彰(2011)『〈意味順〉英作文のすすめ』東京：岩波書店.

Tsuboya-Newell, Ikuko (Oct 29, 2017) Why do Japanese have trouble learning English? *Japan Times.*

植村研一(2000)『効果的な情意教育の展開(教育研修セミナー)』東京：じほう.

第8章 「意味順」を活かした高校英語教育
―表現活動からカリキュラム開発まで―

山田浩

1. 「意味順」導入の背景

　2018年3月、高等学校の学習指導要領が改訂されました。前回(2008年)改訂の学習指導要領では、積極的に外国語を用いてコミュニケーションを図ろうとする態度や、情報や考えなどを的確に理解したり適切に伝えたりする力を育成することが目標として掲げられていました。この目標を達成するために、小学校から高等学校まで一貫した外国語教育が実施されるようになりました。その結果、外国語を通じて、生徒が言語や文化に対する理解を深めたり、「聞くこと」「話すこと」「読むこと」「書くこと」などを総合的に身につけたりするための指導方法の充実が図られてきました。

　ところが、学年間や学校種間の接続が十分とは言えず、同じような学習内容や指導方法等を繰り返してしまい、既習事項等を発展的に生かすことができないといった状況も見られていました。その結果、学年が上がったり、上級学校に進学したりするにつれて、生徒の学習意欲が低下してしまうといった課題が生まれていました。

　特に、高等学校に焦点を当てると、次の3つが課題として挙げられています(文部科学省 2018a)。

　(1)　依然として外国語によるコミュニケーション能力の育成を意識し

た取組、特に「話すこと」および「書くこと」などの言語活動が
適切に行われていない。
(2) 「やり取り」や「即興性」を意識した言語活動が十分ではない。
(3) 読んだことについて意見を述べ合うなど複数の領域を統合した言
語活動が適切に行われていない。

　このような指摘の背景には、文部科学省が中高生を対象に毎年行っている調査の結果があります。平成29年度の調査結果から、上記の課題に関わる記述を抜粋します（文部科学省2018b）。

　　○平成27年度同様、4技能のバランスに課題がある。
　　・CEFR（ヨーロッパ言語共通参照枠）A2レベル以上の割合が「聞くこ
　　　と（33.6%）」「話すこと（12.9%）」「読むこと（33.5%）」「書くこと
　　　（19.7%）」となった。
　　・一昨年度に比べて「聞くこと」は増加し、「話すこと」「書くこと」は
　　　横ばい。一方、目標の50%には、4技能すべて達していない。
　　○特に、「話すこと」「書くこと」は全体的に低く、無得点者の割合もそ
　　　れぞれ18.8%と15.1%と一定数いる状況で、一昨年度と同様の傾向
　　　となっている。
　　○新学習指導要領（平成30年3月公示）では、「聞くこと」、「読むこと」、
　　　「話すこと［やり取り］」、「話すこと［発表］」、「書くこと」の5つの
　　　領域について統合的な言語活動をより一層充実するとともに、発信
　　　力の育成のさらなる強化が予定されている。

　なお、文法指導については、学習指導要領では以下のように述べられています（文部科学省2018a）。

　　　文法事項の指導については、用語や用法の区別などが中心とならな
　　いよう、実際のコミュニケーションにおいて活用できるようにするた

めの効果的な指導を工夫することを明記した。

　これらの記述や調査結果を踏まえると、これからの高等学校における英語教育では、小中学校での既習事項および各学年での学習内容を踏まえた指導や、コミュニケーション能力の中でも特に「話すこと」「書くこと」の育成を意識した取組が必要であり、4技能を支える土台となる文法についても、これらの要素を満たす指導が求められていることがわかります。
　そこで本章では、「意味順」を活用することによってこのような英語教育がいかにして達成されるかを、筆者が公立高等学校での勤務中に行っていた実践例を交えながら考察します。また、「意味順」のカリキュラム開発への導入案についても検討します。

2. 会話文における和文英訳

　「意味順」は文法用語をなるべく使わずに指導することができるので、小学校から高等学校まで一貫した指導を行うことができます。小学生から高校生までを対象にした多くの研究により、「意味順」による指導はコミュニケーション能力の中でも、特に産出技能の育成に効果が実証されています。また、生徒の英語学習に対する動機づけを高める効果も明らかになっています。まずはこれらの研究に基づいて、英語初級者を対象に行った実践を紹介します（詳細は山田 2018 を参照）。

⊹ 2.1 「意味順」導入の目的

　上述の調査（文部科学省 2018b）では、「話すこと」「書くこと」において、無得点者の割合が多いという結果が示されています。この無得点者の中には、解答したけれども点を得られなかった生徒とともに、何も発話できなかった、あるいは何も記述できなかった生徒が多く含まれていると推察できます。実際に授業をしている中でも、「夏休みの思い出」や「制服の是

非」について日本語では饒舌な生徒であっても、英語になると沈黙してしまう様子をよく見かけます。このような生徒に対して、少しでも英語を話したり書いたりするきっかけと自信を与えることを目的として、「意味順」を導入しました。

∷ 2.2 「意味順」導入の方法

入学してまもなくの高校1年生を対象として行った授業を紹介します。教材は田地野(2008)で使用されている会話文の和文英訳を活用しました（表1）。生徒は1つの文につき、30秒で英作文をします。「意味順」の指導前後に同じ英作文をさせることにより、生徒に「意味順」の効果を実感させました。

表1：和文英訳課題(田地野2008：13より引用)

問：1〜10の日本語を英語にしなさい(10問)。1問につき、解答時間は30秒です。辞書や参考書は使用できません。

[問題文：絵美(Emi)とポール(Paul)の対話文]
絵　美：ポール、1. これわたしがバーバラの誕生パーティで撮った写真よ。
ポール：ヘェー、バーバラが赤いドレスを着てとてもかわいいね。
絵　美：ええ。2. お母さんが作ってくれたドレスを着ているのよ。
ポール：そう。ねえ、黒い髪のこの女の子知らないけど、日本人なの？
絵　美：そうよ。3. 彼女とバーバラは2年前から文通友達なんだって。　4. 先月家族といっしょにアメリカに来たそうよ。
ポール：絵美、5. きみの国では誕生日のお祝いをするの？
絵　美：ええ、6. たいてい家族でパーティをするわ。　7. わたしが小学生のころは、バーバラの誕生日パーティとちょう

ど同じようなパーティをやったわ。

ポール：8. 友達からプレゼントをたくさんもらうの？

絵　美：ええ、9. 両親も何かくれるわ。　10. 去年父がわたしに
　　　　くれたプレゼントは和英辞典だったわ。

⸬ 2.3 「意味順」導入の結果

　指導後の生徒30人分の英文を分析すると、(1)総語数の増加、(2)グローバル・エラーの減少、という変化が見られました。この結果は、本実践と同様の手順で行われた研究（田地野 2008、Yamada 2019）と一致しています。また、2回目の作文後に1回目と2回目の英作文を比較して自由に書かせた感想を分析すると、(3)英語に対する苦手意識の軽減、(4)英語学習意欲の向上、という効果が見られました。上記(1)から(4)の変化に該当するコメントを紹介します（原文ママ、(1)〜(4)への分類は筆者による）。

(1)　総語数の増加について

　・1回目と比べて2回目は英作文を書く前の日本文を見た時に語の順番がわかり、並び方を考える時間がいらなかったから少し早く文を書き終わったり、1回目はほとんど何も書けなかったような文でも少し早く書くことができたのだと思う。

　・英文の構成方法が感覚的に身についた気がします。そのため英作文に早く取り掛かることができました。

(2)　グローバル・エラーの減少について

　・主語＋動詞（だれ＋する・です）の形にはできていたので進歩したと思いました。前の文で"だれ"がまったくできていなかったので、そこは良くなったと思います。

　・1回目は何となくの感覚で並べていたものの2回目は文の構成を考えて書くことができたと思います。

・英語の文法の組み立てについて、すこし理解することができました。最初は何の意味もなく、文を作っていたので、まちがいに気付かずにやっていましたが、やっと気付くことができました。

(3) 英語に対する苦手意識の軽減について
・今まで難しく考えていた英語は実は構造が簡単だということに気が付いて、これからは英語の点数が上がりそうです。文に関しては、全く書けなかった部分が書けるようになったのでよかったなと思います。
・英語は複雑で難しいと思っていたが、意外とシンプルなものだと思った。

(4) 英語学習意欲の向上について
・1つの文を30秒で書くのはとても難しく、初めはあんまり文を作ることができなかった。単語がすぐに分からないと30秒以内に終わらなかったので、改めて単語力の大切さを知ることができたと思った。
・1回目より書けたと思う。だけどまだ語彙力が足りず空白ができてしまったので、これから単語の勉強に力を入れていきたい。
・2回目は英文の順序をしっかりと考えて作れたと思います。あの語順を頭に入れるだけで英文を書くことだけでなく理解することもよくできると思うので、とても勉強になりました。

∷ 2.4 今後の展望

　このように一定の効果が見られた実践でしたが、この実践を通して新たに「意味順」指導に関わる課題を見つけることもできました。それは、正しい主語を書くことができない生徒が多かったことです。上掲の和文英訳課題の中でも、日本語の主語が省略されている文(問題番号2、4、5、6、8)に焦点を当て、主語に着目して分析をすると、図1のような結果になり

ました。

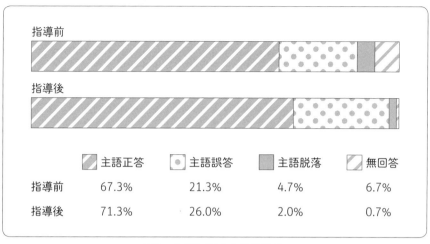

図1：主語に関する分析結果

　生徒の感想どおり、無回答や主語脱落は減少していますが、主語の誤答
（26.0%）が目立ちます。つまり、「意味順」の指導により主語を書くことの
重要性を意識して主語を置くようにはなるのだけれども、主語を正しく判
断して適切に書くことができるところまでは達していない生徒が少なくな
かったということです。この結果を受けて筆者が行った研究によると、正
しい主語を置くことができるかどうかには、学習者の国語力が影響を与え
る可能性があることがわかりました（Yamada 2019）。したがって、文脈か
ら適切な主語を判断する力は、国語教育と連携をして育成していく必要が
あります。学習指導要領でも、国語教育との連携については以下のように
記載されています（文部科学省 2018a）。

　　　国語教育と英語教育は、学習の対象となる言語は異なるが、共に言
　　語能力の向上を目指すものであるため、共通する指導内容や指導方法
　　を扱う場面がある。各学校において指導内容や指導方法等を適切に連
　　携させることによって、英語教育を通して国語の特徴に気付いたり、

国語教育を通して英語の特徴に気付いたりするなど、日本語と英語の言語としての共通性や固有の特徴への気付きを促すことにより、言語能力の効果的な育成につなげていくことが重要である。

　国語教育において主語の指導は小学校低学年で初めて扱い、中学校で再び学習した後、高等学校では古文の授業で焦点が当てられます。ところが、日本語では主語が省略されてもコミュニケーションは成立することが多いため、生徒が適切に主語を把握できているかどうかを判断するのが難しいことがあります。一方で、英語では主語は省略しないことが通常ですので、ひとたび英語で話をさせたり書かせたりすれば、生徒が正確に主語を把握しているかどうかは顕著に表れます。したがって、国語教育における主語を意識させる指導と「意味順」での主語を強調する指導を連携させれば、国語においても英語においても主語を適切に理解したり表現したりする能力の伸長に効果が期待できます。
　本実践では、英語学習の初級者で、そもそも英語で表現をすること自体に困難を要する生徒を対象に「意味順」指導を行いました。ところが、高等学校ではより上級のレベルで、かつ技能統合型の活動が求められています。次に紹介する実践はそのような活動において「意味順」がどのような効果をもたらすのかを示しています。

3. プレゼンテーション原稿の作成

　文部科学省の調査から、以下の結果が明らかになっています（文部科学省 2018b）。

　　授業の中で「英語でスピーチやプレゼンテーションをしていた」と回答した生徒は、対一昨年度5.9ポイント増加したものの36.9%にとどまる（平成27年度は31.0%）。

上述のとおり、新しい学習指導要領では技能統合型の活動が推奨されているため、スピーチやプレゼンテーションのような活動はこれからも増加していくことが期待されています。ところが、授業の中で実際にこのような活動をする際に教師が直面する問題の1つとしては、生徒が課題文の理解が浅いまま原稿を用意してきて、それを読み上げるだけの活動になってしまうということが挙げられます。これではせっかくのスピーチやプレゼンテーションが教科書の音読活動と同じになってしまいます。しかも、聞いている周りの生徒たちにとっては理解するのが難しい英文になってしまい、聞くことをあきらめてしまう姿がよく見られます。このような状況に陥らないためにはどうすればよいのでしょうか。

⁑ 3.1 「意味順」導入の目的

　実は、特別な手立てをしなければ、先ほど描写したような状況はある意味では当然のことなのです。非英語母語話者のプレゼンテーションの特徴として、あたかも論文のような文体で書かれた原稿を読み上げるため、聴衆にとっては理解しにくいものとなってしまう、ということが明らかになっています(Rowley-Jolivet & Carter-Thomas 2005)。筆者はこのような状況を改善するために、プレゼンテーションの指導に「意味順」を導入しました(詳細はYamada 2018を参照)。

⁑ 3.2 「意味順」導入の方法

　対象は高校1年生で、異文化理解をねらいとする単元です。まず、生徒が課題文の理解を深めて、その上で自分の意見を述べることができるように、ブックトークのワークシート(鈴木編 2012)に「意味順」を組み込んだものを活用しました(資料1参照)。ブックトークとは、自分が読んで理解した内容を相手に紹介する活動であり、内容を整理する力、批判的に読解する力などが必要となります。このワークシートを埋めることで、論文の内容を正確に理解し、それに基づいて自分の意見を発信することができます。

▶ 3.3「意味順」導入の結果

　実際に生徒が書いた原稿を紹介します。生徒が読んだ論文は、Urabe, M. (2006). Cultural barriers in educational evaluation: A comparative study on school report cards in Japan and Germany. *International Education Journal, 7*(3), 273–283. で、日本人とドイツ人のコミュニケーションの特徴について比較した内容です。生徒はこの論文を読み、内容を踏まえた上で自分の意見を発表する3分間のプレゼンテーションを行いました。以下は生徒が書いた原稿の一例です。

> 　There are original communication systems in each countries. Westerners usually assert their own opinions directly, whereas Japanese people tend to tell others indirectly what they feel negatively rather than to explain to them directly and logically. Japanese people want to avoid conflict or disagreement with each other.
>
> 　To research features of communication, a experiment was conducted. In this experiment, Germans did not make a compliment a girl who knited her own sweater. They told her their true feelings. On the other hand, American people complimented her and American people regarded Germans as unsociable.
>
> 　In short, Americans tend to pay attention to social manners, while Germans think it's more polite to give their own opinions honestly than to flatter.
>
> 　Not only Germans but also all Europeans tend to clarify defferences and discuss them openly. So, I think this feature has existed in Europe from a long time ago. Japan is an island country. So, our way of thinking was not influenced by other countries. And it is important for the people who live the island country to get along with others. So, Japanese people tend to avoid conflict or disagreement with each other. However, sometimes we need to tell our true feelings. It is a Japanese weak point but we have to conquer it to communicate with other countries. [sic]

（Yamada 2018: 227 より引用）

この原稿の特徴として、次の3点が挙げられます。1つ目は、生徒が論文の内容をきちんと理解していることです。単に論文を読むだけでなく、「意味順」に従ってワークシートを埋めなくてはならないため、「つっこみ」を入れながら論文に書かれている情報を正確に把握したうえで批判的に考察することができたのだと考えられます。2つ目は、原稿にはグローバル・エラーが見られないことです。単・複数形 (*each countries*) や冠詞 (*a experiment*)、スペリング (*knited*) のミスなどのローカル・エラーはありますが、意味に影響を与える語順のミスや主語の脱落は見られません。3つ目は、聴衆にとって理解しやすい英文になっていることです。この原稿では、論文等に特徴的な文体である受動態ではなく能動態が多用されており、主語には生物主語や人称代名詞が使われています。このような文体は、プレゼンテーションを聴衆にとって理解しやすいものにする効果が期待できます (Shimamura & Takeuchi 2011)。

　この実践では、「意味順」を活用したワークシートにより「読むこと」の活動をさせたうえで、「書くこと」と「話すこと」の活動をさせました。その結果、「読むこと」「書くこと」「話すこと」の全てに良い効果が現れました。この実践では読む材料は論文でしたが、生徒のレベルや単元の目標に合わせて新聞記事でも本でも構いません。いずれにしても、スピーチやプレゼンテーションのような技能統合型の活動に「意味順」を組み込むことは、英文を理解したり産出したりする際に効果的であると言えます。

⁛ 3.4　今後の展望

　この実践の今後の展開としては、発表後の質疑応答の際にも、生徒が「意味順」を意識する工夫をすることが挙げられます。スピーチやプレゼンテーションは「話すこと」の中でも［発表］の領域に重点が置かれる活動であり、［やり取り］の領域は扱いが軽くなります。したがって、ディスカッションやディベートなど、相手の発話に応答することが求められる活動において、「意味順」を活用した実践を積み重ねていくことが必要です。

　ここまでの2つの実践例は、授業に「意味順」を活用することで生徒の

英語力や情意面に効果があることを示しています。これらに加えて、次に紹介するのは実践例ではありませんが、「意味順」が英語のカリキュラム開発にどのように役立つのかを、導入案を示しながら考察します。

4. カリキュラム開発への応用

　学習指導要領では文法事項は学年別に配当されていないため、教科書によって文法事項の配列には違いが見られます。例として、「コミュニケーション英語I」の教科書の中でも、東京都で2019年度における採択数上位3誌(『VISTA English Communication I New Edition』『All Aboard! English Communication I』『Revised COMET English Communication I』)の文法事項の配列を見てみましょう(東京都教育委員会2018)。

表2：教科書における文法事項の配列

課	『VISTA』	『All Aboard』	『COMET』
1	be動詞 一般動詞	過去形	現在形 過去形
2	疑問文 現在進行形	進行形	助動詞
3	過去形 助動詞	助動詞 (can/will)	進行形
4	SVO/SVOO/SVOC	不定詞	不定詞
5	不定詞	動名詞	動名詞
6	動名詞	受け身	現在完了形
7	現在完了形	現在完了形	受け身
8	受け身	itの用法	現在分詞 過去分詞

9	関係代名詞	関係代名詞 (who/which)	比較
10	関係副詞 形式主語 it	比較	関係代名詞 (who/which/that)
11	分詞構文		
12	仮定法過去		

　表2のとおり、文法事項の配列は似ているところはあるものの、教科書によって異なっています。すなわち、文法事項の配列には緩やかな規則性はあるものの、文法事項同士の関連がはっきりと提示されているわけではないため、既習事項と新出事項を結びつける作業は生徒に委ねられていると言うことができます。ここで、「意味順」に基づいて文法事項を整理することにより、文法事項同士のつながりを視覚化することができるようになります。上掲の教科書の中で、『VISTA』の Lesson 1 ～ 6 を例にして、文法事項を整理してみましょう。

　図2のように整理することによって、文法事項を結びつける作業が容易になります。たとえば、Lesson 1 では「する（です）」に関わる文法を扱い、さらに Lesson 2 で疑問文を作るときには「玉手箱」を使うようになる、そして Lesson 3 で過去形を学習するときには「いつ」に関わる表現も学習することになる、と文法事項同士を関連づけたり、先の学習事項について見通しを持つことができたりするようになります。

　また、この表は文法知識の評価や復習にも役立ちます。たとえば、Lesson 5 の不定詞でつまずいたときには、その前の Lesson 4 で「だれ・なに」の理解が不十分であったため、不定詞を文章の中で適切に使うことができないのではないか、と学習の状況を診断することができるようになります。

　このように、「意味順」を活用して文法事項の関連性を明確にすることにより、学習すべき文法の全体像を把握することや学習の状況を診断することが可能になります。これは生徒にとっても、教師にとっても、文法学習の道しるべとして重要な役割を果たします。

課	内容	意味順					
1	be動詞 一般動詞	玉手箱	だれが	**する(です)**	だれ・なに	どこ	いつ
2	疑問文 現在進行形	**玉手箱**	だれが	**する(です)**	だれ・なに	どこ	いつ
3	過去形 助動詞	玉手箱	だれが	**する(です)**	だれ・なに	どこ	**いつ**
4	SVO/SVOO/ SVOC	玉手箱	だれが	**する(です)**	**だれ・なに**	どこ	いつ
5	不定詞	玉手箱	**だれが**	する(です)	**だれ・なに**	どこ	いつ
6	動名詞	玉手箱	**だれが**	する(です)	**だれ・なに**	どこ	いつ

図2:「意味順」を活用した文法事項の整理例①

また、別の視点から次のように整理することもできます。

図3のように整理をすると、Lesson 1 〜 6 では「どこ」に関わる表現に焦点を当てる課がないため、それぞれの文法項目と絡める形で場所を表す表現や前置詞について指導することが必要であることが明白になります。

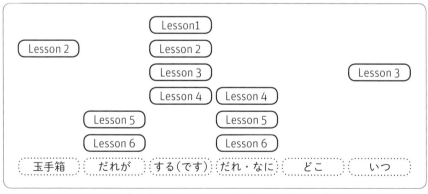

図3:「意味順」を活用した文法事項の整理例②

また、「玉手箱」に焦点を当てる機会がLesson 2しかないため、それ以降の課でも「玉手箱」の使い方について意識的に指導に組み込んでいかなくてはならない、という指導の方針を立てることができるようになります。

　このように、カリキュラム開発に「意味順」を導入することにより、学習すべき英文法の全体像を把握することができるようになります。その結果、教師と生徒の両方にとって、先を見通した学習目標を立てたり、英語力や日々の授業を評価し振り返ったり、指導の方針を立てたりすることが容易になります。「意味順」における各枠組みをバランスよく育成することを念頭に置いて、1年間あるいは3年間のカリキュラムを作成することにより、学校全体の英語教育を俯瞰し有機的に関連づけることが可能になるでしょう。

5. まとめ

　本章では、英語初級者向けの活動として和文英訳、中級から上級者向けの活動としてプレゼンテーションを取り上げて、「意味順」が生徒の産出技能や情意面の向上に貢献することを、筆者の経験を交えて述べてきました。また、導入案を紹介しながら、「意味順」の応用はカリキュラム開発にも効果が期待できることを考察してきました。

　高等学校において「意味順」を活用した指導を行う中で、筆者は文法教育に対する考え方が大きく変容しました。そのきっかけは、実践例1で生徒が書いた次の感想でした。

　　・英語を"文法として"ではなく、"言葉として"捉えることができるようになりました。

　この感想には、生徒にとって英語の学習とは文法によって英文を分析することであり、文法の知識がなければ英語を使えるようにはならないとい

う印象を、生徒が抱いていたことが表れています。これまで筆者は、文法を教えながら語彙や表現をインプットし、コミュニケーション活動をさせるという流れで授業を展開していました。このような指導によって、これほどまでに文法が生徒にとって大きな壁となっており、英語が持つ言葉としての本来の役割を見失わせていたことを痛感し、日々の指導を反省しました。

　現在、筆者が参考にしている考え方は、国語における文法教育です。新しい学習指導要領では、小学3年生から外国語活動として英語教育が開始されます。ここでは英語を含む外国語に慣れ親しむことが目標として掲げられており、文法を学ぶことは求められていません。したがって児童は、コミュニケーションに役立つ表現をある程度インプットした状態で、その後の文法学習に進むことになります。このように、表現を身につけた上で文法を学ぶという状況は、母語と外国語という違いはありますが、国語教育に似ていると言うことができます。高等学校国語の学習指導要領には、次のように記載されています（文部科学省2018c）。

　　文の組立て方については、（中略）成分を効果的に組み立てる方法を
　　理解する必要がある。効果的な組立て方とは、例えば、「山田さんは
　　書記に選ばれた」と「書記は山田さんが選ばれた」とでは、同じ事実
　　を表す文であるが、前者は、「山田さん」に焦点が当てられているのに
　　対して、後者は「書記」に焦点が当てられた言い方である。伝えたい
　　力点がどちらにあるかによって、文の組立て方の効果が変わってくる
　　ことを理解することが求められる。

　すなわち、文法に従って文を作ることができるようにさせるだけでなく、文法がコミュニケーションに与える影響を実感させながら指導をしていくことが重要であるといえます。

　それでは、「意味順」がこのような文法教育にどのように生かされるのでしょうか。「意味順」の基礎にあるのは、英語の文法を大きな枠で簡単に

理解するということです。したがって、筆者が指導の際に重視しているのは、「意味順」で全ての文法事項を説明しようとすることではなく、「意味順」の枠に当てはまらない文法事項が存在する意義を考えさせることです。たとえば小説の中に倒置を多用した文章が出てきたとします。このような時に「意味順」の知識があるからこそ、この文体はどのような効果を期待して用いられているのか、という作者の意図について考察を深めていくことができるようになります。また、さらに学習が進んで今度は自分が文章を作る時に、あえて「意味順」に当てはめないことで、驚くような効果を持つ文を作ることができるようになるかもしれません。このように筆者は、「意味順」との出会いにより、コミュニケーションを成立させるための文法指導という考え方だけでなく、コミュニケーションを効果的に、豊かに、自由に、楽しく行うための文法教育という考え方を持つことができるようになりました。

本章の最後には、資料として筆者が「意味順」の指導をする際に活用しているパワーポイントのスライドを掲載しています。これから「意味順」を日々の授業の中に取り入れようとしている先生方の参考になれば幸いです。

参照文献

文部科学省(2018a)『高等学校学習指導要領解説外国語編・英語編』
http://www.mext.go.jp/component/a_menu/education/micro_detail/__icsFiles/afieldfile/2018/07/13/1407073_09.pdf

文部科学省(2018b)『平成29年度英語力調査結果(中学3年生・高校3年生)の概要』
http://www.mext.go.jp/a_menu/kokusai/gaikokugo/__icsFiles/afieldfile/2018/04/06/1403470_01_1.pdf

文部科学省(2018c)『高等学校学習指導要領解説国語編』
http://www.mext.go.jp/component/a_menu/education/micro_detail/_icsFiles/afieldfile/ 2018/07/13/1407073_02.pdf

Rowley-Jolivet, Elizabeth and Shirley Carter-Thomas. (2005) Genre awareness and rhetorical appropriacy: Manipulation of information structure by NS and NNS scientists in the international conference setting. *English for Specific Purposes, 24*(1), 41–64.

Shimamura, Toyoko and Takeuchi Osamu. (2011) What is an appropriate style for academic presentations by scientists? *JACET Journal, 52*, 51–70.

鈴木俊裕編(2012)『高校生のための「研究ノート」―総合的な学習・課題研究で育む新たな学力』東京：学事出版.

田地野彰(2008)「新しい学校文法の構築に向けて―英文作成における『意味順』指導の効果検証」小山俊輔、西堀わか子、田地野彰編『平成20年度英語の授業実践研究』pp. 8–21. 奈良女子大学国際交流センター.

東京都教育委員会(2018)『平成31年度使用都立高等学校及び中等教育学校(後期課程)用教科書教科別採択結果(教科書別学校数)(文部科学省検定済教科書共通教科)』http://www.metro.tokyo.jp/tosei/hodohappyo/press/2018/08/24/documents/05_00.pdf

Yamada, Hiroshi. (2018) Presentation projects with MAP Grammar. In Akira Tajino (ed.), *A New Approach to English Pedagogical Grammar: The Order of Meanings*, pp. 222–229. Oxford: Routledge.

山田浩(2018)「『意味順』を活用した英語表現活動」『JACET北海道支部2018年度支部大会』北海道大学における口頭発表(2018年7月7日)

Yamada, Hiroshi. (2019) Applications of Meaning-Order Approach to Pedagogical Grammar to English education in Japan: Toward the collaboration of English and Japanese education. *JAAL in JACET Proceedings, 1*, 1–7.

『All Aboard! English Communication I』東京：東京書籍.
『Revised COMET English Communication I』東京：数研出版.
『VISTA English Communication I New Edition』東京：三省堂.

資料1：「意味順」ブックトークのワークシート

(1) 自分の興味がある本を選び、情報をまとめよう

書名	著者名
出版年	出版社

(2) なるほどと思った「考え方」や「気になるフレーズ」を3つ挙げてみよう

	玉手箱	だれが	する(です)	だれ・なに	どこ	いつ
A						
B						
C						

(3) 内容を絞ったらなぜそのように考えられるのかをまとめよう

玉手箱	だれが	する(です)	だれ・なに	どこ	いつ

(4) (3)の論理の実例を挙げよう

玉手箱	だれが	する(です)	だれ・なに	どこ	いつ

(5) (3)の論理を自分なりに発展させよう

玉手箱	だれが	する(です)	だれ・なに	どこ	いつ

(6) テーマに関連しそうな内容を自由に考えよう

玉手箱	だれが	する(です)	だれ・なに	どこ	いつ

(7) 以上の内容をもとに、ブックトークで話す内容をまとめよう

「内容を自分はどのように理解し、そこから発展してどのようなことを考えたのか」

玉手箱	だれが	する（です）	だれ・なに	どこ	いつ

1.「良い間違い」と「悪い間違い」

◎悪い間違い＝意味が変わってしまう間違い

　　　　「トムはリンゴを食べた。」

㊣　　Tom ate the apple.

誤）① *Tom ate apple.（間違いは…Tom ate the apple.）

　　　「トムはリンゴを食べた」

　　② *The apple ate Tom.（間違いは…語順のみ）

　　　「リンゴはトムを食べた」

2.「語順」だけは間違えてはいけない！

英語のほとんどの文は

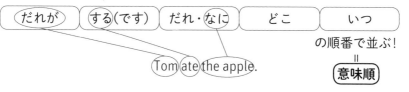

| だれが | する（です） | だれ・なに | どこ | いつ |

の順番で並ぶ！

＝

意味順

3.実際に英文を作ってみよう

「私は毎日、学校に行きます。」

Step 1. 日本語を英語の語順にする。

Step 2. 日本語を英語にする。

	だれが	する（です）	だれ・なに	どこ	いつ
Step 1	1.	2.		3.	4.
Step 2	5.	6.		7.	8.

4.英作文の練習

①私は京都に住んでいる。

②私の母は30年前に教師になった。

③リサ(Lisa)は先週、パーティでトムに会った。

④私は昨日、私の部屋で彼女に私のアルバムを見せた。

⑤私の父が彼を太郎と名付けた。

	だれが	する(です)	だれ・なに	どこ	いつ
①	9.	10.		11.	
②	12.	13.	14.		15.
③	16.	17.	18.	19.	20.
④	21.	22.	23.	24.	25.
⑤	26.	27.	28.		

5.主語の省略に注意！

「昨日、何したの。」　**What did you do yesterday?**

「昨日、図書館で本を読んだよ。」

	だれが	する(です)	だれ・なに	どこ	いつ
Step 1	29.	30.	31.	32.	33.
Step 2	34.	35.	36.	37.	38.

自分で主語を補って英文を作ることが必要！

スライド中の空欄の解答

1. 私は	2. 行きます	3. 学校に	4. 毎日
5. I	6. go	7. to school	8. every day.
9. I	10. live	11. in Kyoto.	12. My mother
13. became	14. a teacher	15. 30 years ago.	16. Lisa
17. met	18. Tom	19. at the party	20. last week.
21. I	22. showed	23. her・my album	24. in my room
25. yesterday.	26. My father	27. named	28. him・Taro.
29. 私は	30. 読んだ	31. 本を	32. 図書館で
33. 昨日	34. I	35. read	36. a book
37. in the library	38. yesterday.		

第9章 和文英訳における「意味順」導入の有効性

佐々木啓成

1. 意味順導入の背景

　現在の英語教育では、「読む」、「聞く」といった受容技能だけでなく、「話す」、「書く」といった産出技能を育成することが求められています。受容技能育成重視の従来型指導に慣れ親しんだ教員にとっては、産出技能育成において二の足を踏んでいる状態もあり、まだまだ課題が多いようです。ベネッセ教育総合研究所による「中高の英語指導に関する実態調査2015」の報告書には、以下のような記述があります。

　　　高校の指導方法・活動内容は、中学校と同様に「音読」、「発音練習」、「文法の説明」が多い。それに対して、「英語で教科書本文の要約を話す」、「即興で自分のことや気持ちや考えを英語で話す」、「英語で教科書本文の要約を書く」、「自分のことや気持ちや考えを英語で書く」などの「話す」「書く」活動の実施率は低く…

（ベネッセ教育総合研究所2015: 5）

　おそらく「話す」「書く」活動の実施率が低いのは、1文さえも正確な英語を話したり書いたりできない生徒が、まとまりのある文章を話したり書いたりすることは困難であるとの教員の判断が背景にあるのだと思います。

これは英語習熟度の低い生徒が多い高校において特に当てはまることでしょう。同様の調査では、英語に対する苦手意識やつまずきを感じている生徒の原因を尋ねたところ、「文や文章を書くことが苦手」と回答した高校教員の割合は52.9%という比較的高い数字を示しています。

　高校におけるライティング技能育成のための主な指導には、「自由英作文」や「和文英訳」があります。たとえば高校1年生の指導を考えた場合、自由英作文の指導については、この段階から過去に大学入試に出題された自由英作文を扱って指導することは少なく、教科書の本文テーマに関連したまとまりのある英文を書かせるような指導が一般的です。しかし、このような指導は英語習熟度の比較的高い生徒を対象としていることが多いです。一方、和文英訳の指導は、主に英語表現Ⅰの授業の中で行うことが多いです。実際、英語表現Ⅰの教科書は、左ページに例文を用いた文法項目の説明、右ページにその文法項目に関する問題演習が置かれているものが多く、その中に数問の和文英訳が含まれています。その他には、英語表現Ⅰの教科書に準拠したワークブックの中に和文英訳が含まれていることがありますが、一般的な学校では、週末課題等で生徒に家庭学習としてさせるだけで、授業の中で解説をする時間が持てないのが現状でしょう。教科書右ページの和文英訳を扱うときには、多くの生徒は自力で英文を書くことができず、書いたとしても、その多くは語順や文法に破綻をきたしており、結局、教師が提示した模範解答を写すだけになることが多いです。

　高校生の英語力に関しては、文部科学省が報告した「平成29年度英語力調査結果（高校3年生）」において、CEFR（ヨーロッパ言語共通参照枠）A2レベル以上の生徒の割合は「聞くこと」で33.6%、「読むこと」で33.5%、「話すこと」で12.9%、「書くこと」で19.7%という結果が出ています。特に「話すこと」と「書くこと」のレベルは全体的に低く、無得点者の割合もそれぞれ18.8%と15.1%と一定数いる状況です。この結果からも、高校においてこれまで実施されてきたライティング技能育成方法を見直す必要があると考えています。高校1年生段階としては、まずは語順や文法に大きな破綻のない英文を書くことのできる能力を育成する指導法の模索が

求められると考え、その指導法の1つとして、語順に強みを持った「意味順」(田地野 2011ほか)を使用し、和文英訳における意味順の有効性について検証することにしました。

2. 意味順導入の目的

和文英訳では、以下の4つの段階が存在すると考えます。

1　日本語の意味を理解する。
2　日本語を英語に直しやすい日本語に変換し、語順の確定を行う。
3　変換した日本語に適切な語彙と文法を当てはめる。
4　構築した英文を正しいスペルで書く。

和文英訳では、提示されている日本語をそのまま英語になおしても意味をなさない英語になることが多く、上記2つ目の段階である「日本語変換」が特に重要です。「日本語変換」がうまくいかないと次の3つ目の段階で適切な語彙や文法を当てはめることができません。「日本語変換」の段階では、「日本語分割」という作業も必要になります。「日本語分割」とは、言い換えると「語順の確定」とも言える作業で、この点で意味順は有益なツールとなり得ると考えています。

たとえば、「彼女の歌は元気が出る。」という日本語を英語になおすことについて考えてみます。このままでは、「彼女の歌は」、「出る」、「元気が」という分割をする可能性があり、実際にHer song give cheerful.のような英語を書く生徒がいました。このような英文を書かせないためにも、「日本語変換」と「語順の確定」に注目する必要があり、「彼女の歌は」、「させる」、「私を」、「元気に」といった「日本語変換」と「語順の確定」ができ

る力を育成することが重要です。その指導として、語順に強みを持った意味順は強力なツールになると考えました。高校の初期段階では、意味順BOXを使用することに慣れていないことや和文英訳の難しさが原因で、「日本語変換」と「語順の確定」をうまくできないことが多いです。そこで、意味順BOXの中に変換した日本語の一部を記載することで難易度を下げ、英文を書きやすいようにしました。

3. 調査の方法

　調査協力者は公立高校1年生43人です（*全国模試の平均偏差値は全国平均を超えています）。協力者は、今回の調査で初めて意味順を使用しました。調査方法については、まずは教師が時間をコントロールしながら、協力者に以下の5問の和文英訳に取り組んでもらいました（設問(1)〜(3)は田地野・ピアース2018、設問(4)と(5)は木村・丸山2018を参照）。

　○次の日本語を英語になおしなさい。（*制限時間は1問につき1分です。）

（1）いい雰囲気の店だね。（雰囲気：an atmosphere）

（2）彼女の歌は元気が出る。（元気な：cheerful）

（3）気に入ってくれるといいな。

（4）その質問は、その場に居合わせた人たちにとって意表を突くものだった。（その場に居合わせた人たち：the people present）

（5）その科学者は、細胞分裂の仕組みを解明したことで名を上げた。
　（細胞：cells ／分裂する：divide ／解明する［→明らかにする］：reveal）

---

　(1)と(2)はどんな動詞を使うかを考えなければならない問題です。(3)は口語的な性質を持っているので、「語順の確定」が難しいです。(4)と

(5)は「日本語変換」において難易度が高いものです。たとえば、(4)「その質問は、その場に居合わせた人たちにとって意表を突くものだった。」では、「意表を突く」という日本語をどのように変換するか、(5)「その科学者は、細胞分裂の仕組みを解明したことで名を上げた。」では、「細胞分裂の仕組み」や「名を上げた」といった日本語をどのように変換するかがポイントになっています。

　5問の和文英訳に取り組んだ後に、難しかった理由を書いてもらってから、協力者の和文英訳の答案を回収しました。そして、意味順BOXの使用方法についての簡単な説明を行った後に、以下にある意味順BOXを使用した和文英訳を配布し、教師が時間をコントロールしながら同じ5問の和文英訳に再度取り組んでもらいました。意味順BOX内には英文を書きやすいようにするために、変換した日本語の一部を記載しました。ここでは、意味順BOX内に日本語を書く時間として15秒を追加しました。

　○意味順BOX内に日本語を書いてから、BOXの下に英文を書きなさい。
　　(*制限時間は1問につき1分15秒です)

(1) いい雰囲気の店だね。(雰囲気：an atmosphere)

だれが	する(です)	だれ・なに	
	持っている		

→

(2) 彼女の歌は元気が出る。(元気な：cheerful)

だれが	する(です)	だれ・なに	
	させる		元気に

→

(3) 気に入ってくれるといいな。

	だれが	する(です)	だれ・なに
		望んでいる	
～ということを			それを

→

(4) その質問は、その場に居合わせた人たちにとって意表を突くものだった。（その場に居合わせた人たち：the people present）

だれが	する(です)	だれ・なに
出席していた人々は		その質問を

→

(5) その科学者は、細胞分裂の仕組みを解明したことで名を上げた。
（細胞：cells ／分裂する：divide ／解明する［→明らかにする］：reveal）

	だれが	する(です)	だれ・なに
		なった	
なぜならば			どのように( )

→

　5問の和文英訳に取り組んだ後に、「意味順BOXを使用する方が、英語を書きやすかった。（*当てはまる番号に〇を付けなさい。）」というアンケートに5件法(5：とてもそう思う、4：そう思う、3：どちらともいえない、2：そう思わない、1：全くそう思わない)で回答してもらいました。さらに、「その理由をできるだけ具体的に書いてください。（5と4を選択した人は、意味順BOXの有無でどのような違いがあったのかを書いてください。）」という項目にも回答してもらいました。

4. 調査の結果

∷ 4.1 問題の正答率と生徒の解答例

　ここでは、5問の和文英訳において、「意味順BOX無し」と「意味順BOX有り」の両方の状況で協力者が書いた代表的な正答と許容解、さらには代表的な誤答を記載します。また、意味順BOX有りの場合ではBOX内に書かれた日本語を・で区切って記載します。冠詞の誤り、単数と複数の誤り、3人称単数sの誤り、前置詞の誤り、時制の誤り、綴りの誤り、ピリオドやクエスチョンマークの付け忘れなどは許容解に含めました。また、「意味順BOX無し」で5問の和文英訳を終えた後に回答された難しかった理由も記載し、結果分析の参考としました。以下の表1は、意味順BOXの有無において、正答を書いた人数を示したものです。

表1：意味順BOXの有無による正答率（許容解を含む）の変化

	1	2	3	4	5
意味順BOX無し	14	27	13	12	4
	(33%)	(63%)	(30%)	(28%)	(9%)
意味順BOX有り	34	38	18	22	21
	(79%)	(88%)	(42%)	(51%)	(49%)

注：クラス人数は43人

(1) いい雰囲気の店だね。（雰囲気：an atmosphere）

正答例

> 日本語：店が・持っている・良い雰囲気を
> 英　語：This shop has a nice atmosphere.

（a）結果の概要

意味順BOX無しでは、動詞にhasを使用せずに、isを使用した誤答が多かったですが、意味順BOX内の「する（です）」BOXに「持っている」という日本語を置き、手がかりを与えたことで、正答を書いた人数が14人から34人へ飛躍的に増加しました。動詞を確定したことで、英語変換率も85％と高い数字になりました。

（b）全体的な結果

【意味順BOX無しの場合】

正答（許容解を含む）（14人）

This store's/shop's an atmosphere is good/nice.

This shop/store has a good atmosphere.

An atmosphere of this shop is good/nice.

This is the shop that have a good atmosphere.

誤答（29人）

［語彙選択の誤り］22人

The store is a/an good atmosphere.

This is the store which is an good atmosphere.

This/It is the shop which is good an atmosphere.

The store looks an good atmosphere.

［語彙の不足］1人

This is the shop which have an atmosphere.

［文構造の誤り］5人

The store looks good of an atmosphere.

This is a shop good an atmosphere.

［無回答］1人

難しかった理由

・どの文法を使えばよいのか分からない。
・雰囲気は「持つ」ものなのか、「ある」ものなのかが分からなかった。

【意味順 BOX 有りの場合】
正答(許容解を含む)(34人)

店が・持っている・良い雰囲気を

The shop/store has an/a good atmosphere.

The shop has/have good/nice an atmosphere.

The shop has good atmosphere.

This shop have a good an atmosphere.

誤答(9人)

[語彙の不足]6人

店が・持っている・良い雰囲気を

The/This shop/store has an atmosphere.

Shop has an atmosphere.

[文構造の誤り]2人

店が・持っている・感じ

I have feeling which is good atmosphere in the store.

あなたが・持っている・いい雰囲気の店

You have good an atmosphere shop.

[無回答]1人

(c) ある生徒の解答における変化

【意味順 BOX 無し】 This is a shop good an atmosphere.

【意味順 BOX 有り】 店は・持っている・良い雰囲気を

> The store / has / a good atmosphere.

　意味順BOX無しでは、Thisを主語にしたことで語順の誤りがありましたが、意味順BOX有りでは、「持っている」という手がかりを与えたことで、「店」を「だれが」BOXに置くことができ、語順の誤りはありませんでした。英文を書くときには動詞の決定が極めて重要なので、「する（です）」BOXに手がかりとなる日本語を置くことは有効でしょう。

(2) 彼女の歌は元気が出る。（元気な：cheerful）
正答例

> 日本語：彼女の歌は・させる・私を・元気に
> 英　語：Her songs make me cheerful.

(a) 結果の概要
意味順BOX無しでは、使役動詞のmakeを使用できずに、文構造に破綻がある英文がいくつか見られましたが、意味順BOX内の「する（です）」BOXに「させる」という日本語を置き、手がかりを与えたことで、正答を書いた人数が27人から38人へ増加しました。動詞を確定したことで、英語変換率も95％と高い数字になりました。

(b) 全体的な結果
【意味順BOX無しの場合】
正答（許容解を含む）（27人）
Her song(s) makes/make/made me/us cheerful.
When I hear her song, I become cheerful.
I am cheerful by her songs.

誤答（16人）

［語彙選択の誤り］8人

Her song makes me cheer.

Her sing makes me cheerful.

Her songs give me cheerful.

［文構造の誤り］7人

Her songs are gotten cheerful.

This is cheerful song which her sings.

I cheerful when listen her song.

［無回答］1人

難しかった理由

・注では「元気な」と書かれているのに、問題の日本語は「元気」となっているから。

【意味順BOX有りの場合】

正答（許容解を含む）（38人）

彼女の歌が・させる・私を・元気に

Her song(s) make(s)/made me/us cheerful.

Her song let me cheerful.

誤答（5人）

［語彙選択の誤り］2人

彼女の歌が・させる・私を・元気に

Her song become me cheerful.

Her song makes me cheer.

［文構造の誤り］2人

彼女の歌が・させる・元気に

Her song is made everyone cheerful.

Her song makes cheerful.

［無回答］1人

（c）ある生徒の解答における変化

【意味順BOX無し】 Her songs give me cheerful.
【意味順BOX有り】 彼女の歌が・させる・私を・元気に
　　　　　　　　　　 Her song / make / me / cheerful.

　意味順BOX無しでは、動詞にgiveを使用したことで文法的に誤った英文となっていますが、意味順BOX有りでは、「させる」という手がかりを与えたことで、使役動詞のmakeを使用した英文を書くことができています。しかし、三人称単数のsが抜けている点やgiveは後ろには「だれ」・「なに」が続くといった説明をする必要があります。1人の生徒の誤りを全体で共有する指導は有効でしょう。

●問題1、2の結果から得られた指導のヒント

　意味順BOX内の「する（です）」BOXに手がかりを置くことで、英文が書きやすくなるので、生徒の習熟度に応じて、手がかりの有無を判断しましょう。最初は、手がかり無しでトライさせてみて、難しいようであれば、ペアやグループの形態でどのような日本語を入れるべきであるかについて話し合わせる指導も有効でしょう。

（3）気に入ってくれるといいな。

　正答例

> 日本語：私は・望んでいる・〜ということを・
>
> 　　　　あなたが・好きになる・それを
>
> 英　語：I hope that you will like it.

（a）結果の概要

　　意味順BOX無しでは、wantやhopeの語法の誤りやfavoriteを動詞として使用する誤りが多く見られました。意味順BOX内の「する（です）」BOXに「望んでいる」という日本語を置き、さらに、意味順BOXを2段使う手がかりを与えたことで、正答を書いた人数が13人から18人へ微増しました。また、意味順BOXを使用することで正しい日本語変換の数は33人になりましたが、語彙知識の不足が影響し、英語変換率は55%でした。

（b）全体的な結果

【意味順BOX無しの場合】

正答（許容解を含む）（13人）

I hope/wish (that) you like it.

I hope you will like it.

I want you to like it.

I want you to say that this is good.

誤答（30人）

[語彙選択の誤り] 7人

I want you to be favorite.

I want you to glad.

I wish you will favorite it.

［語彙の不足］4人

I want you to like.

I'm glad that you will like.

［文構造の誤り］16人

I want you it favorite.

I wish you would be like it.

I hope it favorite for you.

I would like to you like it.

［無回答］3人

難しかった理由

・口語的で英語にするための日本語を考えにくかったから。

・「気に入ってくれる」をどう書けばいいか分からない。

・主語をどうすればいいか分からなかった。

・どういう単語を使えばいいか、また、どの順番で書けばいいか分からなかった。

・「いいな」について、どの語を使えばいいか分からなかった。

【意味順BOX有りの場合】

正答（許容解を含む）(18人)

私は・望んでいる・〜ということを・あなたが・気に入る・それを

I hope (that) you like/love it/that.

誤答(25人)

［語彙選択の誤り］8人

私は・望んでいる・〜ということを・あなたが・気に入る・それを

I hope/wish that she favorite(s) it.

I hope that you will be favorite it.

私は・望んでいる・あなたに・〜ということを・気に入ってくれるこ

と・それを

I hope you favorite it.

［語彙の不足］2人

私は・望んでいる・〜ということを・あなたが・気に入る・それを

I hope that you will like.

［文構造の誤り］15人

私は・望んでいる・〜ということを・あなたが・気に入る・それを

I wish that your favorite this.

I hope than you like it.

I hope for you like it.

私は・望んでいる・あなたに／が・〜ということを・気に入る・それを

I hope you that you like it.

私は・望んでいる・あなたに／が・〜ということを・あなたが・気に入る・それを

I hope you that you favorite it.

I wish that you become favorite it.

私が・望んでいる・気に入ることを・〜ということを・私が・あげる・それを

I want to be favorite to give it.

（c）ある生徒の解答における変化

【意味順BOX無し】　I hope it favorite for you.

【意味順BOX有り】　私は・望んでいる・〜ということを
　　　　　　　　　　あなたが・気に入る・それを
　　　　　　　　　　I / hope / that / you / like / it .

意味順BOX無しでは、動詞hopeの後にitとfavoriteを置いたことで

誤りのある英文になっていますが、意味順BOX有りでは、意味順BOX
を2段提示したことや、「〜ということ」という接続詞を用いる手がか
りを置いたことで、「主語＋動詞」＋「主語＋動詞」の構造を理解する
ことができ、「I hope」と「you like」を書くことができています。英
語習熟度の低い生徒にとっては、「S＋V＋that＋S＋V」の構造が難
しいですが、意味順BOXを2段使用することで複雑な文を視覚的に理
解しやすくなります。

●問題3の結果から得られた指導のヒント

　口語的な日本語を英語になおす場合は、脱落している主語が何である
のかを考えさせ、「だれが」BOXに入れることが必要です。また、くだけた日
本語をどのように分割し、意味順BOX内に当てはめていくのかもポイント
になります。接続詞や関係代名詞のような2文を1文につなぐ機能を持つ語
を意味順BOXで使用する場合には、意味順BOXを2段使用します。接続詞
や関係代名詞を使う必要のある英文を多く書かせながら、2段の使い方を
習得させるのがよいでしょう。

(4) その質問は、その場に居合わせた人たちにとって意表を突くものだった。

　(その場に居合わせた人たち：the people present)

正答例

> 日本語：出席していた人々は・予想していなかった・その
> 　　　　質問を
> 英　語：The people present had not expected the question.

(a) 結果の概要

　　意味順BOX無しでは、「意表を突く」をどのように表現してよいの
か分からなかった生徒が19人おり、正答を書いた人数は12人でした。

しかし、意味順BOX内の「だれが」BOXに「出席していた人々は」、「だれ・なに」BOXに「その質問を」という日本語を置き、「意表を突く」の日本語変換を促すことで、正答を書いた人数は22人に増加しました。また、正しい日本語変換をした中での英語変換成功率も79%と高い数字になりました。

(b) 全体的な結果

【意味順BOX無しの場合】

正答（許容解を含む）（12人）

The question made/makes/make the people present surprised.

The question is surprising for the people present.

The people present were surprised by the question.

The question surprised the people present.

誤答（31人）

［語彙選択の誤り］1人

The question make the people present surprising.

［語彙の不足］1人

The question is the thing which the people present was surprised.

［文構造の誤り］28人

The question was surprised the people present.

The question is surprising the people present.

This is question which is surprised to the people present.

The question which surprised the people present.

［無回答］1人

難しかった理由

・「意表を突く」をどのように表現してよいのか分からなかった。

・主語を「その質問は」と「その場に居合わせた人たち」のどちらに

すればよいのか悩んだから。

・「意表をつく」を「驚き」と解釈したが、surprise、surprised、sur-
prisingのどれを使用すべきなのかわからなかった。

【意味順BOX有りの場合】

正答(許容解を含む)(22人)

出席していた人々は・予想していなかった・その質問を

The people present didn't expect this question.

出席していた人々は・驚いた／驚く／驚かされた・その質問を

The people present were/are/was/is surprised at the question.

出席していた人々は・答えれなかった・その質問を

The people present cannot answer the question.

誤答(21人)

[語彙の不足] 2人

出席していた人々は・驚いた／驚く／驚かされた・その質問を

The people present is surprised the question.

出席していた人々は・考えていなかった・その質問を

The people present didn't think the question.

[文構造の誤り] 13人

出席していた人々は・驚いた／驚く／驚かされた・その質問を

The people present surprised the question.

出席していた人々は・驚かされた・私に・その質問を

The people are surprised me the question.

出席していた人々は・聞いて驚いた・その質問を

The people present surprised to hear the question.

[無回答] 6人

（c）ある生徒の解答における変化

> 【意味順BOX無し】
> The question was surprised at the people present.
> 【意味順BOX有り】
> 出席していた人々は・予想していなかった・その質問を
> The people present / didn't expect / the question.

　意味順BOX無しでは、be surprised atの主語に The question を置いたことで、意味を成さない英文となっていましたが、意味順BOX有りでは、「だれが」BOX に「出席していた人々は」を置いたことで、「意表を突く」の日本語変換を促し、expect を選択することができています。日本語変換が必要な文に対しては、どのような手がかりを置くことで、その変換が促されるかを継続的に調査し、分析することは有効だと思います。

（5）その科学者は、細胞分裂の仕組みを解明したことで名を上げた。

（細胞：cells ／分裂する：divide ／解明する［→明らかにする］：reveal）

正答例

> 日本語：その科学者は・なった・有名に
> 　　　　なぜならば・彼は・明らかにした・どのように細胞
> 　　　　が分裂するかを
> 英　語：The scientist became famous because he revealed
> 　　　　how cells divide.

（a）結果の概要

　　意味順BOX無しでは、正答したのは4人だけでした。誤答のほとんどは文構造の誤りでした。しかし、意味順BOX内の「する（です）」BOXに「なった」という日本語を置き、また、意味順BOXを2段使う手がかりを与え、さらに、2段目の「だれ・なに」BOXに「どのように（　　　　）」という手がかりを置くことで、正答を書いた人数は21人になり、飛躍的に増加しました。しかし、how節のカタマリをまとめてBOX内に入れることができるようになるには意味順BOXの使用経験を積む必要があると思います。

（b）全体的な結果

【意味順BOX無しの場合】

正答（許容解を含む）（4人）

By revealing system of dividing cells, he is famous.

The scientist is famous for revealing how to divide cells.

The scientist was famous for revealing how cells divide.

The scientist became famous by revealing dividing cells.

誤答（39人）

[語彙の不足] 18人

The scientist became famous to reveal the cells divide.

The scientist was famous for revealing cells divide.

The scientist became famous by revealing about cells divide.

That scientist who revealed cells divide is famous.

難しかった理由

・「細胞分裂の仕組み」をどのように表現してよいのか分からなかった。

・「名を上げる」をどのように表現してよいのか分からなかった。

・英文になおす時の表現の仕方が分からなかった。順番も所々分から

なかった。

・日本語が長いからどう構成すれば良いか途中で迷子になる。

【意味順BOX有りの場合】

正答(許容解を含む)(21人)

その科学者は・なった・有名に・なぜならば・彼は・解明した・どのように細胞分裂するか

The scientist became famous because he revealed/reveal how cells divide.

The scientist was famous for revealing how cells divide.

The scientist was famous for revealing how to divide cells.

誤答(22人)

[文構造の誤り] 20人

その科学者は・なった・有名に・なぜならば・彼は・解明した・どのように細胞分裂するか

The scientist became famous because he revealed how divide cell

The scientist was famous because he revealed cells how to divide.

The scientist became famous because he revealed that cells divide.

その科学者は・なった・有名に・なぜならば・彼が・発表した・どのように明らかにしたか

The scientist became famous because he reveled system how cells divide.

その科学者・なった・有名になった・なぜならば・その科学者は・解明した

The scientist became famous because he revealed system of cell divide.

The scientist was very popular because he revealed the divide.

The scientist is famous for reveal cells divide system.

[無回答] 2人

（c）ある生徒の解答における変化

【意味順BOX無し】

The scientist became famous by revealing about cells divide.

【意味順BOX有り】

その科学者は・なった・有名に

なぜならば・彼は・解明した・どのように細胞分裂するか

The scientist / became / famous

because / he / revealed / how cells divide.

　意味順BOX無しでは、becauseを使えなかったために、aboutの後にSVの構造を置き、誤りのある英文を書いています。意味順BOX有りでは、「なぜならば」という手がかりを置いて2段の使用を促し、また「どのように」という手がかりを置くことで「どのように細胞分裂するか」の部分を名詞句で書かせるように誘導したことで、how cells divideを2段目の「だれ・なに」BOXに置くことができています。このように、名詞句を適切なBOXに入れることができるようになると英語を書くことに自信が付いてきます。

●問題4、5の結果から得られた指導のヒント

　「日本語変換」において難易度が高い日本語を英語になおす場合には、「日本語変換」がうまくいくような手がかりを配置することが重要になります。日本語変換では、複数の変換が可能なので、複数の手がかりを配置するのがよいでしょう。また、手がかりを配置せずにペアやグループでの話し合いをさせることで授業を活性化させることも可能でしょう。

⁝•4.2　意味順使用に関するアンケート結果

　前述のとおり、43人の生徒に対して「意味順BOXを使用する方が、英

語を書きやすかった。」という問いに5段階での回答を求めたところ、5が9人、4が27人、3が7人、2と1は0人という結果になりました。

また、「その理由をできるだけ具体的に書いてください。」という質問項目に対する回答を「意味順指導の成果」と「意味順指導の課題」に分類して以下に記載します。

4.2.1 意味順指導の成果

- 意味順BOXが無いときは、何を主語にするかで迷うけど、あるときは主語を決めやすかった。文型を意識して作文することができて、とても分かりやすかった。
- 日本語を分解していくことによって、どの動詞を使えばいいか、だれを主語にしたらよいのかなどがわかってよかった。
- 書く順番さえ分かれば、後は日本語の単語を英語になおすだけなので、最初よりかはかなり英文を作れた。
- 意味順BOXで構成と整理をするので、英語になおすのが困難だった動詞を考えるヒントになったから。
- 何を主語にするのかや順番が分かるのがとても作文しやすかった。意味順BOXが無いと何から始めればよいのか分かりにくい。
- 言い換える言葉を考えるのが楽だった。より文法的に正しい文章にすることができた。
- 意味順BOXのおかげで頭の中でグチャグチャに散らばっていた文法達が限定されて書きやすくなった。

4.2.2 意味順指導の課題

- 日本語に対して、どの英語が使えるのかが分からなかったから文章を作ることができなかった。
- 意味順BOXを使って分かりやすくなった所もあったけど、日本語を言い換えるのが難しくて、BOXの中を埋められない部分があった。どこに何を置くのかがややこしくなることがあった。

- 英語を作りやすくなったものもあるが、日本語の意味が分からないものは簡単になおしようがないし、むしろやりにくいものもあった。
- 文の構成が分かり、慣れることで組み立てやすくなると思うけど、まず、日本語に言い換えるのがムズかしかった。
- 日本語を考えて問題を分かりやすくしても、その表現方法がよく分からなかったから。

　生徒の意味順使用に対するアンケート結果からも、意味順使用については8割以上の協力者が肯定的な感想を述べており、たとえば、「書く順番さえ分かれば後は日本語の単語を英語になおすだけなので、最初よりかはかなり英文を作れた」、「何を主語にするのかや順番が分かるのがとても作文しやすかった。BOXが無いと何から始めればよいのか分かりにくい」のような記述からは、意味順の最大の特徴である「語順の強み」の恩恵を受けたと思われる感想が見られました。また、「言い換える言葉を考えるのが楽だった」、「意味順BOXで構成と整理をするので、英語になおすのが困難だった動詞を考えるヒントになったから」のような記述からは「日本語変換・分割」のやりやすさについての記述も見られました。さらには、「意味順BOXのおかげで頭の中でグチャグチャに散らばっていた文法達が限定されて書きやすくなった」のような文法使用に関する記述も見られました。これらのことからも、和文英訳における意味順使用は一定の効果があり、有益なツールとなっていることが示されました。本章での協力者は初めて意味順BOXを使用したので、今後、意味順BOXに慣れていくことで、さらに「語順」や「日本語変換・分割」の精度が上がり、正確な英文を書く能力が身に付いていくと思われます。しかし、アンケートの中には、「日本語に対して、どの英語が使えるのかが分からなかったから文章を作ることができなかった」、「日本語を考えて問題を分かりやすくしても、その表現方法がよく分からなかった」のような記述も見られ、語彙知識や文法知識を高めて、表現の幅を広げていかないと意味順の良さを最大限に活かしきれないことも分かりました。

5. まとめ

高校1年生における和文英訳の指導に意味順を使用した結果、5問中全ての問題で正答数が増加しました。これは、意味順BOXの中に手がかりの日本語を置くことが影響したとも言えますが、正答(許容解を含む)や感想から、和文英訳の指導に意味順を導入する有効性を確認できました。従来の和文英訳指導では、生徒が模範解答の丸写しをするだけになる状況が多い中で、意味順というツールを使用したことで、生徒達が自力で日本語を変換し、分割し、意味順BOXに当てはめていく過程で、英語を書く楽しさを実感できたように思います。しかし、一方で、課題も見られたので、指導する生徒の習熟度に合うように意味順BOXの使用を工夫していくことが必要であるように思います。意味順BOXを使用した指導を通じて、英語をアウトプットする楽しさを実感できる生徒が増えていくことを願っています。

参照文献

ベネッセ教育総合研究所(2015)「中高の英語指導に関する実態調査2015」

木村達哉・丸山晃(2018)『夢をかなえる英作文 新ユメサク』東京：アルク.

文部科学省(2018)「平成29年度英語教育改善のための英語力調査 事業報告」

田地野彰(2011)『〈意味順〉英作文のすすめ』東京：岩波書店.

田地野彰・ダニエルピアース(2018)『「意味順」でまるわかり！ どんどん話すためのカンタン英作文』東京：Jリサーチ.

第10章 「意味順」を用いた読解指導

村上裕美

　私は長く大学で英語を教えてきましたが、昨今、英文を正確に読みとることができない大学生が増えているように感じます。大学生に英語に関する苦手意識を調査すると、英作文や会話が苦手と回答する割合が高く、英語の文構造が理解できないことがそもそもの原因となっていることが分かります。この状態のままでは語彙や文法をどれだけ懸命に覚えても、辞書を引いても、読解力を向上させることはできません。私はこれまで何年もの間、基本的な文型指導を行うことでこの問題の解決を試みてきました。しかし、一度理解ができないと思った経験から、学生は苦手意識を強くもっており、個々の学生の理解度も異なるため、授業で構文指導を取り入れたところで、限られた時間数の中で必ずしも十分な指導ができていたとは言い切れない点がありました。このような悩みを抱いていた時期に「意味順」指導を取り入れたところ、学生1人ひとりの文構造の理解を促す一定の効果がみられました。「意味順」指導は、用いる用語が簡易であるため、低学年向きだと思われる傾向がありますが、高学年だからこそ躓きに気づかせ、修正する機会を与えることもできます（村上2018）。本章では、学生の抱える問題を明らかにしたうえで、意味順指導の効果を検証します。

1. 意味順指導に至った背景
―英文読解を阻む3つの要因

　なぜ、少なくとも中学から高校卒業までの6年間英語を学んできたにもかかわらず英文が読み取れないのか。この問いはリーディング力だけでなく英語のスキル全般にもかかわる問題であり、各教育機関においてさまざまな省察のもと指導の工夫がなされています。

　大学生のリーディング力が乏しい原因としては、英語の文構造が理解できていないこと、文を構成する要素としての句の存在とその働きを理解していないこと、そして句の存在に関係する動詞の種類や文の構成に重要な役割を果たす接続詞の働きを理解していないこと、などが挙げられます。これらのリーディングに必要な知識を持たずに大学生として求められるさまざまな情報や解説文を読み解くことができないのは当然のことといえます。リーディング法としてよく取り上げられるものにスキミングやスキャニングがあります。この読み方は英文理解に必要な基本を習得したしたうえで取り入れることは効果的ですが、その基本が身についていない段階ではあまり効果がないこともあります。従来の訳読式英語学習を否定する立場から、こうした大意読み取り法を取り入れる教員が増えていますが、英語を使い自国の文化や自身の考えを発信する英語の使い手を育成するには、その基礎となる英語の文構造に関する理解が不可欠だと私は考えています。以下の節では、学生が抱える問題点を3つの要因から考察します。

※ 1.1　訳読学習の迷い子

　日本の中学および高校の6年間の英語学習の期間を経ても文構造の理解に至っていない現状は、さまざまな要因が重なり生じていると考えられます。そもそも英語と日本語とでは文構造が大きく異なります。たとえば補語（C）という概念は、日常の母語の使用において意識に上らないため概念の理解が難しく、理解できても実際の英文の中で見分けられない困難さがあります。下に挙げるような補語の見分けやすい例文(1)と(2)はよくても、

例文(3)のように補語が節になっている場合に英文構造が理解できない学生が多いようです。

(1) I am happy.
(2) You are a teacher.
(3) I am sure that he will come tonight.

　学生は(1)の文のI = happyや(2)の文のYou = a teacherという単文の説明は理解ができますが、つまずきは英文の構造が複雑になるほど如実にみられます。(3)の文のようなI = sureという発想は、母語の使用時に起きない発想であるため理解できないでいます。また、せっかく構文の概念を理解できても、重文、複文、混文などの理解にまでは至っていないことが多く、残念ながら基礎的な知識が十分に活用されていません。

　この現状で学生は大学の授業において英作文や英語による会話などを求められますが、せっかく発信しているにもかかわらずメッセージが伝わらない英文が多く見られます。こうした学生は英文の理解が正確でないことが多く、せっかく英語力向上の意欲をもって学習しても、残念ながらコミュニケーション能力の向上に弊害が生じることは少なくありません。

　文構造が理解できないでいる学生の多くは、その自覚がなく英文の大意を理解できていると思っていますが、実際は正確な理解に至っていません。つまり、Closed-Ended Question（Yes/No Questionや大意の把握や設問に関する問いに対し選択肢から選んで答える問い）には答えられますが、Open-Ended Questionには解答できない、もしくは該当箇所を抜き出すだけにとどまる傾向が高いです。また、文の訳を試みても正確に読み取る力が養われていないため、語彙を調べても内容が理解できない学生が圧倒的に多いです。いずれの場合であっても多くの学生が正確に英文を読みとることができない現状があります。

　このような問題を抱えた学生は横に並んだ言葉の並びを一語ずつ日本語に置き換えて理解できる語彙をつないで母語に置き換える習慣があります。

しかし、それでは日本語の意味が成立しない和文となり、努力しても英文の理解に至らない結果となることが多いです。つまり、根本原因を解決しないまま英文和訳のジャングルに入り、迷子になっているのです。

　この問題を解決するには大学生に文型の再教育が欠かせませんが、第1文型から第5文型まで例文を挙げ丁寧に説明を繰り返しても学生の頭上には一人また一人と疑問符の？が飛び出してきます。英語が嫌いな学生は、そもそも文を区切ってS、V、O、Cなどに振り分ける理由が理解できないのです。学生にとって、英文は見分けのつかないジャングルのようなアルファベットの羅列であり、糸口もつかめず、さまよい続けているといえます。つまり、構文指導の前に語の塊（句）の概念の理解が弊害となっているのです。

▸ 1.2　句という未知の用語との遭遇

　英文読解のためには構文の理解が求められ、そのためには文の要素（句）を理解する必要があります。英検2級までの2次面接検定試験問題では一定量の英文の音読が課されています。この出題の意図は瞬時に英文の構造を理解しながら必要な箇所で区切る力を見極めることでしょう。英検対策クラスを指導する際、多くの学生がどこで区切ればよいかわからないと告白することがあり、息を継ぎたいところで切る学生や何となく切るという例が続出します。この背景には、構文理解の基礎となる句という存在やその句がどのように文中で働くかについて考える機会がこれまで学生に与えられてこなかったことがあるようです。中学や高校の教師はおそらく句で切って訳読の指導をされているはずですが、その区切る意味がわからずただ先生が区切っているところとして学生が認識した場合、句の塊を発見したり文中の働きについて考える習慣が養われません。特に、補語と目的語に関しては句にまとめることはかなりトレーニングを重ねない限り困難です。このような状況に苦しむ学生に未習得の句についての説明や文型の説明の基礎まで掘り下げて指導するには、数時間分の授業時間の確保に加え、豊富な英文を実際に構文分析する練習を重ねることが必要です。そのよう

な機会を設けないかぎり、実用化の域に至りません。こうした学生の指導においては、英語教員もどこから手を付けてよいか困惑しているのかもしれません。

　非常勤先で担当する学生の中には、英語が大嫌いと公言しながらも熱心に英文を読み取ろうとする学生を多く目にします。近年はそのような学生にリメディアル教材として初級の教材を使用することが多いのですが、英語のレベルに加えてその学習内容にも関心が持てない学生が多くいる現状があります。そのため筆者は、思考を深める機会を提供する目的で、ある程度読み応えのある内容と英文レベルを保証する教材を選択または作成します。しかし学生からは、英文のどこから手を付けてよいかわからないという声があがり、教師である私はスキャフォルディングの目的で横一列の文字情報を句に分けて提示し指導することにしました。

　Christmas Carol の Summary[1] を用いた事例を以下に紹介します。

(4) An mean-spirited, miserly old man named Ebenezer Scrooge sits in his counting-house on a frigid Christmas Eve.

(5) An mean-spirited,
　　miserly old man
　　named Ebenezer Scrooge
　　sits
　　in his counting-house
　　on a frigid Christmas Eve.

　この指導は筆者が意味順指導法に出会う前の指導法ですが、例文(4)のように主語(man)にかかる修飾語が前にも後ろにもあり、述語動詞をnamed と取り違える学生が多くいました。そのため、例文(5)のように句の塊で情報を処理するサイトトランスレーションと呼ばれる通訳技術養成の指導法からヒントを得た指導法を取り入れました。*Christmas Carol* のSummary すべてを句単位で区切り、理解を支援しました。この指導法は

普通に横書きに打ち出した英文が理解できない学生の支援として役立ち、「読む意欲が出た」と学生から好評を得ました。しかし、支援の意味を誤ると、自律を妨げることになります。学生が自分の力で句の塊を見出す機会を提供できないでいることを問題視し、考察を重ねた結果、そもそも動詞の種別や働きが理解できていないことが原因であると考えました。

▷ **1.3 動詞の種類という未知の用語との遭遇**

　英語だけに限らず学習のつまずきは、些細なことで、解消できなければますます深みにはまることもあります。英語の5文型が簡単に理解できる人もいれば、疑問がたくさん出てきて混乱する人もいます。後者は決して理解力が劣っているのではなく、その人なりの理解するための落としどころにうまくはまっていないといえます。学生それぞれに落としどころが異なるため、教師は幾通りもの指導を試みる必要があります。しかしその指導をどれほど工夫しても効を奏しない場合もあります。「真の理解」が個々に異なることを示すエピソードを紹介します。

　ある少女が、算数が嫌いで好きな教科だけ勉強していました。小学校6年生の夏休みに少女の4年生の弟が母親に分数の計算を教わっていました。傍らでアイスクリームを食べながら耳にした会話に口を挟みました。「1/2＋1/3はいくらになるの？」という弟への母親の問いに少女は即答しました。「2/5！」その時、母親が涙を流しながら危機感を感じ、少女を座らせ分数の説明を始めました。何度絵をかいて説明しようとも理解できないまま時間が過ぎました。その時、母親は、頂き物の大きなお饅頭2個とナイフを持ってきて2つに切ったお饅頭と、3等分に切ったお饅頭の切り分けを見せました。そして少女に「どれか1つ食べることができたらどれが欲しいかな？」と尋ねたところ、少女は当然のように2つに切ったお饅頭の1つを手にしました。母親が「そうね！それが1/2よ。1/3より大きいでしょう？」その瞬間、数が大きい方がいつでも大きいと思い込んでいた少女の固定概念は変わり、そこから分数の理解が始まり夏休み期間で6年生までの分数の計算力に追いついたのです。このエピソードの少女とは、じつは筆者の

ことです。この経験は、英語教師となった今も教訓となっており、1つの説明で全員が理解できると思わず、幾つもの落としどころを探す手本となっています。

　英文読解のための落としどころを文構造や句の理解から探る際、どうしても動詞の種類（自動詞と他動詞、さらに句動詞）は避けては通れません。しかし、多くの学生は違いを認識できず、また種別があることも初耳であるという学生も少なくありません。確かに、1つの単語が複数の品詞として働くなど難しさはあります。

(6) He looks young.（自動詞）
　　He looks the woman in the eye.（他動詞）
　　He looks at the window.（句動詞）

　例文(6)のように同じ単語が文により自動詞や他動詞として働いたり、look atのように句動詞になると後ろに目的語を伴うなど、学ぶ側にとってなかなか整理がつかないことがあります。

　また、実際に授業で読む英文は例(6)のように簡易なものばかりではありません。どのようにすれば真の理解に導けるかと悩んでいた時に出会ったのが、意味順指導でした。その理論と見た目はシンプルなのによくデザインされた意味順ノートを見たとき、分数の概念がわからなかった筆者のお饅頭と同じ発想の落としどころを直感で感じ取り、すぐに指導に取り入れることにしました。

2. 意味順導入の目的―斬新な意味順指導

　意味順を学ぶことにより、先の章で考察した英語学習者の苦手意識が強い構文の理解、句の区切り方、動詞の種類の識別の3点のすべてを解消できると確信しました。その直感の要因は、英語の構文の概念がそもそも理

解できない学生にとって、意味順指導は自然体で馴染みやすく、これまで
の苦手意識が嘘のように消える経験となると思えたからです。分数の理論
や概念を説明する必要がなく、かつての筆者の「お饅頭」経験に等しく、
意味順指導は瞬時に学生の理解の落としどころとなると思えました。長年、
学生が抱える3点の問題を解決するべく取り組んできただけに、見た目に
はシンプルなのに、計算しつくされた指導法である意味順の良さがすぐに
理解できました。これまで構文指導の際に学生から発せられたさまざまな
疑問を、何の説明を加えなくとも理解に導くことができるうえに、学生が
自らの思考を働かせ構文の理解に挑める機会を提供できると考えました。

　筆者は、特殊な翻訳などのスキルを必要としない学生に、重箱の隅をつ
つくような指導は必要ないと考えています。しかし、本当に学生を自律し
た英語の使い手として育成する目的があるならば、構文指導は避けては通
れないととらえています。単語のみでコミュニケーションを図ることには
限界があり、AIを駆使した英語の発信では実現しない場面も多くある現状
を踏まえると、どうしても最低限度の構文を自由に使用できるようにする
ことが重要です。中学校および高校での学びにつまずいてきた学生にとっ
ては、過去の学びとは全く異なる切り口で学びなおすことは大きな転機と
なり得ます。母語である日本語の構造に親しんできた学生が、それと同じ
ように英文の構造を習得することができれば、リーディングはもちろんの
こと、リスニング、スピーキング、ライティングにも効果を与えられると
考えました。

　英文構造を理解するには、複雑な用語や文法概念から一度離れ、語順の
理解が優先であると考え、意味順指導を実施しました。以下の節において、
段階を踏んだ意味順指導法を紹介します。

3. 段階を踏んだ意味順指導

　研究大会や学内の授業研究会等で意味順指導法について発表した際、そ

の指導法を取り入れたいがどのようにして意味順ノートを使用すればよい
のか、またその指導法がわからないと相談を受けることが多く、セミナー
やワークショップを開催しながら、より効果的な指導法の模索を繰り返し
てきました。以下、大学の授業での指導を紹介します。

⋗ 3.1　意味順指導の導入手順

　まず、意味順指導にあたり、使用するノートを指定しました。意味順指
導用には小学生が使用する4線が記入されたタイプから高校や大学生が使
用する一般のノートのタイプまで、使用者に合わせて選択できます。本実
践は大学生を対象とするため「シングルリング横書き7mm」(キョクトウ)
を使用しました(図1)。可能な限りノートを回収し指導する機会を増やす
目的があり、リング式はちぎって必要な部分を提出できるため、ノート式
と異なるタイプを選択しました。

図1：意味順ノート

　初回の指導時が重要であるため、以下に指導のステップを記述します。

Step 1 言語の相違点への気づき

1)　何も考えずにノートに「昨日したこと」や「週末の予定」を日本語で
　　書き出す。
2)　書き出した内容を英文で書く。
3)　ペアで何か気づいたことがあれば意見交換する。

4) 自身が書いた英文やクラスメイトが作成した英文を意味順ノートに書き込む。この時はまだノートの枠を意識しないで書く。

この活動を板書してもらい発表してもらうと、日本語と英語のさまざまな違いに気づかせることができます。A君の例を挙げます。

a)　昨日したこと：クラブ
　　週末の予定：寝る
b)　I played basketball at school.
　　I will sleep in my room.

A君の日本語a)ではごく短く名詞や動作だけで示された内容が、英文b)になると動作主である "I" が現れ、より具体的な活動内容や場所まで書かれています。また、週末の予定については日本語にみられなかった未来時制が使われ、より具体的な場所の提示がみられます。A君の例はクラス全体が英語と日本語の伝え方の異なりに気づく機会となりました。他の例としてBさんの例を挙げます。

c)　昨日したこと：家族と梅田で串カツ食べた
　　夏の予定：オーストラリアでショートステイする
d)　I ate kushikatu with my family at Umeda.
　　I will make a short stay at Australia this summer.

Bさんの例から、語順の違いを指摘する声が多く聞かれ、その際意味順ノートの最上段に書かれている言葉（表1）の意味と、ノートの働きに気づく声があがりました。以下に示した表1の「だれ」、「する（です）」などのスロット（田地野 2011）を学生と「箱」と呼んでいますが、本実践では「だれ」と「なに」を分け、7つの箱を使って指導しました。

表1：意味順指導の「箱」

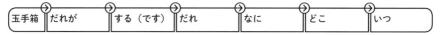

玉手箱	だれが	する（です）	だれ	なに	どこ	いつ

　最初から教師が説明を始めるのではなく、学生自身にノートの上段に印刷された言葉の意味を考えさせることで、意味順の規則性や機能を見出す機会を与えることができます。また学生の中には構文学習で学んだS、V、O、Cなどの用語を口にするなど、習得した内容とノートの箱の意味を合致させる人もいます。ひらがなで記載されているため幼稚だという印象を持つ学生がいることを案じましたが、見た目からは想像できない深い学びのノートになるということだけ先に伝えています。そして、その威力をどのタイミングで感じるか、個々の反応を待つようにしています。

　大学生の場合は、それほど多くの練習を行わなくてもそのノートの働きには気づきますが、主語が日本語に出てこない場合の例文なども考える機会を提供するため、可能な限り初回の導入では天候や明暗などのitを用いた例文を考える機会を提供すると後の学習が楽になります。たとえば、e）、f）の英文は日本語では登場しない主語を立てることを確認することができます。

e）　It is cold today.

f）　There are some dogs.

　e）の英文は天候のitであるため和訳の際に日本語として現れてきません。また、f）の英文ではthereは日本語として訳すことはありません。このような言語間の異なりを意識する機会を改めて提供することは必要です。そのため、クラスメイトの作成した文も含めて意味順ノートに書き込むことから文の要素（S、V、O、Cなど）の理解を確認する機会としました。特に、修飾語（M）となる語句を意味順ノートのどの箱に入れるかを考えることで学生は文の要素を再認識することができます。この活動は、決して簡単ではなく誤りは起きて当然であること、慣れない表現に慣れることに時間が

かかるのは当然だと声掛けすることで、ペアやクラス内で活発に自身がどのように意味順の箱に振り分けたか発表するようになりました。

Step 2 意味順ノート使用ルールの共有

　次に、意味順ノートに教材の英文を書き込む活動を行いました。ノートの使用にも工夫を加えたので以下に紹介します。

5)　意味順ノート上段の箱の大きさに沿って縦に線を入れ、ノートに7つの枠を作る。左端の枠に「玉手箱」と記入する(表2)。
6)　黒板に意味順の箱の用語のマグネット(図2)を掲示し、縦の線を入れ、学生のノートを再現する。
7)　ミニホワイトボードとマーカーを個々の学生に配布する。
8)　テキストの英文を個々に意味順の箱に沿って書き込み、ペアで検討したあと、黒板に句を書き出したミニホワイトボードを貼り、発表する。

　意味順ノートを使用する目的として、横書きに並ぶ英語の文字列を意味の塊ごとに理解する力を養うことにより文構造の理解を支援することと、内容の理解を語順で認知し、同様に出力する力を養うことがあります。その意味で、文構造の要素を示す箱ごとに英文を書き入れることで、平面的な英文を立体的に理解することを目指しました。また、ノートの左端に追加の「玉手箱」を設け、文の要素に入らない疑問詞・接続詞や語句を入れる場所としました。

表2：意味順の7つの要素ごとに縦線を入れた使用例

玉手箱	だれが	する（です）	だれ	なに	どこ	いつ

　導入の6)として使用する意味順のマグネットでは、意味順の要素が6色

に色分けされているため、文章の構文理解が難しい時、文章に色を付けて示すことで文構造の理解を支援することができます(図2)。

| だれが | する・です | だれ | なに | どこ | いつ |

図2：黒板用意味順用語マグネット

　黒板にマグネットを貼り、要素ごとに縦線を入れ表2と同じ形態を再現し、学生と文の解釈を行うディスカッションの場として演出しています。また、筆者は意味順指導では毎回の授業においてマグネット付きミニホワイトボードとペンを受講生に配布しており、さまざまなシーンで活用していますが、構文読み取りの確認を学習する際に非常に有効な学習法となるツールです。意味順のそれぞれの箱に学生がホワイトボードに書き出した語または句を貼り、意見が分かれる際にはペアやグループで検討したり、個々に積極的に説明し合うことができます。ミニホワイトボードを使用する前は、学生が黒板に書き込むスタイルをとっていました(図3)。

図3：意味順の考察風景

　しかし、熱心に考えながら書き込むため時間がかかり、書き込みを終えるまで他に記入したい学生が待つ時間ができてしまうことから時間短縮を図ると同時に、まず自分はどのように句を切り分けたのか、文構造をどのようにとらえたかを可視化しつつ考察する時間を設ける目的で、ミニホワ

イトボードを活用するに至りました。その際、箱の名称となる「だれが」、「する（です）」などのマグネットの色と合わせて文字を書くようにしました。図4にみられるように、以前は黒板にクラスメイトが書き込んだ箱の内容が自身の考えと異なる場合はその語や句を丸で囲み、入るべき箱に移動させるしるしとして矢線で示したのち、クラスで議論していました。黒板に示された記述を支持する場合には、ほかの生徒から丸印が付けられました。

図4：意味順の指導例

　このようなツールの活用は、発表していない学生の思考やとらえ方を確認することもできるため、より指導が必要な箇所に授業者が気づきやすくなります。8)のステップが意味順指導の中心となる部分です。意味順ワークショップを行い、実際に英文をノートの箱に沿って書き込む作業をしてもらうと、複数の解答の可能性があり混乱するのではないかと案じる参加者もいます。この迷いは、多様な英文を扱うほどこれでよいのだろうか？と教師が困惑することもあるかもしれません。たとえば、以下の例文g)をどのように意味順の枠に当てはめるのでしょうか。

g)　I know the man who was a fire fighter in America.

　この英文の場合、目的語the manと関係代名詞以下の節をどのように扱うかの判断が問われます。意味順で示すと、少なくとも2通りの可能性が

あります（表3、表4）。まず、表3はthe man who was a fire fighterを目的語の位置にあたる「だれ」に入れた場合です。

表3：人を示す意味の塊を目的語に当たる「だれ」に入れた例

玉手箱	だれが	する（です）	だれ	なに	どこ	いつ
	I	know	the man who was a fire fighter in America			

もう1つの解釈として、the man/ who was a fire fighterを分け、節になっているwho was a fire fighterをさらに意味順に分けて枠に当てはめる方法があります（表4）。

表4：who以下の節をさらに2層に分けて箱に入れた例

玉手箱	だれが	する（です）	だれ	なに	どこ	いつ
	I	know	the man			
	who	was		a fire fighter	in America	

　筆者は、学生の扱う英文が複雑で、1つの文が何層もの構造からなる英文の読み取りに困っている姿を見てきたため、意味順指導では表3の分解を終えたうえでさらに表4の分析をするように努めています。上記の文は比較的容易な文ですが、学生が実際に目にする文は1つの文に複数の代名詞や動詞、もしくは複数の目的語が入っている文が多くみられるため、その理解への導入として、このような平易な文についても意味順で考える機会を提供しています。また、表4の2段目のwhoを目にして「関係代名詞の主格」の意味を身をもって理解した学生もいましたが、このように文法用語に縛られない学習から、新たな気づきや深い学びに入ることが多くみられました。

　表3および表4の違いについて田地野先生は「多様性があり、厳密な正解や不正解はない」と指摘されており、実際に指導して感じることは教師が意味順枠に当てはめる際、多様性があることを認識したうえでばらつき

が生じないよう、自身の中でルールづくりをしておくことが必要だと考えます。たとえば、意味順の4つ目の箱「だれ」は文法用語「間接目的語」を使用しない場合、混乱を招くことがあります。「彼は私にパエリアの作り方を教えてくれた」を英文にすると例文h）、i）となります。特に混乱を招くのは例文i）のto meの扱いです。

h)　He taught me how to cook paella.

i)　He taught how to cook paella to me.

　h)の英文を意味順の箱に入れると表5のようになり、英文を意味順通りに当てはめることができます。この時、2つの目的語をとる動詞tell、make、showなどを示し、同一の文構造であることを確認すると「だれ」という箱の働きを確認することができます。

表5：第4文型を箱に入れた例

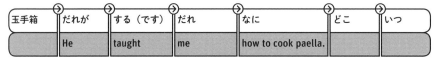

玉手箱	だれが	する（です）	だれ	なに	どこ	いつ
	He	taught	me	how to cook paella.		

　しかし、例文i）はto meの扱いに学生は苦慮します。表6のように、「だれ」に入れる学生や、「玉手箱」に入れる学生もいます。

表6：意味順理解において語彙の逆走が起きてはいけない例

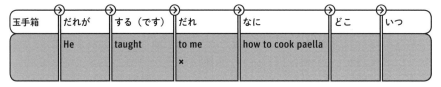

玉手箱	だれが	する（です）	だれ	なに	どこ	いつ
	He	taught	to me ✕	how to cook paella		

　解答としては「玉手箱」に入れることとし、その代わり1段下げることを留意点としています。決して語順を表の中で逆流することはないことをしっかりこの時点で定着させておく必要があります。to meを「どこ」に

入れて指導することもありますが、特にリメディアル学生には「どこ」は
場所の概念が強いため、表に記入した分類にしています。このように意味
順に沿って英文を分析する作業を行ったうえで、教科の学習内容への活動
に入りました。

Step 3 学習理解の支援と応用力育成

　学生が英文理解に困難さを感じる場合、教師が訳読を与えて解説するこ
とで授業が終わってしまっては、学生は自分の力で英文を読み解くことが
できたとは言えません。どんなに複雑な構文でも自分の力で構文を分析し、
理解する力を養う指導が教師の責務であると考えます。そのため筆者は学
生が理解できない英文を意味順に分析する指導を行いました。その例を以
下に挙げます。

j)　At that time, Takasu thought, "Though the EU has some problems, the
　　Nobel Peace Prize has a meaning that it is supporting people who are
　　making efforts toward an ideal." (Yaginuma and Yamamoto 2014)

　j)の文は、ノーベル賞に関するリーディング教材の追加教材として指定
された英字新聞の抜粋ですが、新聞英語は独特の文法や語法があるため、
文構造を正確に把握できないと文意は取れないことが多いです。特にこの
文は、記者が取材したタカス氏の心情を示している箇所であり、一文中に
４つの節があり、関係代名詞の修飾部分を整理する力が求められています。
また、代名詞が何を指すかなど文中の情報処理に注意が必要で構文を理解
できない学生にとって、それらを整理しながら意味をとることは困難な箇
所です。表7のように意味順に沿って書き出すと、縦に7層に分類するこ
とができます。横の箱に目を移すと「だれが」に当たる語は5種あり、4
つ目のitが何を指すか考えやすくなります。また、関係詞の働きを改めて
構造として確認することができます。特に着色した3つの層はthe Nobel
peace Prize has a meaningを説明する箇所であると理解できます。

表7：複雑な文構造を多層に分けて理解する例

玉手箱	だれが	する（です）	だれ	なに	どこ	いつ
						At that time
	Takasu	thought,				
"Though	the EU	has		some problems,		
	the Nobel Peace Prize	has		a meaning		
that	it	is supporting	people			
	who	are making		efforts		
toward an ideal."						

　また、この分析の副産物として、towardがなぜ「玉手箱」に入るかを考察し、前置詞の働きを理解する機会となっています。この分析過程では、筆者が示すのではなく学生が黒板に書き込み、異なる意見の学生は色を変え書き込んだり、線で新たな箱への移動先を示す活動を繰り返します（図3、4参照）。このようなアクティブ・ラーニングを通してクラス全体で学ぶと同時に、教師も学生が困難に思っている点を把握することができ、同様な構文がテキストでみられる際は、何度も意味順指導を繰り返しながら定着を図ることができます。

　さらに、意味順が定着してくると、「なに」に入る語句は目的語と補語が混在していることに気づく学生が増えてきます。そこで箱をさらに2つの箱に分け、目的語と補語の違いを考えるステップに移ります。学習内容に関係する英文を使用した表8を示します。

　これらの段階を踏んで、目的語や補語といった文法用語がようやく理解できます。多くの学生はこのような意味順指導を早期の教育で受けておきたかったと口をそろえて述べます。なぜなら学生の多くは、リーディングの際「なんとなくわかる」と自己評価し、理解できない箇所を分析する方法、つまり文構造を分析する術を学んでいません。そのため、どうしてよ

表8：「なに」に入る語の働きを見分けるための動詞の考察

だれが	する(です)	だれ	なに		どこ	いつ
			O	C		
Nobel	was			a dynamite king.		
Nobel	was			single.		
Nobel	gave		more than $9 million of his fortune to establish annual Nobel Prizes.			
Committees	awarded		the first Nobel Prize			on December 10, 1901.

いか、問題に気づいたとしても解決することができないでいます。意味順学習を通して既習の学習で取りこぼしてきた事項を認識し、そのうえで再度既習の文法用語と重ね合わせることで「ストン」と理解できるようです。この理解への3つの過程を経ると、理解の深まりに合わせて英作文の誤りが減少する傾向がみられます。特に動詞の欠如や目的語の欠如が減少していきます。その最たる理由は、動詞の種類を調べ、目的語や補語にあたる「なに」の箱に注意を払うようになっていくからです。この変化は自律した学習者として成長している証といえます。

4. 意味順指導の結果

　先に述べた学生の理解の過程と変化は筆者による評価です。しかし、学生から寄せられた意味順指導に関する評価に、筆者の期待以上のコメントが寄せられています。以下に数例を紹介します。

・おぼろげな理解だった構文がやっと理解できた。

- この学習法をもっと早く知りたかった。
- ニュース記事やテキストを読むとき意味順で切って読むようになった。
- 最初は邪魔くさいと思ったけど、どんどんはまって予習で全文を意味順に毎回入れて考えるようになった。
- 先生が言ってたようにライティングにも意味順ノートを使うようになったらネイティブの先生からうまくなったってほめてもらえた。

　ここに挙げた例は数例ですが、学習成果に関する満足や指導への感謝の声が聴かれました。筆者は意味順指導法を知った当初、正確な文章を書く際に効果的な指導法であると考えました。しかし、それだけではなく構文理解を促す学習効果があることも確認できました。意味順指導を通して、英語学習に苦しむ学生を少しでも救うことができたとしたら、大変嬉しく思います。

5. まとめ

　英語学習につまずく要因を分析し把握しながらも効果的な指導法が見出せていなかった筆者にとって、意味順との出会いは幸運なものでした。学生は、文法用語の意味を考えることから解放され、英文に使用される語彙や語句の働きを意味順枠に沿って分析した結果、これまで意味が理解できなかった文法用語や文法の説明が理解できる経験をすることができました。
　意味順学習の効果を体験した学生が口をそろえて言及した「もっと早い学年でこの意味順ノートを使いたかった」という感想が小中高の英語教育の現場で活かされることを願いつつ、未来の英語教師のための英語科教育法の授業で受講生とともに意味順指導について研究しています。また、現役の英語教師を対象にしたワークショップ等を継続し、学習者が自信を持って英語を使用できるよう、今後もさらに効果的な指導法を開拓し紹介したいと思います。

● 注

1　*A Christmas Carol Summary* By Charles Dickens
　　https://www.sparknotes.com/lit/christmascarol/summary/

● 参照文献

田地野彰(2011)『意味順英語学習法』東京：ディスカバー・トゥエンテイワン.

土屋澄夫(編)(2000)『新編英語科教育法入門』東京：研究社.

松畑熙一(1991)『英語授業学の展開』東京：大修館書店.

村上裕美(2016)「意味順ノートを用いたリーディング指導」『高等教育研究論集』6.

Yaginuma, Hiroyuki and Ichiro Yamamoto. (2014) The Asahi Shimbun (April 3 and April
　　20).

英語に苦手意識を抱く大学生を対象とした「意味順」指導
―学習・指導を支える拠り所―

加藤由崇

1. 意味順導入の背景

　読者の中には、なぜ高校までに英文法を身につけてきたはずの大学生に対して新たな教育文法を導入する必要があるのか疑問をもたれる方がいるかもしれません。じつは大学で英語を教え始めた当初、私自身も自分がこれほどまでに意味順に救われるとは想像していませんでした。本章では「勉強してきたのに英語が使えない」ことに苦しんでいる大学生を支援する意味順指導の一例を紹介したいと思います。

∷ 1.1　大学英語教育の現状

　大学のクラス分けや英語力の診断に利用されることが多いTOEIC® IP テスト（団体特別受験制度）によれば、2019年度の大学生（受験者416,191名）の平均点は990満点中455点でした（リスニング平均256点、リーディング平均199点。）（国際ビジネスコミュニケーション協会 2020: 9）。この結果からも推測できるように、大学やクラスによっては、たとえばTOEICで400点に届かない学生に対して英語の授業を行うことは珍しくありません。こうした大学の授業の多くは、学部1、2年生の必修科目として設定され、週1回90分×15回の枠組みで実施されています。英語教師はこうした状況の中で、学生の習熟度やモチベーションにも配慮しながら、限られた授業

時間内に効果的な指導を行う必要があります。

▸ 1.2　本実践の対象学生

　本章では、ある私立大学の非英語専攻の大学1、2年生（初・中・上級の大学内のクラス分けの中で、主に初・中級レベル）を対象にした授業における筆者の取り組みを紹介します。学生の習熟度はCEFR A1—A2程度で、なかには入試科目として英語を受験せずに入学した学生もいます。語彙や文法の知識が曖昧で、英語の文章を理解する力が弱く、英語を産出した経験も少ない学生が多いのが特徴です。

▸ 1.3　授業の構成

　授業の典型的な流れを表1に示します。この授業はリーディングを中心とした必修科目の授業ではありますが、他技能についての積極的な指導も推奨されていました。そこで私の授業では、モジュール的にスピーキングの指導を行うことで、授業内における英語の産出機会を最低限保証しようと試みました。本章では、以下の表1の「3 リーディング」と「4 スピーキング」における意味順の活用事例を紹介します。

表1：授業（1回90分）の典型的な流れ

	内容	時間
1	小テスト、課題提出	約10分
2	前時の復習、フィードバック	約10分
3	リーディング【実践例①】	約50分
4	スピーキング【実践例②】	約15分
5	本時の振り返り	約5分

2. 目的

本実践における意味順導入の目的は、以下のとおりです。

∷ 2.1 リーディング

本実践で扱った大学指定の読解教材は、学術目的の英語(English for Academic Purposes)を意識したもので、学生には実際の論文をパラフレーズした文章を読解することが求められていました。しかし、意味順導入前の時点では、テキストの難易度と学生の習熟度の間に乖離があり、それが授業運営を困難にしていました。そこで、両者のギャップを埋め、学生の読解を補助するための方法として意味順の導入を決めました。

∷ 2.2 スピーキング

これまで英語を産出する経験が少なかった学生は、スピーキング課題への取り組みを求められた際に戸惑いを見せることが少なくありません。また教師にとっても、こうした学生の発話を診断するための拠り所がなければ、効果的なスピーキングの指導を行うことができません。そこで本実践では、学生の心理面をサポートし、また教師の指導を助ける意味順の役割と意義を考察することにしました。

3. 指導の方法

では、意味順を活用した具体的なリーディングおよびスピーキングの指導事例を紹介します。

∷ 3.1 リーディングの指導

(1) 意味順による文構造の可視化(見える化)

主に文構造の理解などのボトムアップ処理に弱点を抱える学生を支援す

るため、意味順を用いたスラッシュ・リーディングを行いました。直線的に流れる通常の文章（図1上）の読解に困難を抱える学生に対して、意味順による文構造の可視化を行った資料（図1下）を配布し、意味のまとまりごとに内容理解を促す指導をしました。これにより、対象学生が抱えていた1つ目の課題である「テキストの難易度と学生の習熟度の乖離」を埋めようと試みました。

The idea of the critical period has fascinated many researchers. Some are interested in the question of whether there is a critical period for languag acquisition. An answer to this question came from the sad story of Genie. She was the victim of one of the severest cases of child abuse in history. The miserable girl had been strapped to a potty chair and had been locked in her bedroom for about thirteen years. She hadn't had any chance to learn language until she was found in 1970. Many people tried to help her begin a normal life. They taught her various social skills, including language. She succeeded in learning many English words and became able to speak in small sentences. But she never succeeded in mastering English grammar.

原文出典：大門ほか (2013: 82)

↓

	α	だれが	する（です）	だれ・なに	どこ	いつ	どのように	なぜ
1		The idea of the critical period	has fascinated	many researchers.				
2	whether	Some there	are interested in is	the question of a critical period	for language acquisition.			
3		An answer (to this question)	came		from the sad story of Genie.			
4		She	was	the victim of one of the severest cases of child abuse		in history.		
5	and	The miserable girl	had been strapped had been locked		to a potty chair in her bedroom		for about thirteen years.	
6	until	She she	hadn't had was found	any chance (to learn language)		in 1970.		
7		Many people	tried to help	her / begin a normal life.				
8		They	taught	her / various social skills, including language.				
9	and	She	succeeded became able to speak		in learning many English words		in small sentences.	
10	But	she	never succeeded		in mastering English grammar.			

図1：意味順による文構造の可視化

ここで、実際の指導を行ううえで補足すべき点を3点挙げます。1点目は、通常のスラッシュ・リーディングがそうであるように、文章の区切り方にはさまざまな可能性があるという点です。たとえば、go to schoolを意味順で区切る場合、go / to school（する／どこ）と区切ることも、go to / school（する／なに）と区切ることも可能です。この差異には区切る人の言語観が表れており、どちらが「正しい」ということはありません。むしろこのような差異をとおして言葉の見方をとらえ直すこと自体が学習・指導に繋がり得るでしょう。

　2点目は、必ずしも教科書のすべての文を意味順で可視化する必要はないという点です。学生の習熟度や授業の目的に合わせて、重要な1文だけを取り上げて解説を加えるという方法も可能です。その際に意味順を活用することで、SVOCといった文法用語や記号を用いなくても、「だれが」「する」といった日常用語を用いて、学生と対話しながら意味理解を進めることができます（たとえば、「誰が?」→「スミス教授が」、「何したの?」→「発見した」、「何を?」→「新種の昆虫」、「どこで?」→...のように進めます）。

　3点目は、色や図形を用いた文構造の可視化の工夫です。すでに図1下

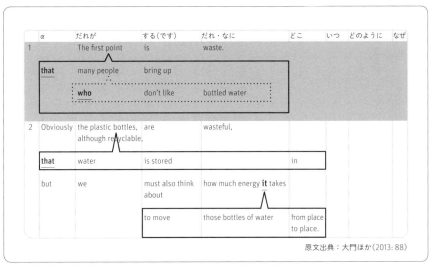

原文出典：大門ほか（2013: 88）

図2：関係詞や形式主語を含む文の可視化

に示した例のように、1文ずつ交互に色付けするだけでも資料の見え方は変わります。また、関係詞や形式主語を用いた文については、たとえば図2のように「吹き出し」を用いて対応することも可能です。従来の文法訳読法による指導においてもこうしたアプローチが取られることはありましたが、意味順の枠組みがあることでさらに体系的な文構造の可視化が可能になります。

　もちろん、最終的には学生自身が教師の補助なしに意味のまとまりをつかまなければなりません。一方で、学習や指導に段階性があるのも事実です。本実践では、図1や図2に示した資料を活用することで、まずは学生に英文読解の感覚をつかんでもらうことを目指しました。一見難しく見える文章の読解でも「読んでみよう」という学生の意欲を喚起する点において、意味順の活用には意義があると考えました。

(2)「意味順オンライン教材」の活用

　大学では週1回90分の授業が15回、つまり22.5時間の授業時間が基本単位となっています。大学設置基準の第21条によれば、1単位は45時間の学修をもって認められるという規定があり、1単位の授業であれば授業時間と同じ時間の自習時間（22.5時間）が求められることになります。限られた授業時間を最大限に活かすためにも、自習時間を充実させる必要があります。

　そこで本実践では、Quizlet (https://quizlet.com)を用いた「意味順オンライン教材」を作成することにしました。Quizletは単語や用語の学習のために作成されたサイトです。フラッシュカード、音声、ゲーム、テストなどの各種機能が揃い、基本的な機能なら誰でも無償で使用することができます。近年では、スマートフォンを使用していつでもどこでも手軽に学習できる教材が増加傾向にあります。テクノロジーの発展に伴って学生の好む教材も日々変化するなか、本実践では意味順とQuizletを活用した自主学習教材の作成を行いました（加藤・和田・大門 2018）。

　具体的には、まず大学の統一教材に掲載された全12章の英文における適

切なスラッシュの位置とそれぞれの訳語について、筆者を含む英語教員3名の間で協議を行いました。その際の拠り所となったのが意味順です。スラッシュの位置は教員間でも議論が分かれるポイントですが、意味順という共通の枠組みがあることで協議をスムーズに進めることができました。

図3：Quizletを用いた「意味順オンライン教材」（イメージ図）

なお、図3のように、たとえば「だれが」の要素が（対象学生にとって）長いと判断した場合は、意味順の各要素内でも語句を分割するという判断をしました。また細かな点ですが、句読点の表記や括弧の活用などについては教員・学生間での事前の確認が必要です。たとえば現状のQuizletでは[　]は音声を伴う記号であるため、"many people [who don't like bottled water]…"のように表記すれば、音声を残したまま、関係詞を伴う文構造を視覚的に明示することができます。一方で、（　）は音声を伴わない記号であるため、日本語訳をつける際に「多くの研究者（を）」などと音声を伴わない助詞を加えて意味を明確にすることができます。Quizletは単語学習のために開発されたサイトであり、節や文に訳語をつけることに特化されたものではありません。しかし、表記法を工夫することで、文構造の理解を助ける自習用教材として効果的に活用することができます。教材によっては公開範囲を限定することで、文章執筆者の著作権に配慮することも必要でしょう。実際に学生に提供した教材例については、以下のリンクから参照できます（https://quizlet.com/_4akhgb）。

∷ 3.2　スピーキングの指導

次にスピーキング指導の実践例を紹介します。この授業では、ほぼ毎回

最後の約15分を使ってスピーキング課題に取り組みました。本章では特に、(1)イラスト描写、(2)イラスト複製、(3)間違い探しという3つの課題における意味順指導の例を紹介します(加藤 2018)。各課題を行うために必要な言語表現を意味順の枠組みに基づいて分析することで、体系的な文法指導の在り方が見えてきました。

(1) イラスト描写(Picture Description) ―「する(です)」を中心に

この課題では英検準2級の面接試験で使用されるイラストを用いた描写練習を行いました。イラストには5つの動作が含まれており、学生にはそれらを書いたり、ペア同士で順番に話したりすることを求めました。この描写課題の達成のためには、動作を表現するための適切な動詞を産出することが重要です。そこでこの課題では意味順の「する(です)」に焦点を当てて、特に現在進行形(進行相)の指導を行いました(図4参照)。

	だれが	する(です)	だれ・なに	どこ	いつ
(1)	女の人 A girl	追いかけている **is chasing**	犬 a dog		
(2)	女の人 A girl	走っている **is running**		犬の後を after a dog.	
(3)	犬 A dog	追いかけられている **is being chased**	女の人に by a woman.		

図4：イラスト描写課題における「する(です)」の指導

最初はイラストに示された人の動作をどのように表現するべきか戸惑う学生もいましたが、意味順の枠組みを提示することで、学生は適切な語順で英語を産出できるようになりました。一方で、学生の作文や発話には"A girl chasing dog."のように、be動詞や冠詞の欠如に代表されるような局所的誤り(local error)が多く見受けられました。この場合の指導方法としては、「この文は英語の適切な語順(意味順)で書かれており、コミュニケ

ーションの観点からはさほど問題はない」と伝えた上で、「それでもさらに誤解のない表現にするためには進行形や冠詞の誤りも修正できるとよいですね」と伝え、「誤りの重みづけ」について学生とともに確認しました。

　この課題における発展的な指導として、「だれが」と「する（です）」を連動させた指導も可能でしょう。たとえば、図4の(3)の例文のように、人ではなく犬を主語にすることで受動態を使った描写が可能なことに気づかせることもできます。話者や書き手の焦点に合わせて「だれが」の要素が変化するということも、この意味順の枠組みがあれば分かりやすく説明することができます。

(2) イラスト複製（Picture Reproduction）―「どこ」を中心に

　ペアになり、1人が絵や写真を見て描写し、もう1人がそれを聞いて紙に絵や写真を復元するという課題です。(1)の課題とは異なり、伝える側は情報を持っていない相手のことを考えて話さなければなりません。特に、人の動作や物の場所を伝えるだけではなく、紙のどの部分を描写しているかを相手に伝えなければ、相手はイラストの復元ができません。この課題では"on the right"などの場所を表す表現が必要となるため、意味順の「どこ」に焦点を当てた指導を行いました（図5参照）。

	だれが	する（です）	だれ・なに	どこ	いつ
(1)	I	can see	two white towers.	On the right,	
(2)	there	is	a black tower.	On the left,	
(3)	It (=The black tower)	is	the tallest.		

図5：イラスト複製課題における「どこ」の指導

通常この課題では"right, right, white tower!"などのように単語を組み合わせただけの発話になってしまうことがよく見受けられます。もちろんその発話が不適切かどうかについては議論があるでしょうが（意味を伝えられていれば言語形式にさほどこだわる必要はないなど）、意味順の枠組みがあることで、私のクラスにいる学生は落ち着いてどのような順番で相手に情報を伝えるべきかを整理できているようでした。情報を組み立てるための拠り所があることで、学生にとってはこの課題に取り組む壁が低くなるのかもしれません。

　なお、図5の2文目に示したthere構文を意味順でどのように扱うかは議論が分かれる点ですが[1]、本実践ではthereを「だれが」に含めることで対応しています（田地野 2014: 98-99）。これは学生への説明の分かりやすさを重視した判断でしたが、少なくとも筆者のクラスでこの解釈に戸惑いを見せる学生はいませんでした。

（3）間違い探し（Spot the Differences）―「α」を中心に

　ペアになっていくつかの「間違い」を含む類似した絵や写真を描写し合い、すべての相違点を見つける課題です。(1)や(2)の課題とは異なり、ペア同士が積極的に質問をし合うことで絵の相違点を見つけることが求められます。そのため、図6のように意味順の「α」に焦点を当て、疑問文を用いた文の作り方に関する指導を行いました。

	α	だれが	する（です）	だれ・なに	どこ	いつ
(1)	Is	the old man	looking		to the left?	
(2)	Is	the old woman	holding	a cat	on her lap?	
(3)	does	he	have	How many dumplings	on the plate?	

図6：間違い探し課題における疑問文の指導

　従来の5文型や7文型の枠組みでは、こうした疑問文の指導を行うこと

はできませんでしたが、意味順では「α」の活用や複数行の使用（図6の例文(3)）によって柔軟な解決策を示している点に特徴があります。

なお、この間違い探し課題は、(1)や(2)のスピーキング課題に無理なく取り組めることを前提としたものであるため難易度も高く、学生からは最も「難しい」あるいは「やりがいのある」課題だったという意見が出ました。

4. 結果と考察

本実践における教育効果の検証として、学生への質問紙やインタビュー調査ならびにパフォーマンス・テストの結果を考察することで、意味順指導の成果と課題をまとめます。

﹢4.1 リーディング指導の評価

(1) 授業での意味順指導について

毎回の授業の最後に配布しているReflection Sheet（振り返りシート）に、意味順に関するコメントを記入してもらいました。その結果、以下のような意味順指導の成果・利点が得られました（学生のReflection Sheetの記述から抜粋、原文ママ）。

「読解の補助」
- 意味順を使うことで、長く書かれた文章もとっつきやすくなり難易度が下がり、できるようになるのが実感できる。
- 日本語訳と活用することで、意味順がさらに分かりやすくなったと感じた。

「単語力の必要性」
- とてもわかりやすい。あとは単語力が必要だ。
- 意味順が効いてきて、訳しやすくなってる！　確実に力がついているの

が分かる。辞書とセットで無敵だー！

　意味順の活用が読解を助けるという点はある程度予測できていましたが、多くの学生が「単語力の必要性」に言及していたのは意外でした。たしかに意味順は情報の順番（「だれが」「する（です）」「だれ・なに」…）は教えてくれますが、個々の単語の意味把握は学生に委ねられています。そのため知らない単語があればもちろん辞書等で調べる必要があります。意味順は文法面では強力な味方になる一方で、語彙に関してはやはり地道な積み重ねが必要であることを学生は再確認したようでした。その他にも、意味順の活用法を自分なりに模索する学生の姿が印象的でした。先ほどの図1、図2に示した意味順プリントを配布した際には、各英文チャンクの下に適宜必要な日本語の意味を書き込みながら意味理解を行う学生が多くいました。「いつもは単語の意味を適当に繋いで読む」と述べる学生も多いなか、意味順が読解のための明確な枠組みを提供してくれることに気づくコメントが数多く見られました。

　一方で、以下のような課題も挙げられました（Reflection Sheetの記述から抜粋、原文ママ）。

「意味順への慣れ」
• まだ意味順が覚えられない。
• 先生が使えば分かるけど、自分では使えない…
• 前回に比べると意味順が理解できるようになりました。単語の下に意味を書くとより分かりやすくなりました。これからも続けてほしいです。

「区切る場所」
• 1つ1つの文でどこまでがどの意味順BOXに入るのかが分からなかった。
• instead of...など、どの単語がつながっていて、どの単語がつながっていないかが分からない。
• 修飾する部分はスラッシュを入れないのか。

「意味順への慣れ」については、学生からの率直なコメントが寄せられました。小中高の英語学習の中で5文型（SVOCや主語・動詞など）を中心とした学習に馴染みのある学生にとっては、意味順がこれまでの枠組みとどう関係するのかを理解するのに時間がかかっている様子も伺えました（もちろん両者は互換可能であり、対立するものではありません）。教師としては、5文型であれ意味順であれ、個々の学生が最も使いやすい枠組みを活用することを勧めます。一方で、もし意味順がより早い段階から導入されていれば、学生はさらに抵抗感なく意味順を受け入れていたかもしれないという印象も抱きました。

　2点目の「区切る場所」の問題については、さらに深く調査するため、クラスの中から2名の学生に簡単なインタビューを行いました。とある話の流れから、彼らに意味順を用いて "I went to the supermarket to buy some milk." という英文を区切ってもらうことになりました。すると興味深いことに、2人の学生の区切り方が異なることが分かりました（図7）。学生Aが "went to" をひとまとまりのチャンクとしてとらえたのに対して、学生Bは "to the supermarket" を「どこ」に分類していました。同様に、"to buy some milk" についても、学生Aが意味順の2行目を活用したのに対して、学生Bは「なぜ」を用いて分類しています。先ほど3.1でも述べたように、これはどちらが「正しい」ということではなく、その学生の言語観が表出したものと考えられます。読解の指導ではしばしば学生が頭の中でどのよ

学生A：	I	went to	the supermarket		
	だれが	する（です）	だれ・なに		
		to buy	some milk.		
		する（です）	だれ・なに		
学生B：	I	went		to the supermarket	to buy some milk.
	だれが	する（です）		どこ	なぜ

図7：学生の異なる言語観（Kato, Watari & Bolstad 2018 をもとに作成）

うに英文を理解しているかが分かりづらいことがありますが、こうした意味順による文構造の可視化をとおして、これまでブラックボックス化されていた私たちの文構造の理解過程を明らかにし、それを指導へと繋げる方法を見出すことができるかもしれません。

なお、本実践を行う過程では、意味順指導が教師の教材研究を助けるということも分かりました。文章を意味順によって意味のまとまり毎に整理することで、文章の特徴（関係詞が多いなど）の理解や重要単語・コロケーションの把握に役立つ場面が多くありました。同一教材を使用している教師間で、意味順による教材分析の結果を共有することも有効でした。

（2）「意味順オンライン教材」の活用について

次にQuizletを活用した「意味順オンライン教材」について、学生に対して質問紙調査を実施した結果をまとめます。実施年度は2017年度で、有

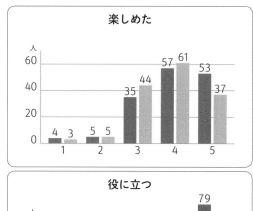

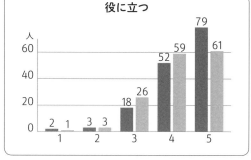

図8：「意味順オンライン教材」の感想（左が春学期、右が秋学期）

効回答数は春学期154、秋学期150でした。質問紙はGoogleフォームを使って作成し、学生にはスマートフォンやパソコン上での回答を求めました。

その結果、図8に示した通り、多くの学生から「意味順オンライン教材」を使った学習に対する肯定的な回答が寄せられました（5段階のリッカート尺度、1＝そう思わない、5＝そう思う）。

また図9に示したように、教材の活用媒体（複数回答可）としては、「スマ

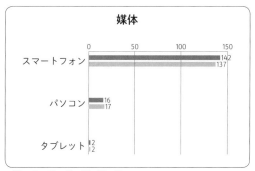

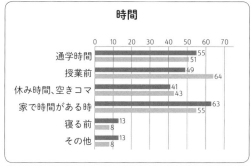

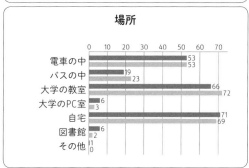

図9：「意味順オンライン教材」の活用文脈（複数回答可、上が春学期、下が秋学期）

ートフォン」が最も多く、次いで「パソコン」、「タブレット」となりました。使用時間は、「通学時間」や「授業前」、「休み時間、空きコマ」や「家で時間があるとき」など、隙間時間を活用した学習の様子が垣間見えました。同様に、使用の場所としては、「電車」や「大学の教室」、「自宅」といった回答が多く、場所を問わずさまざまな場面で活用している状況が把握できました。

　さらに、具体的な成果について学生に自由記述を求めた結果、表2にまとめられるような複数の利点が挙げられました。

表2：「意味順オンライン教材」の利点

	カテゴリー	学生の記述例
1	手軽さ	「スマホはいつも持ってるので手軽に（使用できた。）」
2	読解の促進	「部分部分で訳されているので、理解しやすかった。」 「意味順でとてもわかり易かった。」
3	音声の活用	「音声機能があるため、単語の発音がその都度確認できた。」 「音声も付いているので、リスニング力と文章の読解力の両方ができてよかった。」
4	理解の確認	「自信が無かった訳とかを確認できて便利だった。」 「欲しい箇所の情報だけを得ることができる。」

注）（　）は筆者による加筆。

　ある学生は、以下のように回答しています。

　　「発音を聞きながら、自分で考えることができ、頭をフルに回転させているような感じで、とてもよかったです。実際にテスト前にやるとやらないとではテストの出来がかなり違いました。」

もちろん、この意味順オンライン教材を用いた学習がすべての学生にとって最適なものとは言えないかもしれませんが、少なくとも私が担当する学生からは肯定的な回答を数多く得られました。私のリーディング授業では、復習や理解確認のためにオンライン教材の活用を続けています。特に授業時間等の制約がある大学の授業において、本教材は学生の学習の1つの拠り所となっているように感じています。

　一方で、学生からは以下の表3にまとめられるような本教材の課題も挙げられました。

表3：「意味順オンライン教材」の課題

	カテゴリー	学生の記述例
1	大きな単位での意味理解	「（単語や節だけでなく）1文の訳もしてほしい。」
		「英文を…長めに表示してほしい。」
		「全体の文を見渡せるページがほしい。」
2	日本語訳や解説	「直訳でしっくりいかない文があるので、自然な訳も書いてほしい。」
		「文法表現の解説を入れてほしい。」
3	使用のタイミング	「教科書の問題を解く前に（オンライン上に）上がると、自力で読まずにQuizletに頼ってしまう。」
4	使用方法の理解	「使い方がまだわからないし、難しい。」
		「操作説明を分かりやすくして欲しい。」
5	教材の機能	「単語カード以外の機能が使いづらい。」
		「ボタン1つで最初に戻れる機能（がほしい。）」

注）（　）は筆者による加筆。

　Quizlet自体の機能の制限もあり、こうした課題点のすべてを解決することは困難ですが、このアプリ教材を活かした授業の在り方そのものを見直すことは可能です。たとえば、1の「大きな単位での意味理解」や2の「日本語訳や解説」をオンライン教材で学習できないのであれば、授業で

行えばよいでしょう。実際に私の授業では、文と文、そして段落間のつながりや、直訳しただけでは意図がつかみづらい文などに焦点を当てて指導をしています。また、3の「使用のタイミング」については、その章の読解が終わった時点で教材を公開し、学生が復習やテスト対策のために使用できるよう位置付けを変えた結果、学生からも好評を得ています。このように授業の中と外ですべきことを明確化するという点でも意味順オンライン教材の使用には意味があったと言えます。

⋙ **4.2 スピーキング指導の評価**

　次に、毎授業最後の約15分を使って行った意味順に基づくスピーキング指導の効果について、パフォーマンス・テストと質問紙調査の結果をもとに検証します。

(1) パフォーマンス・テスト

　まず、指導の事前(第1週)・事後(第10週)に行った発話のパフォーマンス・テストの結果を記します。ここでは、2018年度の春学期に実施した初級クラス12名の学生のデータを分析しました。

　テスト課題として写真描写課題を採用しました。著作権の関係上、実際の写真を掲載することができませんが、図10のような写真を用いました。まず第1週目に全員が同じ写真(図10左)を描写し、各自の発話をボイスレコーダーに録音しました。制限時間は30秒でした。その後、3.2に記した

図10：事前・事後テストで用いた写真のイメージ

「イラスト描写」と「イラスト複製」を授業において実施しました。そして第10週目に、第1週目に描写した同じ写真（同一課題、図10左）と、事前に学生が見たことがない写真（異なる課題、図10右）を用いて学生の発話を録音し、事前・事後の変化を分析しました。

　分析においては、録音した30秒間の発話を書き起こしたのち、発話語数と、発話の分析単位であるAS単位（Analysis of Speech Unit）の平均値を算出しました。ここでのAS単位は、主に学生が話した「文の数」あるいは「写真内の描写ポイントの数」とほぼ同義です。

　パフォーマンス・テストの分析結果を表4と図11にまとめます。

表4：事前・事後テストの結果

	事前テスト	事後テスト	
		同一課題	異なる課題
発話語数	4.08 (2.71)	21.92 (2.81)	18.83 (4.04)
AS単位	1.42 (0.79)	4.00 (0.74)	3.83 (0.94)

注）$N = 12$、平均（標準偏差）

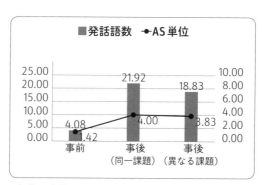

図11：事前・事後テストにおける発話パフォーマンスの変化

　これらの結果から、意味順は発話パフォーマンスの向上に良い影響を与えることが読み取れます（結果の解釈における注意点については後述）。授業開始時（第1週）の発話語数の平均が約4語であったのに対して、意味順指

導後（第10週）の平均は、同一課題で約22語、異なる課題でも約19語となりました。同一課題だけでなく、以前に見たことのない課題（異なる課題）でも発話語数が伸びたという結果からは、一定の教育効果が示されたと言えます。同様にAS単位についても、意味順指導の前後で1.42から4.00または3.83まで増加しました。つまり、制限時間内（30秒間）で話した文の数や描写のポイントが増えたことが分かります。

　では、以下に引用した学生の発話例をもとに、より具体的にこの結果を検討してみます。

【事前テスト】発話語数5、AS単位2

|Teacher is very cute.|

|Children...|

【事後テスト（同一課題）】発話語数24、AS単位5

|On the left, there is woman.|

|On the right, there are childrens.|

|Woman is teaching music.|

|Children is singing song.|

|Teacher is very cute.|

【事後テスト（異なる課題）】発話語数24、AS単位5

|On the left, there is a cup.|

|Cup is hot.|

|In the background, sunny and mountain.|

|Cup on the table.|

|Cup is very cute.|

　事前テストではほとんど話せていなかった学生が、事後テストでは場所を表す表現（on the leftやthere isなど）や現在進行形（is teaching...など）を

使って描写ができています。冠詞の欠如（woman）や名詞の複数形の誤り（childrens）、be動詞の欠如（Cup on the table.）なども散見されますが、これらはコミュニケーションの上ではさほど問題とはならない局所的誤りであると考えられます。

　もちろん、これらの結果の解釈には少なくとも以下の3つの注意すべき点があります。1点目は、この結果は必ずしも意味順指導の効果だけではなく、授業内外でこの期間に学生が学んだすべての教育効果を表しているという点です。2点目は、上述の発話例にchildrensなどの誤りが含まれていたことからも分かるように、今回の結果は発話語数の変化に基づく発話の流暢さは検証していますが、誤りの割合のような発話の正確さを検証してはいません。コミュニケーション上の適切さについても同様です。この判断は、今回の意味順指導の第一義的な目標が、まずは発話そのものの開始を促すという点にあったからです。実際、事前課題ではほとんど何も話せなかった学生も、事後課題では少なくとも何かを伝える（伝えようとする）という段階まで進むことができました。正確さや適切さに関しては、流暢さがある程度伸びた後の課題である考えています。3点目は、今回の結果はあくまで1つの事例であり、一般化可能な結果ではないという点です。今回のデータは、あくまであるクラスの学生12名を対象としたものであり、統計分析によって結果の一般化を試みるものではありません。そのため、他の教育環境でも同様の意味順指導の効果が出るかどうかまでは言及できませんが、少なくとも筆者の教室における1つの事例としては教育効果を確認することができました。

（2）質問紙調査

　最後に、意味順に基づくスピーキング指導について、学生に対して質問紙調査を実施した結果をまとめます（実施年度は2018年度の春学期）。

「指導の成果」
- 少し英語が好きになったし、もっと英語を学びたいと思った。

- 仲間同士で楽しく話し合いながら、英語も学習できた。
- 特にイラスト描写で意味順を実践的に使うことができた。
- 楽しみながら、相手に伝えたいことを英語で伝えられた。

「指導の課題」
- 使える単語が少なくて、伝えるのが難しかった。
- 定型文として先生が紹介してくれるとそればかり使ってしまった。
- 意味順を考えながら書かずに言うから難しかった。もっと繰り返しやれ
  ばできるようになりそう。

　意味順の特徴の1つは、コミュニケーションを始めるための原動力となり得る点にあります。実際に、本実践における学生は意味順を活用しながら英語での対話を楽しんでいました。学生自身が挙げた課題にもあるように、今後語彙力や表現力をさらに伸ばすことで、コミュニケーションの幅をさらに広げることができると考えています。

5. おわりに

　本章では、「勉強してきたのに英語が使えない」ことに苦しんでいる非英語専攻の大学1、2年生（初・中級）を対象とした授業実践について紹介しました。意味順に基づくリーディングやスピーキング授業の可能性について、具体的な教材を紹介したのち、パフォーマンス・テストや質問紙調査の結果をもとに指導の効果を検証しました。

　私は、意味順を英語の学習・指導における「拠り所」あるいは「エンジン」として考えています。英語を使用する際、学生には何らかの「拠り所」が必要です。意味順は、読解においては意味のまとまりとその順番を提示し、発話においては英語で情報を伝達するための語句の順番を提示してくれます。こうした「拠り所」があるからこそ、学生は安心して英語を

使用することができ、教師は自信をもって指導を行うことができます。さらに、意味順の存在のおかげで、学生は「とりあえず読んでみよう、話してみよう」と思えることもあるでしょうし、教師は意味順を英語指導の軸に据えることで、これまでの指導にはなかった新たな発想を得ることもあるでしょう。この点において、意味順は学習・指導のための「エンジン」を同時に与えてくれているようにも思えます。

　意味順のような新たな指導法を教育に導入するには勇気が必要ですが、その壁を越えたとき、指導の可能性は大きく広がります。私の場合は「最近こんな文法の考え方があるんだよ」と目の前の学生に雑談をすることから意味順の導入を始めました。小さなきっかけが、自分の指導を、そして学生の学習の可能性を広げることに繋がります。本章が、もし読者の方の何かのきっかけの1つとなったとしたら嬉しく思います。

❂　注

1　本書の第4章（高橋佑宜先生）の論考では、there構文の大変興味深い分析例が示されています。意味順の「α」を活用したthere構文の理解と使用については、今後の実践において学生とともに探究していきたいと考えています。

❂　参照文献

加藤由崇（2018）「タスクを活用した英語授業における『意味順』の役割」『JACET北海道支部2018年度支部大会』北海道大学における口頭発表（2018年7月7日）.

加藤由崇・和田珠実・大門正幸（2018）「Quizletを活用した英文読解教材の開発」『第90回LET中部支部研究大会』岐阜女子短期大学における口頭発表（2018年1月20日）.

Kato, Yoshitaka, Watari Hironori and Bolstad Francesco. (2018) Voices from "practitioners": A collaborative exploration of MAP grammar in an EFL classroom. In Akira Tajino (ed.), *A New Approach to English Pedagogical Grammar: The Order of Meanings*, pp. 160-171. Oxford: Routledge.

国際ビジネスコミュニケーション協会（2020）『TOEIC Program Data & Analysis 2020』https://www.iibc-global.org/library/default/toeic/official_data/pdf/DAA.pdf

大門正幸・David Laurence・Cameron Smith（2013）『Discoveries: Strategies for Academic Reading』東京：金星堂.

田地野彰（2014）『NHK基礎英語 中学英語完全マスター「意味順」書き込み練習帳』東京：NHK出版.

III 「意味順」 ー 今後の展開に向けて ー

第12章 「意味順」を活用した英語学習指導
―学習者の自立・自信・自律の育成に向けて―

渡寛法

1. はじめに

　国際化に伴い、日本でも英語を身につけることの重要性がいたるところで強調されています。英語教育産業が発展し、対面個別の英会話学校やオンライン英会話、短期留学なども盛んになっています。とはいえ、日本人の多くにとって「英語」といえば、やはり学校英語でしょう。2000年代に入り、指導要領の変更や小学校における外国語の科目化など、英語教育は大きく様変わりしました。文法訳読や和文英作文などの座学スタイルから、英語を使ったコミュニケーション重視の活動スタイルへと学校英語も変わってきています。スピーキングやライティング、グループワークや協働学習など、英語教育においても「教師が何を教えたか」から「学習者が何を学んだか」へのシフトが起きています（溝上2014ほか）。

　一方で、英語は日本人学習者にとって、難しく、身につきにくいものの代表として、依然大きな課題となっています。文部科学省（2017）の高校生を対象とした調査でも、4技能のバランスに課題があり、特に「話すこと」「書くこと」は全体的に苦手な傾向にあることが示されています。日本人英語、ジャングリッシュ（Janglish）は日本人の英語ベタを揶揄する言葉として使われることも少なくありません。日本人にとって、英語はペーパーテスト中心の勉強であり、入学試験や就職活動など、避けては通れない

ものであり、やらざるを得ないもの、時には、やらされているもの、とい
う認識は多くの学習者のホンネでしょう。英語学習といえば、単語帳や例
文集の丸暗記であったり、アルファベットを見るだけで身構えてしまう英
語アレルギー、入試や就職のため考えなしにやるものという意識をもって
いる学習者は少なくありません。日本人に合った英語学習法の開発や、英
語への苦手意識の払拭、英語学習の意義を自ら見出させる指導は英語教育
における重要な解決すべき問題と言えます。

　学校英語をどう活用・発展させれば、日本人の英語力は向上するのでし
ょうか。「授業」にとどまらず「人生」というスパンでこれからの英語教育
を考えるうえで、意味順は指導にどう活かせるのか。この章では、日本人
の英語学習の問題点である「丸暗記」「英語アレルギー」「やみくも学習」か
ら脱却するために、学習者に自立・自信・自律をうながす意味順指導の意
義を紹介したいと思います。

2. 学習者の自立－丸暗記からの脱却

　英語はとかく、暗記科目ととらえられがちです。たしかに、たとえば単
語を知らなければ、話者や筆者の意図を理解することはできないでしょう。
また、知識ゼロの状態から英文を組み立て、話したり書いたりすることは
不可能です。一方で、単語帳や辞書、参考書の英単語や英文をすべて暗記
しつくすことは、およそ現実的ではありません。田地野(1999)は、完璧
主義ではなく、ひとまず自分の言いたいことを誤解されずに表現できる
「8割英語」を目指すべきと指摘しています。丸暗記英語から脱却し、手持
ちの英語知識でコミュニケーションできる状態こそ、英語学習者の自立と
言えるでしょう。

　英語で大切なことは何かといわれれば、単語、文法、発音などの知識、
4技能の向上、文化理解など、きりがありません。英語を使いこなすには、
そのすべてが必要といわれたら、学習者は気が遠くなることでしょう。学

校英語において、教師は学習者に「あれもこれも」ではなく「これだけは」を勇気をもって示す必要があると考えます。コミュニケーションを成立させるという観点からの英語における「これだけは」が、意味順です（意味順の理論的な背景については第1章を参照）。

　単語も語順も異なる日本語をそのまま直訳しても、伝わる英語にはなりにくいものです。日本語の伝えたい内容を、意味順枠に当てはめて「翻訳」することで、「意味順ジャパニーズ」がつくれます。意味順ジャパニーズのように、英語との橋渡し役をする日本語は「中間日本語」という呼ばれ方もします（詳細は、田地野1999を参照）。意味順ジャパニーズを英語に変換することで、誤解されにくい、意味の伝わる英文をつくることができます（図1）。

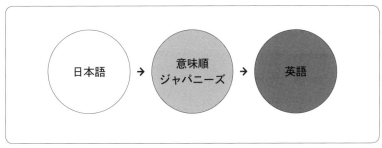

図1：日本語と英語をつなぐ意味順ジャパニーズのイメージ

　英語初学者はどうしても「言いたいこと」が日本語で浮かんできてしまいがちです。少し込み入った内容を言いたいときはなおさらでしょう。表1は「今日はバナナの気分だ」という日本語を意味順枠で英語に翻訳した例です。日本語と英語は直結しにくい言語です。無理に直結させようとすると、直訳の例（Today Banana Feeling!!）のように、意味の伝わりにくい、コミュニケーションにおいて誤解を生じさせる英文になりがちです（ちなみに、「バナナの気分」に関連する表現として、go bananasにはgo crazyという意味もあります）。

表1：日本語から英語への意味順による翻訳例

日本語	今日はバナナの気分だ。				
直訳	Today Banana Feeling!! (??)				
意味順枠	だれが	する（です）	だれ・なに	どこ	いつ
意味順ジャパニーズ	私は	食べたい	バナナ		今日
英語	I	want to eat	a banana		today.

　日本語を英語の語順にあてはめ、脱落しがちな主語「私は」を補うことで、こなれた日本語も直訳しやすい日本語に翻訳できます。意味順ジャパニーズに英語の表現を対応させていくことで、十分に意味の伝わる英文になります。日本語で「バナナの気分だ」は、「バナナがいい」「バナナが食べたい」「バナナが欲しい」など、さまざまな言い方で表現することができます。英語でも、こなれた、本当にしっくりくる表現を探したいと思えば、あとから知り合いのネイティブ・スピーカーに聞いてみたり、ネットで検索すれば見つかるはずです（表2）。

表2：「今日はバナナの気分だ」の英文例

だれが	する（です）	だれ・なに	どこ	いつ
I	feel like eating	a banana		now.
I	am		in the mood for a banana	this morning.
A banana	would be	great		for breakfast.

　対面コミュニケーションでリアルタイムのやり取りができることを目標とするならば、意味順による英語は、日本人がまず目指すべき、自分で生み出せる英語のモデルと言えるでしょう。

3. 学習者の自信—英語アレルギーからの脱却

　日本人学習者への英語指導を考えるうえでは、技能面だけでなく情意面での工夫も欠かせません。学習者の多くが英語に対して苦手意識をもっていることはさまざまな調査や研究で明らかになっています(ベネッセ教育総合研究所 2014ほか)。一部の学習者にとっての英語に対する抵抗感は「アレルギー」と言っても過言ではありません。もはやアルファベットを見ただけで、自分には無理と思いこんであきらめてしまう。そんな学習者は大学でも珍しくありません。しかし、英語学習をするうえで自信(専門用語では自己効力感)の重要性も多くの研究で明らかになっています。筆者がリメディアルレベルの大学生を対象にした調査でも、自信の高低によって1年後の英語パフォーマンスには有意な差がでることがわかりました(渡・中島 2020)。名言・格言にも、できると思い込むことができるコツであるという意味の言葉は多くあります(セオドア・ルーズベルトの "Believe you can and you're halfway there." など)。

　自信こそ、英語学習を成功させる大きな要因の1つですが、問題はどうしたら、苦手意識を克服し、自信を持てるかです。学校英語では、学習指導要領により、高校においても授業は英語で行うことが基本と規定されました(文部科学省 2009)。真に英語を使いこなすための力をつけるには、(日本人留学生が海外で経験するような)英語環境につかりきり「溺れたくなければ泳げ」式のスパルタ教育も必要なのかもしれません。しかし、日本の教育環境で、すべての学習者にそうした指導法を当てはめるのは無理があります。とくに英語に対する苦手意識を克服するうえでは、母語である日本語を足場掛けとしてうまく活用する方法も、自信をつけるためには必要でしょう。

　英語と日本語は語彙や文法、発音まで全く違う言語です。だからこそ日本人には難しいと言われます。一方で、文字の数から見ると、日本語はひらがなだけで46文字、常用漢字は2136文字もあります。英語はアルファベットでたったの26文字です。英語は26文字の組み合わせだけで、人間

の感情やこの世の森羅万象を表現しようとしている言語です。日本人にとってこれは驚くべきことではないでしょうか。

　また語順に関しても、時に自由気ままで、省略も多い日本語に対し、英語には語順が変わると意味も変わる固定語順言語としての特徴があります（第1章2、3節を参照）。

　たしかに、発音に関しては、日本語にない音も多いため、日本人にとって英語は難しい言語と言えます。しかし、文字や語順の組み立て方は、日本語とは比べ物にならないぐらいシンプルな言語です。学校英語で行われるテストが、必要以上に難しいものという先入観を学習者に与えているのではないでしょうか。日本語と遠い言語ではあるが、やってやれないことはない、という自信をもつことを強調すべきでしょう。意味順で英単語を並べるだけでも意味の通じる英文ができることはすでに多くの研究でも検証されています。たとえば筆者らが参加した、高校での意味順指導の効果調査では、指導の前後で英作文の質や量が向上しただけでなく、学習者の苦手意識にも有意な改善がみられました（渡ほか2012）。ネイティブらしい理想の英語を目標とした減点主義ではなく、日本人英語を出発点とした加点主義で指導していく方が、英語に対する自信も持ちやすく、教師と学習者がお互いに楽なのではないでしょうか。英語のシンプルさを指導するうえで、意味順は大いに役立つのです。

　日本人学習者は、たとえ英検1級、TOEIC900点以上をもっていても、自分はまだまだ英語ができないと謙遜する人も少なくありません。知的なネイティブ英語を目標にすれば、日本人にとって英語学習には終わりはないでしょう。しかし、日本人はカタカナであれ、英単語を日常的に使っています（例 クラスター）。たしかに、カタカナ英語でネイティブには通じない単語（例 サラリーマン）、誤解を生む単語（例 マンション）も多いですが、こうした英語知識をもっていることは自信にしても良いでしょう。「フジヤマ、サムライ、ニンジャ」を知っているだけで日本語を知っている、日本語をしゃべれると言える外国人の強いメンタリティを見習いたいものです。英語とはテストであり、小さなミスも減点される完璧主義では、「で

きない」ことに目がいきがちになり、自信をもつことは難しいでしょう。「できない」ではなく「できる」ことに目を向けることが自信を育む第一歩であり、意味順は「できる」を実感できる学習法なのです。

4. 学習者の自律―やみくも学習からの脱却

　なぜ英語を学ぶのか、明確な目標をもっている学習者はそう多くはありません。学習を成功させるうえで自律の重要性は、自己調整学習の理論や実証研究でも明らかにされつつあります (Zimmerman & Schunk 2014ほか)。他律的な「やらされる学習」から、自律的な「自らやる学習」への転換をうながすうえで、学びたい英語はどんな英語か、目的を意識させることがその第一歩です。多くの学習者に見うけられる、やみくも学習 (English for No Purpose) では、自律的な学習は難しいと言えます。

　どんな英語を学びたいか、という問いは、将来どんな人たちと英語で関わっていきたいかを考えることでもあります。「英語」と一口に言っても、その内容は多種多様です。言語は、ディスコース・コミュニティ (専門家集団) によって違うことが指摘されています (田地野・水光 2005)。買い物や世間話など、日常会話で必要となる英語は一般目的の英語 (English for General Purposes, EGP) と呼ばれます。一方、ビジネスやアカデミックの世界で使われている専門的な英語は特定目的の英語 (English for Specific Purposes, ESP) と呼ばれ、さらに職業目的の英語 (English for Occupational Purposes, EOP) と学術目的の英語 (English for Academic Purposes, EAP) に区分されます (図2)。もちろん、これらは重なる部分も多くありますが、語彙や表現だけでなく、話し方、書き方、論理の組み立て方も目的ごとで異なってきます。

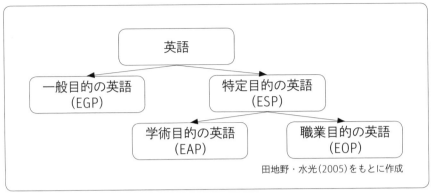

図2：田地野・水光(2005)による英語の分類例

　学習者たちに突然、「君が身につけたい英語はどんな英語?」と聞いても、答えるのは難しいかもしれません。英検、TOEICなどのテストとしての英語や、志望の大学や職業に必要な英語、洋画鑑賞や海外旅行を楽しめる英語、がよく挙げられる目的の英語かもしれません。大切なのは、身につけたい英語を明確にすることで、自分がどんなディスコース・コミュニティに属したいのか、どんな人たちと関わっていきたいかを自覚させることです。

表3：意味順による英語の学習目的の整理例

だれが	する(です)	だれ・なに	どこ	いつ	なぜ
私は	学びたい	英語			
I	want to learn	English			
		↑どんな英語?(意味順の複数段使用)			
		which			
(1)買い物客	使う		コーヒーショップで		飲み物を注文するため
customers	use		at coffee shops		to order drinks.
(2)実業家	使う		会議で		進捗状況を報告するため
businesspeople	use		at meetings		to report progress.
(3)研究者	使う		論文を書くために		
researchers	use				to write an academic paper.

意味順枠は、学習者が自分はどんな英語を身につけたいか整理すること
にも活用できます（表3）。どんな英語を学びたいのか、I want to learn En-
glish を which で続け、「だれが」枠に自分が関わりたいディスコース・コ
ミュニティの人たちを入れます（customers, businesspeople, researchersな
ど）。「だれが」の人たちはどのような英語を、どのような場面で、どのよ
うに使っているのか、具体的に想起することで、自分に必要な英語をより
自覚的に知ることができます。ビジネスなら Steve Jobs、アカデミックな
ら Shinya Yamanaka など、具体的な人名を入れて考えてみるのも面白いも
のです。

　こうした意味順枠での身につけたい英語の明確化を行うことで、学習者
は学びの方向性や全体像をつかむことができます。自分が学びたい英語の
整理・見える化によって、やみくもな学習、やらされている学習、無目的
な学習から脱却し、他律から自律への一歩を踏み出せるでしょう。

5. おわりに

　本章では、英語指導における意味順活用の意義を、とくに学習者の自
立・自信・自律をうながすという側面から紹介しました。学校英語の限ら
れた時間の中での学習で、すべての学習者に、それぞれが求める完璧な英
語力を身につけさせるのは至難の技です。語彙や表現の丸暗記に走らず、
言いたいことを手持ちの知識でなんとかつくれるという「自立」、英語へ
の苦手意識やアレルギーで英語自体から逃避することなく、自分ならでき
るという「自信」、自分はどんな英語を身につけたいのか、どんな人たち
と関わっていきたいのか能動的に意識して学習する「自律」、この3点を
育成する英語指導を行うだけでも、学校英語の役割は十分にあると言える
でしょう。三密ならぬ三自、「自立」し、「自信」をもち、「自律」的に学ん
でいく学習者を育てることこそ、英語に限らず教育者の仕事ではないでし
ょうか。意味順学習法は、英語の文法指導にも有効ですし、苦手意識の強

い学習者にも効果的であることが、先行研究で実証されています（Tajino 2018ほか）。本書の第2章では、実際の指導の具体例も紹介されています。意味順を通して、英語技能だけでなく、英語に対するできるという自信、そして能動的な学習姿勢を学習者一人一人が持てるような指導の手助けにしていただければと思います。

❤ **参照文献**

ベネッセ教育総合研究所 (2014)「中高生の英語学習に関する実態調査 2014」https://berd.benesse.jp/up_images/research/Teenagers_English_learning_Survey-2014_ALL.pdf（2020年1月8日閲覧）

溝上慎一 (2014)『アクティブラーニングと教授学習パラダイムの転換』東京：東信堂.

文部科学省 (2009)『高等学校学習指導要領』http://www.mext.go.jp/a_menu/shotou/new-cs/youryou/kou/kou.pdf（2020年1月8日閲覧）

文部科学省 (2017)「平成29年度英語教育改善のための英語力調査 事業報告」https://www.mext.go.jp/a_menu/kokusai/gaikokugo/1403470.htm（2020年1月8日閲覧）

田地野彰 (1999)『「創る英語」を楽しむ―「暗記英語」からの発想転換』東京：丸善.

田地野彰・水光雅則 (2005)「大学英語教育への提言―カリキュラム開発へのシステムアプローチ」竹蓋幸生・水光雅則（編）『これからの大学英語教育』1-46. 東京：岩波書店.

Tajino, Akira. (ed.) (2018) *A New Approach to English Pedagogical Grammar: The Order of Meanings*. Oxford: Routledge.

渡寛法・細越響子・加藤由崇・金丸敏幸・高橋幸・田地野彰 (2012)「母語を活用した英語指導―高校の英作文授業における「意味順」の効果検証」『東アジア英語教育研究』4, 33-49.

渡寛法・中島宏治 (2020)「リメディアル大学生の英語学習態度とパフォーマンスの関係―自己効力感・内発的価値・自己調整と TOEIC® リスニングスコア」『リメディアル教育研究』14, 51-59.

Zimmerman, Barry J. and Dale H. Schunk. (eds.) (2011) *Handbook of Self-Regulation of Learning and Performance*.（ジマーマン B. J.・シャンク D. H.（編）塚野州一・伊藤崇達（監訳）(2014)『自己調整学習ハンドブック』京都：北大路書房.）

第**13**章　5文型から「意味順」へ
―英詩研究者の視点―

桂山康司

1. 　5文型の効用

　日本の英語教育における文法指導にあって、「5文型」による文の類型化の果たした、英語学習上における歴史的意義をいくら強調してもし過ぎることはないでしょう。文法とは魔法であり、5文型の理解により、ほとんどすべての英文が、ある明確な論理性により構成されていることが、初学者においてすらも見事に実感できるようになります。この類型化の持つ圧倒的な教育上の効果の恩恵に与らなかった日本の英語教育関係者はおそらくいないだろうと思います。

　「文とは何か」という抽象的議論に始まることの多い煩瑣な文法指導の現場にあって、5文型の持つこの圧倒的な現実的効用は一体どこに起因するものなのでしょうか。

　　第1文型　SV
　　第2文型　SVC
　　第3文型　SVO
　　第4文型　SVOO
　　第5文型　SVOC

古英語期(Old English)にあっては語尾変化が主に果たしていた主語述語関係の明示機能を、屈折の衰退に伴い、代わりに担うことになったのが語順です。よって近代英語では、この語順の示す文法機能を正確に把握することが文の論理性を把握するうえで肝要となりますが、5文型に見られるSVの統一的並置はこの近代英語の特質を的確に示しており、同時に、目的語(O)、補語(C)、が動詞に後置することが一目瞭然です。言語に内在する根本的構造性を簡潔にかつ包括的に明示するこの特質こそ、学校文法に必備とされるものです。5文型が教育現場においてかくも歓迎された所以でしょう。

2. 5文型から意味順へ

　一方で、5文型は、語順の持つ文法性に着目した、基本的にsyntaxの類型化モデルであり、言語の3要素(文法、音韻、意味)の中では文法面に特化したモデルです。そこで新たに登場したのが意味順です。意味順は、まずその名の通り、文が意味を形成する論理構造に着目し、旧来からある疑問詞の類型化(5W1H)を利用して、それを、先行する、文法構造のモデルである5文型と融合することで出来上がったものです。

　　だれが　　する(です)　　だれ・なに　　どこ　　いつ
　　＊オプションとして「どのように」「なぜ」

　文法という、言語を貫く原理ではあるが机上の抽象性を免れない、論理の骨格をなすものに着目する5文型モデルを、今一度、コミュニケーションの現場へと引き戻し、近来の意味論の発展によりもたらされた成果を踏まえさらにその上に肉付けしたものが「意味順」です。このモデルは、複雑に込み入った文章の読解という受容能力の涵養において格段の威力を発揮した5文型モデルに対して、会話や英作文といった産出能力の鍛練においても有用であるということがつとに指摘されています(Tajino 2018ほ

か）。その秘密は、実は、このモデルが言語の３要素（文法、音韻、意味）のうち、文法に特化したものから意味をも含む姿へと拡張されたばかりではなく、音韻面の特質をも同時に包含する、優れたモデルとなっているからなのです。

3. 日本の英語教育に決定的に欠けていたもの

　旧来より英語教育において、実践的コミュニケーションを涵養する教育が行われていないという不満があることは皆さんもご存じでしょう。その原因としてはいろいろと指摘されてきました。漢文訓読に見られる、意味読解を優先する日本文化の伝統から説明するものから、英語という言語と日本語との言語的親和性がそもそもないとの悲観論まで、さまざまに取り沙汰されてきました。しかし、一番の問題は、英語の音声的特徴をわかりやすい形で習得できるモデルをそもそも学習の始まりにおいて提示しないままに英語教育を押しすすめてきたことにあると私には思われます。一言でいえば、日本語と英語のリズムの違いを認識させないまま、英語教育を行ってきたことです。文法構造理解を助ける５文型というモデルはあっても、英語のリズムの特徴を習得するのに適したモデルがなかったのです！

4. 英語と日本語のリズムの相違

　言語固有のリズムの特徴を知る最も簡便な方法は、その言語による詩作品がどのようなリズムのシステムに基づいているかを調べることです。詩とは、言語の有する表現可能性を最大限に発揮した、これ以上はないと思われるほどの、最上であることを目指した表現のことです。したがって、口調の良さを生み出すリズムの有無も表現の良し悪しを決定する重要な要因ですから、詩には、その言語に内在する最上のリズムが現出します。日本語の古典詩が、音節数に基づくリズムであることは「五七五七七」とい

った短歌の特徴を示す合言葉が見事に示していますが、さて、それに対して、英詩はどうでしょうか。

```
×  /  ×  /   ×  /  ×  /    ×    /
A little learning is a dang'rous thing. （生兵法は大怪我の基。）
```
                    アレグザンダー・ポープ（Alexander Pope 1688–1744）

　*「×」は比較的弱く、それに対して「/」は強く、読まれる音節を表しています。

　今やことわざとなって人口に膾炙しているポープの名句が端的に示しているように、英詩においては、強勢(stress)のある音節とない音節が規則的に配列されることによってリズムが生みだされます。一方、日本語には、この強勢に相当する現象はありません。この違いこそ、英語学習の一等初めに、徹底的に学習者の肝に銘じておくべきことだったのです。つまり、強勢とは何かをしっかりと感覚的に身に付けさせたうえで、それに基づく英語のリズム感を音読によって体得させる訓練を行うのです。

5. 英語と日本語が出会う場面を想像する

　比較においては、異なるもの同士が出会う場面を想像し考察すると、その違いがよくわかります。まず、英語に由来するカタカナ語を考えてみましょう。「モデル」は日本語では3音節語で、どの音節も同じ時間をかけて発音されます。言語学的には、どの音節のモーラ（持続時間）も、同じ長さになるというのが日本語の特徴です。強勢に当たるものは日本語にはありませんから、たとえば「モ」の部分が他の音節よりも極端に強く発音されるということは起こりません。それに対して、このカタカナ語の起源である英単語modelは2音節語で、強勢は第一音節にあり強く発音され印象に残りますが、日本語の「デ」の部分に相当する母音は、強勢がないどころかほとんど発音すらされません。よって単語の印象としてはmod-の部分

のみが目立っていて後半の -el の部分はほんの付け足しであるかのように感じられ、一向目立ちません。にもかかわらず、日本語であるカタカナ語では、原語では目立たぬ部分を、丁寧にも、「モ」の2倍の時間をかけて「デ」「ル」と発音します。日本語のリズムが音節数に基づくものだからです。これでは、「モデル」という日本語の発音が、元の英語の発音とはおよそかけ離れた印象を与えるものとなってしまっているのも、うなずけます。

　このように考えてくると、日本語を習いたての英語母語話者が口にする日本語の奇異さの理由がよくわかります。

　ワタシノ　ナマエハ、ボブデス。

　文法的には完璧なこの日本語も、外国人によくあるように「ワ」「ナ」「ボ」に強勢を置いて発音されると、日本人には奇妙に響きます。それは、日本語を、英語流の強勢のリズムで読んでいるからです。同様に、日本人が、英語を音読する際、強勢を全く意識することなく、日本語のリズムに従って平板に読んでしまう——これを、最初から徹底的に是正する必要があります。さもなければ、実際に通じる英語力の涵養など絵に描いた餅に終わってしまうのは必定です。ただ、どの単語に強勢があり、どの単語にはないかを区別することは、初学者には決して簡単には見分けがつきません。これが問題なのです。

6. 英語のリズム感を体得させる道しるべとしての意味順

　英語のリズムが強勢のある音節の規則的な繰り返しによって生まれるということがわかっても、それだけでは英語のリズムをつかみ取ることはできません。なぜなら、原則、必ずどこか一か所、音節に強勢が落ちる単語と、原則強勢を持たない単語(代表例は冠詞の a、an)があり、直ちには、

その区別がつかないからです。それを知るための道しるべとしても意味順は頼りになる救世主となるものです。従来の5文型のモデルに従って説明した場合、文の構成要素である主語、動詞、目的語、補語となる単語には強勢があるのが原則であり、主語、目的語となるのは品詞においては名詞で、述部を構成するのは動詞で、そのことから、品詞別に言えば、名詞、動詞は基本的に強勢がある。形容詞は、定義上、名詞を修飾するもの、副詞は動詞を修飾するものであるので、文の主要な構成要素を修飾する単語にも原則強勢がある。それ以外の繋ぐ言葉（接続詞や前置詞）や代用語（人称代名詞）には原則強勢が落ちない、というのが5文型に基づく説明となります。それに対し、意味順においては、意味順の構成要素をなす主要語には原則強勢があるとすれば事足りるわけで、その意味で、このモデルは、基本的に旧来の品詞の区別をことさら導入することなく（ということは、品詞の概念を導入する前の初学者にもわかりやすいかたちで）強勢の有無の区別の説明を大幅に簡略化できる、優れものなのです。

7. 科学という近視眼的方法論の問題点

　従来の英語の音韻指導は、日本語では区別しないが、英語においては区別される音素の弁別に力点が置かれるものでした。たとえば、英語における /l/ と /r/ の区別や、日本人には / あ / としか聞こえない多様な母音 /æ/、/ʌ/、/ə/ の区別など、むしろ、微視的な音色の違いが強調され、それを発音する際の舌の位置や動きなどが事細かに説明されるものでした。一方で、文を読む際のリズムについては、文末の音調の上がり下がりの区別が主なもので、肝心要の彼我のリズムの違いは等閑視されるのが通例でした。これには、前者については、学問体系として音声学が確立しており、英語学の重要な一分野を形成しているのに対し、リズムはむしろ、詩といった文学の理解の補助として言及されるにとどまっているという事情が関係しているでしょう。このような状況の下では、学校教育の現場では、使える英

語を志向する文科省の圧力や世間からのニーズに押され、また一方で、確実に集積されていく科学的知見の明晰さに魅せられることで、細部に目を奪われ、次第に、木を見て森を見ずの教育に甘んずる惰性に陥っていく教育現場の状況が容易に想像できます。

8. 科学的分析から人文学的統合へ

　科学的分析力のもたらす明晰性の恩恵は言うまでもありません。ただ、一方で、それが精緻に研ぎ澄まされ、学者的誠実性の名のもとに細分化が進むと、初学者には、無縁の長物となってしまいます。たとえていえば、学習者が近来の科学文法に持つ印象はコンピュータの目覚ましいヴァージョンアップに対して持つのと同等のものといえるでしょう——ようやく使い慣れたころに、新しいと称した、複雑な機能満載の代物が提供される！

　科学的分析の行き着く果てにようやく到達したのが、自身の限界を超えて、みずからを乗り越える方策を発見すること——自身の最大の特徴である正確さを超克するモデルです。ファジー概念の登場です。これは不思議でもなんでもありません。頭でのみ精緻化された、言語の振る舞いに対する理解を、使用の現場に戻し、現場の個人に委ねるというのです。言葉の最終的なヴァラエティーは、個人差によることが多く、その部分は、ファジーな部分としてブラックボックス化して理解しようというわけです。正確性の持つ硬直性を乗り越えるべく、単一原理によるのではない、双方向的（interactive）原理に基づくモデルがここに登場したのです。

　意味順は、シンタックスに特化したモデルである5文型を、意味、音声にも拡充したモデルです。そればかりか、原理的方向性として、従来の科学的「分析」から人文学的「統合」を目指すモデルでもあります。科学文法を学問的基礎に持つ最先端の言語科学者から、逆説的ですが、人文学との統合を目指す新たな（超）科学の第一歩が踏み出されたのです。

　ワーズワスも警告するように、

—We murder to dissect.   (*The Tables Turned*, 28)

（解剖しようとして、結局、殺してしまうだけに終わる。）

ウィリアム・ワーズワス（William Wordsworth 1770-1850）

　意味順をよすがとして、詩人の諫^{いさ}めにじっと耳を傾ける叡智が、現在の英語教育においてほど求められているところはないのかもしれません。

◑　**参照文献**

Tajino, Akira. (ed.) (2018) *A New Approach to English Pedagogical Grammar: The Order of Meanings.* Abingdon, Oxford: Routledge.

◑　**参考文献**

Ichikawa, Sanki. (1930) The pronunciation of English loan-words in Japanese. In N. Bøgholm, Aage Brusendorff and C. A. Bodelsen (eds.), *A Grammatical Miscellany Offered to Otto Jespersen on His Seventieth Birthday*, pp. 179-190. Copenhagen: Levin & Munksgaard.

加島祥造 (1994)『カタカナ英語の話―英語と日本語をつなぐバイパス』東京：南雲堂.

桂山康司 (2000)「韻律法について」東中稜代・小泉博一 (編)『イギリス詩を学ぶ人のために』10-20. 京都：世界思想社.

桂山康司 (2008)「京都大学における「英語」―全学共通科目としての内実」『京都大学高等教育研究』14: 123-131.

田地野彰 (1995)『英会話への最短距離―カギはたった３つのルールだ!』東京：講談社.

田地野彰 (1999)『「創る英語」を楽しむ―「暗記英語」からの発想転換』東京：丸善ライブラリー.

田地野彰 (2011)『〈意味順〉英作文のすすめ』東京：岩波書店.

田地野彰 (2012)「学習者にとって「よりよい文法」とは何か?」大津由紀雄 (編著)『学習英文法を見直したい』東京：研究社.

「意味順」関連主要文献

（刊行年順）

1. 書籍・論文など

田地野彰 (1995)『英会話への最短距離』東京：講談社.

田地野彰 (1999)『「創る英語」を楽しむ―「暗記英語」からの発想転換』東京：丸善（丸善ライブラリー 288）.

山岡大基 (2000)「英語産出における語順指導について―句順と句内語順―」『中国地区英語教育学会研究紀要』30号, 125–132.

田地野彰 (2008)「新しい学校文法の構築にむけて―英文作成における「意味順」指導の効果検証」小山俊輔・西堀わか子・田地野彰（編）『奈良女子大学夏季英語実学講座平成 20 年度英語の授業実践研究 TOEFL® のための効果的英語学習法』8–21. 奈良：奈良女子大学国際交流センター.

山岡大基 (2009)「『直訳的』和文英訳指導―語順変換モデルによる和文分解を通じて」『中等教育研究紀要』49, 287–292. 広島：広島大学附属福山中・高等学校.

Bolstad, Francesco, Toshiyuki Kanamaru and Akira Tajino. (2010) Laying the groundwork for ongoing learning: A scaffolded approach to language education in Japanese elementary schools and beyond. Paper presented at *Interspeech 2010 Satellite Workshop on Second Language Studies*, Japan.

田地野彰 (2011)『〈意味順〉英作文のすすめ』東京：岩波書店（岩波ジュニア新書 676）.

田地野彰 (2011)『「意味順」英語学習法』東京：ディスカヴァー・トゥエンティワン.

田地野彰 (2012)「学習者にとって『よりよい文法』とは何か？―「意味順」の提案」大津由紀雄（編著）『学習英文法を見直したい』157–175. 東京：研究社.

渡寛法・細越響子・加藤由崇・金丸敏幸・髙橋幸・田地野彰 (2012)「母語を活用した

英語指導—高校の英作文授業における『意味順』の効果検証」*Studies in English Teaching and Learning in East Asia*, 4, 33-49.

田地野彰 (2014)「語順—『意味順』を軸として」『英語教育』63, 13-15. 東京：大修館書店.

奥住桂 (2016)「意味順」英語指導法—コミュニケーションにつながる学習英文法指導」『平成29年度　埼玉県英語教育研究会紀要』101-110.

田地野彰 (2017)「これからの英文法指導を考える—産出技能の育成を視野に入れて」野口ジュディ津多江教授退職・古希記念論文集編集委員会 (編)『応用言語学の最前線—言語教育の現在と未来』252-269. 東京：金星堂.

田地野彰 (2018)「『意味順』が変えるこれからの語順指導」『英語教育』67, 12-13. 東京：大修館書店.

Tajino, Akira. (ed.) (2018) *A New Approach to English Pedagogical Grammar: The Order of Meanings*. Oxford, UK: Routledge.

- Tajino, Akira. MAP Grammar: A systemic approach to ELT.
- Yanase, Yosuke. Pedagogical grammar: How should it be designed?
- Watari, Yoichi. Pedagogical grammar: A theoretical background from the perspective of applied linguistics.
- Taniguchi, Kazumi. MAP Grammar: A cognitive grammar perspective.
- Terauchi, Hajime and Sayako Maswana. MAP Grammar and ESP: Beyond the classroom.
- Izumi, Emiko. MAP and SLA: Teaching English to young learners in the EFL classroom.
- Kanamaru, Toshiyuki and Daniel Roy Pearce. MAP Grammar and ICT application.
- Dalsky, David, Ryan W. Smithers and Yoshinari Sasaki. MAP Grammar and motivation.
- Takahashi, Sachi, Daniel Roy Pearce and David Dalsky. MAP Grammar and instructional design.
- Stewart, Tim. Visualizing MAP Grammar: Utilizing visual aids to integrate the teaching of linguistic structure and content knowledge.
- Sasao, Yosuke. MAP Grammar and vocabulary.
- Hosogoshi, Kyoko, Yuka Hidaka and Daniel Roy Pearce. MAP Grammar and listening.
- Kurihara, Noriko, Kei Kawanishi and Kiyo Sakamoto. MAP Grammar and relative clauses in EFL learners' writing.
- Kato, Yoshitaka, Hironori Watari and Francesco Bolstad. Voices from 'practitioners':

A collaborative exploration of MAP Grammar in an EFL classroom.

- Jojima, Tomoko, Hisae Oyabu and Yoko Jinnouchi. Developing a base of English expressions using MAP Grammar.
- Nakawaga, Hiroshi and Yosuke Ishii. Communication and critical thinking with MAP Grammar.
- Okuzumi, Kei. MAP Grammar and recitation/reproduction activities.
- Yamaoka, Taiki. A stepwise application of MAP Grammar for speaking.
- Smithers, Ryan W. Role-play interviews with MAP Grammar.
- Yamada, Hiroshi. Presentation projects with MAP Grammar.
- Gray, James W. MAP on the job: Applying the order of meanings to an English for occupational purposes setting.

大岩秀紀（2019）「小学校英語教育における語順と文構造の指導—意味順英語学習法を援用して」藤岡克則・北林利治・長谷部陽一郎（編著）『ことばとの対話—理論・記述・言語教育』259–268. 東京：英宝社.

田地野彰（2019）「英文法指導を再考する—二次元での文法整理を通して」藤岡克則・北林利治・長谷部陽一郎（編著）『ことばとの対話—理論・記述・言語教育』53–65. 東京：英宝社.

Gray, James W. and Smithers, Ryan W. (2019) Explaining grammatical form as a sequenced process: A semantic-based pedagogical grammar. *The Journal of Asia TEFL, 16*(1), 420–428.

Tajino, Akira. (2019) Teaching English grammar for communicative purposes: A systems approach. In Tajino, Akira (ed.), *A Systems Approach to Language Pedagogy.* Singapore: Springer.

Yamada, Hiroshi. (2019) Applications of a meaning-order approach to pedagogical grammar to English education in Japan: Toward the collaboration of English and Japanese education. *JAAL-in-JACET Proceedings, 1*, 1–7.

橋尾晋平（2020）「日本人初級英語学習者の主題卓越型構造の転移に関する研究—主語・述語の産出プロセスの解明に向けて」博士論文. 京都：同志社大学.

Gray, James W. (2020) *Task-based English grammar instruction: A focus on meaning.* Unpublished Ph.D dissertation. Kyoto: Kyoto University.

Smithers, Ryan W. and James W Gray. (2020) Enhancing the quality of life in lifelong learners: The influence of a meaning-order approach to pedagogical grammar on motivation and self-efficacy. *Applied Linguistics Review, 11*(1), 129–149.

2. 教材・テキスト

田地野彰(監修)佐々木啓成・フランチェスコボルスタッド(著)(2012)『「意味順」で中学英語をやり直す本』東京：中経出版／KADOKAWA.

田地野彰(2012)「あたらしい英語の教科書」NHKラジオテキスト『基礎英語1』(連載，至2014.03)東京：NHK出版.

田地野彰(2012)『授業で役立つ！ チャレンジ6年生　英語』(ベネッセ進研ゼミ小学講座，至2016.03)東京：ベネッセコーポレーション.

田地野彰(2014)『NHK基礎英語 中学英語完全マスター「意味順」書き込み練習帳』東京：NHK出版.

田地野彰(監修)(2014)『「意味順」ですっきりわかる高校基礎英語』東京：文英堂.

田地野彰(2015)『英語初心者もレベルアップ！ 「意味順」書き込み練習帳　日常英会話編』東京：NHK出版.

田地野彰(監修)中川浩・石井洋佑(著)(2015)『「意味順」で学ぶ英会話』東京：日本能率協会マネジメントセンター.

田地野彰・ダニエルピアース(2018)『「意味順」でまるわかり！ どんどん話すためのカンタン英作文』東京：Jリサーチ出版.

田地野彰(監修)石井洋佑・加藤由崇・中川浩(著)(2018)『Welcome to *NIPPON*! Building International Friendship』(ようこそ！ニッポンへ　留学生の日本文化体験)東京：朝日出版社.

田地野彰・佐々木啓成(2019)『「意味順」でつくる英語をたのしむ(No.1 ～ 3)』(高校生用教材)岡山：株式会社ラーンズ.

田地野彰(監修)石井洋佑・マイケルマクドウェル(著)(2019)『世界一効率的な大人のやり直し英語　意味順英会話』東京：秀和システム.

田地野彰(監修)マスワナ紗矢子・加藤由崇・渡寛法・山田浩(著)(2019)『はじめてのアカデミックライティング―A Guide to English Academic Writing for Beginners』東京：朝日出版社.

田地野彰(監修)中川浩・小泉レイラ(著)(2019)『「意味順」だからできる！ 小学生のための英文法ドリル1　be動詞』東京：Jリサーチ出版.

田地野彰(監修)中川浩・小泉レイラ(著)(2019)『「意味順」だからできる！ 小学生のための英文法ドリル2　一般動詞』東京：Jリサーチ出版.

田地野彰(監修)中川浩・小泉レイラ(著)(2020)『「意味順」だからできる！ 小学生のための英文法ドリル3　疑問詞マスター』東京：Jリサーチ出版.

田地野彰(2020)『「意味順」だからできる！ 絵と図でよくわかる小学生のための中学英文法入門』東京：Jリサーチ出版.

田地野彰(2021)『「意味順」式 イラストと図解でパッとわかる 英文法図鑑』東京：KADOKAWA.

田地野彰(監修)中川浩(著)(2021)『「意味順」だからできる！ 小学生のための英単語ドリル はじめの一歩1』東京：Jリサーチ出版.

田地野彰(監修)中川浩(著)(2021)『「意味順」だからできる！ 小学生のための英単語ドリル はじめの一歩2』東京：Jリサーチ出版.

田地野彰(監修)大向雅士・松本真奈・Edwin G. Wiehe (著)(2021)『中学／英語 自由自在』大阪：増進堂・受験研究社.

田地野彰(監修)奥住桂・加藤洋昭(著)(2021)『中学英文法「意味順」ドリル1—単語を並べてみよう』東京：テイエス企画.

田地野彰(監修)奥住桂・加藤洋昭(著)(2021)『中学英文法「意味順」ドリル2—表現を使ってみよう』東京：テイエス企画.

田地野彰(2021)「「意味順」で学ぶ英文法」NHKラジオテキスト『ラジオで！ カムカムエヴリバディ』(連載, 至2022.03)東京：NHK出版.

藤子・F・不二雄(キャラクター原作)田地野彰(監修)武藤心平(編)市川順子(構成)如月たくや(画)(2022)『ドラえもんの学習シリーズ 英語おもしろ攻略 ひみつ道具で学ぶ英語のルール(仮)』東京：小学館.

3. 学習ノート・教具

田地野彰(監修)(2010)『意味順®ノート(シリーズ)』東京：キョクトウノート／日本ノート株式会社.

田地野彰(監修)(2012)『意味順®マグネット』東京：キョクトウノート／日本ノート株式会社.

執筆者紹介

• **編著者**

田地野彰(たじの あきら)(はじめに、第1章)

名古屋外国語大学教授。京都大学名誉教授。専門は教育言語学。言語学博士(Ph.D.)。著書としては、『これからの大学英語教育』(共著：岩波書店, 2005)、*Team Teaching and Team Learning in the Language Classroom* (共編著：Routledge, UK, 2016)、*A New Approach to English Pedagogical Grammar: The Order of Meanings* (編著：Routledge, UK, 2018)、*A Systems Approach to Language Pedagogy* (編著：Springer Nature, Singapore, 2019)、*Towards a New Paradigm for English Language Teaching: English for Specific Purposes in Asia and Beyond* (共編著：Routledge, UK, 2019)など。大学英語教育学会(JACET)賞受賞(2011年に実践賞、2014年と2020年に学術出版部門賞)。英語教育分野における代表的国際誌である *ELT Journal* (Oxford University Press, UK)の編集委員をはじめ、国内外の主要学術誌・専門誌の編集委員や査読委員を務める。

• **執筆者**(担当章順)

金丸敏幸(かなまる としゆき)(第1章)

京都大学国際高等教育院附属国際学術言語教育センター准教授。京都大学博士(人間・環境学)。専門は、認知言語学・自然言語処理・英語教育。とくに、ICTやAIを活用した学習評価に関する研究を行っている。著書に、『TOEFL ITP®テスト 公式問題集＆学習ガイド』(共著：研究社, 2012)や高等学校の英語検定教科書『BIG DIPPER English Communication I, II, III』(共著：数研出版)がある。

川原功司(かわはら こうじ)(第2章、第3章)

名古屋外国語大学外国語学部英米語学科准教授。連合王国ヨーク大学博士課程修了
(Ph.D. in Linguistics)。藤女子大学専任講師を経て、2013年度より現職。専門は認知
科学としての言語学。代表的な著書としては『言語の構造―人間の言葉と動物のコト
バ』(名古屋外国語大学出版会, 2020)、『英語の諸相―音声・歴史・現状』(名古屋外国
語大学出版会, 2019)など。

高橋佑宜(たかはし ゆうき)(第4章)

名古屋外国語大学外国語学部英米語学科講師。京都大学大学院文学研究科博士後期課
程を研究指導認定退学後、2021年より現職。専門は英語史、英語学、歴史言語学。
代表的な論文としては "Word Order in the Two Different Versions of *The Life of St Marga-
ret* in Old English" (*Albion* 64, 2018)。

笹尾洋介(ささお ようすけ)(第5章)

京都大学国際高等教育院附属国際学術言語教育センター准教授。応用言語学博士(Ph.
D. in Applied Linguistics)。外国語としての英語教育を専門とする。とくに、言語テス
ト、語彙習得、教育文法、教材開発、学術目的の英語などに関する研究を行っている。
ITL-International Journal of Applied Linguistics、*Language Teaching Research*、*Language
Testing* などの学術誌にて多数の研究論文を発表している。

奥住桂(おくずみ けい)(第6章)

帝京大学教育学部講師。埼玉県の公立中学校英語科教諭を経て2019年より現職。専門
は教育文法。主な著書としては *A New Approach to English Pedagogical Grammar: The Order
of Meanings* (分担執筆：Routledge, UK, 2018)、『英語教師は楽しい―迷い始めたあなた
のための教師の語り』(共編著：ひつじ書房, 2014)、『中学英文法「意味順」ドリル1・
2』(共著：テイエス企画, 2021)など。

藤木克哉(ふじき かつや)(第7章)

久留米大学附設中学校高等学校英語科教諭。京都大学教育学部教育心理学系を卒業後、
一般企業営業職、私立校教諭を経て2017年より現職。JACET東アジア英語教育研究会
や教員向けセミナーへの参加を通して最新の研究成果と実践知に基づきながら、中高
生に対する効果的な指導法を探求している。育みたい生徒像は「自分の頭で考え自分
の心で決められる人」。

山田浩(やまだ ひろし)(第8章)

高千穂大学商学部准教授。京都大学博士(人間・環境学)。北海道えりも高校、北海道登別明日中等教育学校での9年間の勤務後、2年間の助教を経て2020年より現職。専門は語彙・文法指導と教員養成。代表的な論文としては "An implementation of project-based learning in an EFL context: Japanese students' and teachers' perceptions regarding team learning" (*TESOL Journal*, 2021)、"Exploring the effects of metacognitive strategies on vocabulary learning of Japanese junior high school students" (*The Journal of Asia TEFL, 15*(4), 2018)など。

佐々木啓成(ささき よしなり)(第9章)

京都府立鳥羽高等学校英語科教諭。京都外国語大学大学院外国語学研究科博士前期課程修了。代表的な著書としては『リテリングを活用した英語指導―理解した内容を自分の言葉で発信する』(大修館書店, 2020)、『「意味順」で中学英語をやり直す本(共著:KADOKAWA /中経出版, 2012)など。『LANDMARK Fit English Communication I, II, III』(新興出版社啓林館)の執筆者を務める。

村上裕美(むらかみ ひろみ)(第10章)

関西外国語大学短期大学部英米語学科准教授。大谷女子大学大学院文学研究科英語学英米文学専攻博士後期課程修了。熊本学園大学大学院国際文化研究専攻博士後期課程修了。専門は、英語授業学研究。日本リメディアル教育学会関西支部長(2006年〜2015年)。代表的な著書としては、『学びのデザインノート:MH式ポートフォリオ 大学英語学習者用』(ナカニシヤ出版, 2012)など。

加藤由崇(かとう よしたか)(第11章)

中部大学人間力創成総合教育センター講師。京都大学博士(人間・環境学)。専門は英語教育学、特に実践者研究。著書・論文に *A Systems Approach to Language Pedagogy* (分担執筆:Springer Nature, 2019)、"What do we want small group activities for? Voices from EFL teachers in Japan." (*TESL-EJ, 19*(4), 2016)、"Learner-initiated Exploratory Practice: Revisiting curiosity.) (共著:*ELT Journal*, in press)など。

渡寛法(わたり ひろのり)(第12章)

日本大学文理学部准教授。京都大学博士(人間・環境学)。専門はアカデミック・ライティング教育。早稲田大学助手、滋賀県立大学特任准教授を経て、2020年度より現職。著書・論文としては、*A New Approach to English Pedagogical Grammar: The Order of Meanings* (分担執筆:Routledge, UK, 2018)、『はじめてのアカデミックライティング』(共著:朝日出版社, 2020)など。

桂山康司(かつらやま こうじ)(第13章)

京都大学大学院人間・環境学研究科教授。1984年京都大学文学研究科修士課程修了。専門は英詩、英語教育。日本ミルトン協会企画委員、一般社団法人大学英語教育学会(JACET)セミナー事業委員会委員長(2018年〜2021年)。代表的な著書(共著)としては『ホプキンズの世界』(研究社, 1990)、『イギリス詩を学ぶ人のために』(世界思想社, 2000)、『イギリス文化を学ぶ人のために』(世界思想社, 2004)など。

明日の授業に活かす「意味順」英語指導
理論的背景と授業実践

A Meaning-Order Approach to ELT:
Theory and Practice for Tomorrow

Edited by Tajino Akira

発行	2021 年 8 月 30 日　初版 1 刷
	2022 年 2 月 25 日　　　2 刷
定価	3000 円＋税
編者	©田地野彰
発行者	松本功
ブックデザイン	杉下城司
印刷・製本所	株式会社 シナノ
発行所	株式会社 ひつじ書房
	〒112-0011 東京都文京区千石 2-1-2 大和ビル 2F
	Tel: 03-5319-4916　Fax: 03-5319-4917
	郵便振替 00120-8-142852
	toiawase@hituzi.co.jp　https://www.hituzi.co.jp/

ISBN978-4-8234-1087-1

刊行のご案内

JACET応用言語学研究シリーズ 第1巻
英語授業学の最前線
一般社団法人大学英語教育学会（JACET）
淺川和也・田地野彰・小田眞幸編
定価2000円＋税

ちょっとまじめに英語を学ぶシリーズ3
接辞から見た英語
語彙力向上をめざして
西川盛雄著
定価1600円＋税

ちょっとまじめに英語を学ぶシリーズ4
カタカナ語からはじめる英語の発音
中西のりこ著
定価1600円＋税